AVIVAMIENTO AHORA

LA HISTORIA SE ESTÁ HACIENDO
PARA EL PRÓXIMO GRAN DESPERTAR

AVIVAMIENTO AHORA

LA HISTORIA SE ESTÁ HACIENDO
PARA EL PRÓXIMO GRAN DESPERTAR

PETER DE JESÚS

DEJESÚS
MINISTRIES

Algunos productos del Ministerio De Jesús (DJM) están disponibles a precios reducidos para cantidades específicas compradas para necesidades educativas, primas y promociones de ventas. Para obtener información detallada, envíe un correo electrónico a DJM a info@dejesusministries.org.

AVIVAMIENTO AHORA: La Historia se está Haciendo para el Próximo Gran Despertar por Peter De Jesús

Traducido al español por Rev. Mildred De Jesús

Publicado por De Jesús Ministries
P.O. Box 75, Lancaster, Texas 75146
www.dejesusministries.org

International Standard Book Numero: 978-0-9966564-4-3
Libro Electrónico ISBN: 978-0-9966564-5-0

Impreso en los Estados Unidos de América.

DEDICACIÓN

En una era en la que la salud mental de los ministros es ahora más importante que nunca, este libro está dedicado primero a aquellos ministros que han luchado y lucharán contra la depresión. En segundo lugar, en una década en la que se necesita un nuevo avivamiento espiritual, este libro también está dedicado al remanente de los avivadores que creen que se acerca rápidamente un gran avivamiento. En tercer lugar, en un año en el que la reconciliación racial ha desaparecido gravemente, este libro también está dedicado al Cuerpo multiétnico de Jesucristo que está dispuesto a unirse para iniciar el próximo Gran Despertar. Por último, en un tiempo durante el cual la mayor cosecha de almas está lista para ser recibida en el reino de Dios, este libro también está dedicado a la comunidad cristiana multicultural que está comprometida a compartir el evangelio de Jesucristo con un mundo gravemente herido y en gran necesidad de Su gran salvación.

RECONOCIMIENTOS

Además de la intervención divina de Dios en mi vida, este libro se hizo realidad debido a las contribuciones directas e indirectas de algunas de las personas más asombrosas que conozco, y otras que aún no he conocido.

Para comenzar, quiero expresar mi más profundo agradecimiento a nuestro Dios por Su obra fiel en mi vida, familia y ministerio. Lo glorifico por Sus dones y su llamado irrevocables.

En segundo lugar, agradezco profundamente a mi esposa, Mildred, a nuestros hijos, Gabriella, Samantha y David, y a mis padres, Roberto y Carmen, por su amor, aliento y apoyo constante. Estoy más que bendecido por tenerlos como mi familia, mis compañeros en el ministerio, y como aquellos que han creído en mí a lo largo de todos los altos y bajos en la vida y el ministerio. Un agradecimiento muy especial a nuestra primogénita, Gabriella, que editó el libro en Ingles para mí.

En tercer lugar, estoy eternamente agradecido por el Pastor Principal, Dr. John Hagee y el Pastor Matthew Hagee de Cornerstone Church, en San Antonio, Texas. Su amor, liderazgo y legado han impactado mi vida, mi familia y mi ministerio más allá que palabras pueden explicar. Lo considero un gran honor ser uno de sus ministros ordenados de Cornerstone Church.

En cuarto lugar, agradezco enormemente a los miembros del personal de los Ministerios de Jóvenes y Jóvenes Adultos de Cornerstone Church, quienes, desde 2008 hasta 2013, sirvieron junto a Mildred y a mí. El pastor Michael Fernández, el pastor Nino González y el líder de adoración Bryan Apodaca son algunos de los líderes-siervos y cambiadores del mundo más increíbles que he conocido.

En quinto lugar, aunque sólo conozco personalmente al evangelista Dr. Chris Hill, sinceramente me gustaría darle las gracias a él, Pastor Jentezen Franklin, y Pastor Elbert Smart por ser utilizados colectivamente por Dios para recomendarme al Pastor Matthew Hagee, durante su búsqueda nacional para un Director de Ministerios de Jóvenes de la Escuela Secundaria y Pastor de Jóvenes en 2008. Es asombroso ver cómo Dios proporciona soberanamente la confirmación divina para las decisiones y asignaciones del reino.

En sexto lugar, Mildred y yo estamos muy agradecidos por los miembros de la junta directiva de nuestros Ministerios De Jesús que también son algunos de nuestros amigos más queridos. Los Pastores Michael y Lucy Fernández, los Pastores Johnny y Ruth Ortiz, y los Pastores Josué y Benita Holguín han sido una gran bendición para nosotros y es de gran bendición tenerlos en nuestras vidas y ministerio.

En penúltimo, agradezco de todo corazón a Dios por la gran bendición de tener una cobertura adicional de liderazgo espiritual que cubre Mildred y a mí, como dos ministros Licenciados de las Asambleas de Dios del Distrito del Norte de Texas. El superintendente del distrito, Dr. Gaylan Claunch, el asistente al superintendente del Pastor Kermit Bell y el secretario-tesorero, el Pastor Gregg Headley, son un equipo de liderazgo ejecutivo ejemplar en el reino de Dios. Además, los Pastores Principales Jim y Becky Hennesy de Trinity Church, en Cedar Hill, Texas, son una de las mejores parejas pastorales que Mildred y yo hemos conocido. Somos bendecidos de también tenerlos en nuestras vidas.

Por último, a ti, el lector, gracias por abrir este libro. Creo y oró que su mensaje basado en la Biblia, centrado en Cristo y lleno del Espíritu Santo los bendiga en gran medida, de la misma manera que Dios lo usó para bendecirme. Gracias de antemano por compartirlo con otros.

ENDOSOS

Peter De Jesús es un hombre cuyo corazón late por el avivamiento en Estados Unidos. Hay señales de que Dios está enviando otro Gran Despertar a las naciones. En su nuevo libro, "Avivamiento Ahora", Peter presenta poderosamente el trabajo profundo de Dios a lo largo de su vida, creando en él una búsqueda de la presencia y gloria de Dios. Peter está experimentando una unción para predicar y escribir un mensaje bíblico sobre el avivamiento con ideas históricas que generan expectativa y fe para una nueva efusión del Espíritu Santo. De vez en cuando, te encuentras con un hombre que ha sido marcado por Dios, y en su lucha por el avivamiento, ha sido herido y sanado, pero ahora camina cojeando como Jacob. Peter De Jesús es ese hombre.

– Rev. Dennis Rivera
Director de Relaciones Hispanas de las Asambleas de Dios
Centro Nacional de Liderazgo y Recursos Asambleas de Dios
Springfield, Missouri

¡"Avivamiento Ahora" es un clamor apasionado del Espíritu Santo para que Dios Aviva su obra en medio de un mundo turbulento! Peter De Jesús ha sido ungido por el Espíritu Santo para pedir un nuevo derramamiento de poder pentecostal en señales, milagros y prodigios como los creyentes del primer siglo lo experimentaron. "Avivamiento Ahora" surge de una jornada de fe del autor y el descubrimiento de la autoridad de la Palabra de Dios como la base para un nuevo despertar a la misión de Dios de alcanzar a los perdidos. El mismo título, "Avivamiento Ahora", expresa la urgencia actual de aplicar las verdades y principios que Peter De Jesús ha articulado tan claramente.

– Dr. Gaylan Claunch
Superintendente, North Texas District Council A/G
Maypearl, Texas

En su libro, "Avivamiento Ahora", Peter De Jesús da un paso audaz al compartir su jornada personal de experimentar y superar el temor, la ansiedad y la depresión, entre otros obstáculos, que el diablo intentó usar para neutralizar su vida y ministerio. El avance personal y el avivamiento han tenido un impacto duradero entre una nueva generación de creyentes. Cuando tomas este libro es más que una buena lectura. Es una jornada espiritual para encontrar la victoria a través de la fidelidad de Jesucristo y su iglesia. Que tú también experimentes tu avance y avivamiento personal.

– Pastor Kermit Bell
Asistente Superintendente, North Texas District Council A/G
Maypearl, Texas

"Avivamiento Ahora" despertará el alma de cada persona que está creyendo y orando por el próximo Gran Despertar en América. Peter De Jesús es un avivador moderno que siente pasión por un nuevo movimiento de Dios en nuestras iglesias y nuestra nación. Su avivamiento personal lo llevó de regreso a las disciplinas espirituales y los fundamentos bíblicos que se necesitan para que tengamos un avivamiento nacional. Te animo a que leas su libro con un corazón abierto para una nueva efusión del Espíritu Santo sobre tu vida y una nueva impartición de su poder a través de ti a las vidas de los demás.

– Pastor Gregg Headley
Secretario-Tesorero, North Texas District Council A/G
Maypearl, Texas

Nada le importa tanto a América ahora y al mundo, como una actividad transformadora de Dios que revela su amor y poder. Peter De Jesús presenta una visión inspiradora y práctica que estimula la esperanza y la expectativa. Este manual para un avivamiento del "último día" parece estratégico para la intención de Dios. Una lectura obligada para corazones hambrientos!

– Rev. Jim Hennesy
Pastor Principal, Trinity Church

Cedar Hill, Texas

A lo largo de la historia, Dios ha enviado poderosos avivamientos que han transformado el mundo. El último fue en 1906. Estoy totalmente de acuerdo con Peter De Jesús en que el Espíritu Santo está preparando al mundo para un avivamiento y que "La historia se está haciendo para el próximo gran despertar". "Avivamiento Ahora" está a punto de ser lanzado en todo el mundo. Alabo a Dios por usar a Peter para escribir este poderoso libro para preparar a Su iglesia y al mundo para Avivamiento Ahora. ¡Prepárate, Iglesia, el avivamiento global está a punto de explotar!

– Dr. Sergio Navarrete
Superintendente, Distrito Sur Pacifico A/D
Vicepresidente, Fraternidad Hispana Global A/D
La Puente, California

Conozco al reverendo Peter De Jesús desde hace más de 20 años, ya que ocupó diferentes posiciones dentro del Departamento de Ministerios de Jóvenes en nuestro distrito, habiendo ocupado el cargo más alto dentro del departamento como Director de Jóvenes Distrital desde 2000-2001. Es un gran honor para mí respaldar este libro en un momento como este, cuando vivimos en un momento sin precedentes de una crisis pandémica. Es el momento divino para que este libro esté disponible ahora. Este libro da a conocer qué es la depresión, qué puede hacerle a una persona y cómo se puede ayudar a esa persona. También enfatiza la importancia de que la Iglesia se prepare para un gran avivamiento que el mundo ha experimentado. Por último, expresa la gran importancia de difundir el evangelio a cada persona, para que todos sepan quién es Jesús, y así se cumple la Escritura de que un día "cada rodilla se doblará y cada lengua confesará que Jesucristo es el Señor."

– Rev. Manuel Álvarez
Superintendente, Distrito Hispano del Este A/D
Old Tappan, New Jersey

El libro de Peter De Jesús "Avivamiento Ahora" es más que un simple libro. Es una descarga del cielo, un mapa profético que está preparando estratégicamente a la Iglesia para su mejor momento en la historia. Peter es un "hombre de Isacar" moderno que comprende los tiempos en los que vivimos y, a través de sus páginas escritas de "Avivamiento Ahora", ¡ceras desafiado para marcar el comienzo del próximo Gran Despertar! "Avivamiento Ahora" es más que una lectura obligada. ¡Es algo que se DEBE VIVIR!

– Rev. Eleazar Rodríguez, Jr.
Superintendente, Distrito Hispano de Texas Louisiana A/D
Pastor, Vida City Church Houston
Houston, Texas

"Avivamiento Ahora" lo conmoverá y lo alentará a orar, ayunar y anhelar avivamiento, no luego, sino ahora. Peter De Jesús tiene un mandato y desafía a cada creyente a ir más allá de cada objetivo y perseguir un avivamiento muy necesario. Te animo a que leas este libro cuidadosamente y permitas que el Espíritu Santo te dirija y te edifique.

– Rev. Amos Garza
Superintendente, Distrito Hispano Sur Central A/D
Fort Worth, Texas

"Avivamiento Ahora" es un llamado muy necesario al pueblo de Dios para buscar seriamente el rostro de Dios. Peter De Jesús nos lleva en una jornada increíble, comenzando con su experiencia personal que lo llevo a escribir este libro, al camino de por qué necesitamos buscar a Dios para que El envié avivamiento una vez más. Peter comparte las etapas necesarias y los rudimentos del avivamiento, que nos ayudarán a experimentar el avivamiento en nuestras vidas en los tiempos en que vivimos. Es una gran lectura e infundirá el deseo de ver avivamiento en nuestras vidas y en las personas que amamos. Este libro es un gran recurso para ayudarles a llevar a su iglesia a través de una enseñanza paso a paso sobre cómo ver el avivamiento en su iglesia. La cantidad de Escritura utilizada en todo el libro confirmará claramente los puntos de Peter. ¡Te conmoverá a buscar avivamiento ahora en tu vida y tu iglesia, y aceptar el desafío de unirte al ayuno de 40 días! El avivamiento vendrá, ahora.

– Rev. Jesse Galindo
Superintendente, Red de Ministerios del Pacífico Central A/D
Sacramento, California

"Avivamiento Ahora" es un relato abrumador del hambre y el corazón de Peter De Jesús en busca de la cercanía con Dios. Muchos eventos en nuestras vidas sirven como oportunidades para acercarnos a Dios. En su libro, Peter revela encuentros con Dios en donde el escuchó la voz de Dios y experimentó encuentros divinos donde un sacrificio intencional fue hecho para estar a solas con Dios. Al leer este libro, verá un corazón hambriento en preparación para escuchar la voz sublime y tranquila de Dios. Aprenderá que en la enfermedad, el dolor y el sufrimiento, Dios siempre está presente y trabajando por usted. Su corazón se conmoverá al leer esta humilde historia de una persona en una jornada para conectarse con Dios. Realmente creo que al leer este libro, usted mismo escuchará a Dios. Esta es una gran lectura y un gran desafío.

– Rev. Gilbert Daniel Olivarez
Superintendente, Distrito Central A/D
Denver, Colorado

Cuando Jesús dio las instrucciones a sus discípulos de que esperaran la promesa del Padre, mencionó que recibirían poder del Espíritu Santo. Los discípulos pudieron experimentar el poder y el mover del Espíritu de Dios en el libro de los Hechos. En este libro, Peter De Jesús nos inspira a anhelar la renovación y el despertar del Espíritu Santo nuevamente en el pueblo de Dios. Después de las luchas personales de Peter en su vida, que intentaron obstaculizar su llamado, Dios, a través de Su misericordia, aún cumple Su plan en la vida de Peter. Peter busca nuevamente el mover del Espíritu Santo. Dios envía el avivamiento de Hechos nuevamente. Que ese sea su deseo y pasión al leer este libro.

– Rev. Ezequiel Pecina
Superintendente, Distrito de West Texas y Plains A/D

El comienzo de un avivamiento comienza cuando vemos nuestra necesidad de avivamiento. Luego comenzamos a orar por avivamiento, hasta que deseamos vivir tan cerca a Dios y ver venir Su reino, que no nos conformamos con nada menos. Cuando Dios envíe avivamiento, lo enviará a una nación y al mundo a través de Su iglesia. "Avivamiento Ahora" por Peter De Jesús nos ayudará a ir por este proceso y convertirnos en la Iglesia que Dios quiere para este momento de la historia. Se necesitará avivamiento para traer la cosecha y hacer discípulos. Este libro no podría haber llegado en mejor momento.

"Avivamiento Ahora" es un libro que nos desafía a buscar a Dios para un Gran Despertar. Como escribe Peter De Jesús en su libro, "debemos entender que Dios ha avivado a otras generaciones en el pasado, y con misericordia puede hacerlo nuevamente en nuestro tiempo presente". ¡Este es un libro que debe ser leído!

"Avivamiento Ahora", al igual que su autor, Peter De Jesús, es una presentación apasionada, directa y completa de por qué es hora de que la palabra profética de Dios se convierta en la obra presente de Dios.

En "Avivamiento Ahora", Peter De Jesús, comparte la verdadera experiencia que todos debemos tener con el Espíritu Santo. Para hablar sobre el tema del avivamiento, uno debe haber experimentado un movimiento sobrenatural del Espíritu Santo. Peter experimentó esto en su vida y ministerio. Hoy, más que nunca, debemos hablar del avivamiento venidero en preparación para que la Iglesia tenga un nuevo encuentro con nuestro Señor Jesús. Por eso recomiendo este libro, que no será un libro más en tu vida. De hecho, habrá un Gran Despertar espiritual en la vida de quienes lo lean.

– Rev. Edson Dos Santos
Superintendente, Distrito Latino del Sur A/D
Greenville, South Carolina

El libro de Peter De Jesús, "Avivamiento Ahora", es un llamado de atención de Dios para quien quiera y desee desesperadamente ver un avivamiento. En cada generación, Dios siempre ha reservado un remanente que aparece en escena en un momento crucial de la historia humana. Esta generación no es diferente. Este libro es para todos aquellos que no solo desean ver un avivamiento, sino que también desean ser parte de él. El avivamiento no era solo para el entonces; ¡el avivamiento es para AHORA!

– Rev. Jaime Loya
Pastor Principal, Cross Church
San Benito, Texas

"Avivamiento Ahora" se ha escrito para un tiempo como este. En tiempos de incertidumbre, confusión y duda, necesitamos palabras claras de voces claras para darnos una dirección clara. Mi amigo Peter nos ha dado a todos una guía práctica para experimentar un avivamiento que podría cambiar el curso de esta nación. ¡Léelo cuidadosamente!

– Rev. Tim Ross
Pastor Principal, Embassy City
Irving, Texas

Cada vez que vemos una crisis en el mundo, sabemos que Dios también está haciendo algo grande. Engendra cambios, y cada vez que vemos cambios, vemos transiciones. Actualmente se están produciendo grandes cambios en el mundo. "Avivamiento Ahora", escrito por Peter De Jesús, es un libro muy oportuno para todo el mundo. Si alguna vez necesitamos un avivamiento, lo necesitamos ahora. Este libro definitivamente cambia cosas que han estado impidiendo que ocurra el avivamiento en nuestras ciudades y más allá.

– Dr. Mathew Bismark
Fundador, GForce Ministries
Presidente, Concilio de Líderes y Pastores de Jóvenes Africanos
Houston, Texas

El corazón de Peter arde por el avivamiento, y en este poderoso libro, él cuenta su propia jornada personal. Creo que los alentará y los encenderá con los fuegos del avivamiento. Peter ha sido un gran estímulo para nuestro ministerio y siempre ha apoyado nuestra misión de avivamiento en todo el mundo. "Avivamiento Ahora" será una bendición para tu vida, ¡y oro para que encienda un fuego en tu corazón que nunca se apague!

– Rev. Josh Radford
Evangelista, Revival Life Ministries
Deland, Florida

Durante más de cuarenta años, mi padre, el evangelista principal Carlos Annacondia, y su equipo ministerial, han experimentado un avivamiento continuo en Argentina y Sudamérica. Creemos firmemente que en estos tiempos, nuestro Señor Jesús está mirando a los corazones de la humanidad para revelarse y desatar avivamiento en vidas, familias y naciones. Por lo tanto, animo fervientemente a los creyentes a dejar que "Avivamiento Ahora", escrito por Peter De Jesús, sea una inspiración que los anime y los desafíe a experimentar y vivir una vida de avivamiento continuo. Este libro lo bendecirá, ya que despierta su corazón, espíritu, hambre y deseo de un poderoso mover de Dios.

– Rev. Elías Annacondia
Evangelista, Misión Cristiana Mensaje de Salvación
Houston, Texas

La pasión contagiosa de Peter por el avivamiento es evidente, ya que escribe para compeler a su audiencia a buscar el rostro de Dios de todo corazón. Combinado con su testimonio personal de avivamiento y enseñanzas alentadoras sobre los rudimentos para un despertar bíblico, este libro seguramente guiará a sus lectores hacia la intimidad espiritual con el Señor. El refrescante mensaje de esperanza y hambre de Peter por un mover de Dios, "recluta y libera a la Iglesia para el avivamiento ahora". Serás bendecido y animado a medida que leas y extraigas de cada página la verdad inspirada para cada creyente en cada etapa de la vida.

– Rev. Michael Fernández
Director de la Próxima Generación, Cornerstone Church
San Antonio, Texas

A lo largo de los años, Peter De Jesús ha modelado, para mí y para muchos otros, cómo es una vida de intimidad piadosa. El clamor del corazón de Peter por un avivamiento en nuestra generación es más que emocionalismo. Por la gracia de Dios, Peter ha experimentado la gloria de Dios, incluso en tiempos difíciles. Estoy seguro de que la historia y el mensaje de Peter lo alentarán y encenderán una nueva pasión en usted para experimentar su avivamiento personal ahora.

– Rev. Luis "Nino" González
Pastor de Campus, Cornerstone Central, Cornerstone Church
San Antonio, Texas

Hace más de una década, comencé mi aventura en el ministerio de tiempo completo bajo el liderazgo y la guía de Peter De Jesús. El conocimiento, la sabiduría y la dirección que obtuve mientras servía como miembro de su personal son invaluables y son algunos de mis mejores recuerdos en el ministerio. Hoy, me siento honrado de llamarlo mentor y amigo. Como alguien que experimentó un avivamiento personal, mientras caminaba junto a él, ¡puedo decirles que Peter es lo verdadero! Una pasión por el avivamiento del Espíritu Santo se conmueve profundamente dentro de él, y creo que Dios ha llamado a Peter para un momento como este para informar, inspirar y desafiar al Cuerpo de Cristo con las palabras escritas en "¡Avivamiento Ahora!"

– Bryan Apodaca
Líder de Adoración, Cornerstone Central, Cornerstone Church
San Antonio, Texas

La vida de Peter encarna disciplina, resistencia y avivamiento. Ha soportado grandes pruebas y se ha presentado como una potencia para la gloria de Dios. Dado que tengo el privilegio de trabajar con él semanalmente, créanme cuando les digo que es una gran inspiración para todos. Este libro lo inspirará y lo desafiará a alcanzar todo lo que Dios tiene para usted y su ministerio. En estos tiempos difíciles, este libro llega como un soplo de aire fresco. Lo que necesitamos hoy, más que nunca, es "Avivamiento Ahora".

– Rev. Daniel González
Pastor de Español, Cornerstone Iglesia, Cornerstone Church
San Antonio, Texas

Peter ha sido un pilar de amor, guía, aliento y poder del Reino para mi familia. Su fe contagiosa y reverencia por Jesús ha sido una parte integral de mi vida y de mi camino de fe. He visto de primera mano muchas de las temporadas y relatos que Peter comparte en este libro. No solo soy testigo de su temporada de avivamiento, sino también un subproducto agradecido de ella. Te animo a leer "Avivamiento Ahora" y avivar tu fe en Dios para traer avivamiento en tu vida.

– Rev. Andrew Cabasa
Asociado de Apoyo al Ministerio de Próxima Generación
Cornerstone Church
San Antonio, Texas

Fui testigo de primera mano del avivamiento personal de Peter De Jesús, y en este libro "Avivamiento Ahora" animará a cualquiera que esté buscando un mover de Dios en su vida. Peter lleva a los lectores a través de un fascinante estudio del avivamiento y los invita a experimentarlo por sí mismos. Este libro no solo enciende fuego de avivamiento, sino que también proporciona las herramientas para experimentar personalmente un Gran Despertar.

– Rev. Brett Owen
Director Creativo, Epic Entertainment
Ex Pastor de Niños, Cornerstone Church
y Cornerstone Christian Schools
San Antonio, Texas

"Avivamiento Ahora" transmite un mensaje de expectativa por el avivamiento y el próximo Gran Despertar. Peter De Jesús es transparente y claro con los principios básicos para un avivamiento personal y corporativo. Su libro lo motivará a experimentar a Dios de una manera más íntima para que pueda experimentar el avivamiento.

– Rev. Johnny Ortiz
Pastor, Catalyst Church
Director de Jóvenes Regional, Iglesia de Dios Región Sur Central
San Antonio, Texas

Peter De Jesús es un ministro ungido y talentoso con un impacto multicultural único. Su libro, "Avivamiento Ahora", establece un esquema claro para el avivamiento, al tiempo que entrelaza principios prácticos y relevantes con testimonios poderosos. ¡Serás bendecido y tu espíritu refrescado al leer este llamado al avivamiento!

– Rev. Josué Holguín
Pastor de Español, Life Church
San Antonio, Texas

CONTENIDO

PRÓLOGO

Vivimos en los días en que los intercesores asaltan los cielos. Nuestra nación necesita un poderoso derramamiento del Espíritu Santo. ¡Señor, envíanos Avivamiento!

"Avivamiento Ahora" es un libro oportuno. La Iglesia necesita ser desafiada. Solo nosotros tenemos la respuesta a los problemas de nuestra nación. El Señor nos dio la receta para el dolor de nuestra nación en 2 Crónicas 7:14.

> *14 si se humilla mi pueblo, sobre el cual mi nombre es invocado, y oran, y buscan mi rostro, y se convierten de sus malos caminos; entonces yo oiré desde los cielos, perdonaré sus pecados y sanaré su tierra.*
>
> *2 Crónicas 7:14 RVR 1995*

He orado por avivamiento durante 62 años. Durante esta jornada, el Señor me ha mostrado que llegaría un momento en que, en Su misericordia, derramaría Su Espíritu. Mientras esperamos, Él se ha estado preparando para ese día. Su preparación es la gente. En oración, he pedido al Señor que levante un ejército de personas que lleven el fuego del avivamiento en sus corazones. Misericordiosamente, ha estado dando vida a personas con hambre de que el corazón de Dios se revele sobre la tierra. Un Evan Roberts o un Charles Finney no ocurren por casualidad. Dios obra Su obra especial en y a través de ellos, preparándolos para su uso en ese glorioso día en que Él vendrá. Creo que algo de ese trabajo ha tenido lugar en Peter De Jesús.

Peter fue invitado a la Conferencia de City Reachers en febrero de 2010, donde Guillermo Maldonado estaba ministrando. Consideraba a Peter como un joven que estaba siendo entrenado por el Señor para llevar el fuego del avivamiento. Así que fue significativo que Guillermo llamara a Peter para orar por él. Peter es uno de esos, marcados para nuestros días, a quienes el Señor está llamando para dirigirse a una generación descarriada. Necesitamos que surja un ejército de avivadores poderosamente ungidos, como el que estuvo presente en el ministerio de Evan Roberts en el Avivamiento Galés. Hay una gran cosecha de almas por cosechar, y solo el poder del Espíritu Santo satisfará la necesidad.

Recomiendo "Avivamiento Ahora" para todos los que tienen hambre de más, todos los que claman por un avivamiento, todos los que están preparados para contar el costo y seguir a Jesús a través de la Cruz, hasta Pentecostés. Lea "Avivamiento Ahora" en oración y pregúntele al Señor: "¿Qué debo hacer para esparcir el fuego del avivamiento?"

Eileen Vincent
Fundadora y Presidente
Outpouring Ministries y City Reachers
San Antonio, Texas

PRÓLOGO

"Avivamiento Ahora" nos da una ventana al corazón de todos aquellos que tienen hambre de ver avivamiento. Dios usa a sus intercesores para allanar el camino para la obra que se propone hacer. Cuando trató de proteger al Reino Unido de los bombardeos aéreos durante la Segunda Guerra Mundial, levantó la intercesión a través de Rees Howells y su Escuela Bíblica de Swansea. Cuando estaba a punto de desatar grandes sanidades y salvaciones en Argentina, comenzó en una poderosa reunión de oración allí, diciéndole a una joven que golpeara la mesa. Cuando lo hizo, el Espíritu Santo llenó la habitación y desde allí, ¡estalló un tremendo avivamiento! Como declaró el gran avivador Juan Wesley, "Dios no hace nada excepto en respuesta a la oración".

La historia del avivamiento, la revelación de Jesús y el Reino de Dios han informado toda nuestra oración. Oramos la palabra de Dios, lo que dice y, lo que es más importante, lo que significa, porque realmente refleja el corazón y los propósitos de Dios. Refleja todo lo que Él está buscando en vidas individuales, ciudades, estados y naciones. Quiere avivar a aquellos cuyo espíritu está muerto y agonizante y restaurar a la humanidad a una relación viva consigo mismo. Él desea que todos experimentemos un avivamiento personal y seamos usados por Él para compartir esa experiencia con el mundo que nos rodea.

Esa misma pasión llenó nuestras reuniones de oración donde un viernes por la noche de marzo de 2010 Peter De Jesús se unió a nosotros. Fue allí donde Peter declaró por primera vez en oración por el micrófono abierto: "¡Avivamiento Ahora!" Recuerdo el momento claramente. Ese clamor resonó durante la reunión. Fue como resultado de esos momentos de oración que decidimos convocar a pastores de jóvenes de toda la ciudad con sus grupos de jóvenes para entrar en este reino del espíritu de oración, adoración y fe. Fueron tiempos de oración poderosos, cuyo poder continúa impactando corazones y vidas hoy.

Dios usa personas avivadas para traer avivamiento. Oramos por usted, mientras lee este libro, para que su mensaje lo lleve a un lugar de búsqueda de avivamiento personal para que pueda ser usado por Dios para conmover dondequiera que Él lo designe. ¡Que haya un clamor colectivo por Avivamiento AHORA!

Natalie Hardy
Directora Ejecutiva
Outpouring Ministries y City Reachers
San Antonio, Texas

INTRODUCCIÓN
MI HISTORIA PERSONAL
DE AVIVAMIENTO

Gracias por leer este libro. "Avivamiento Ahora: La Historia se está Haciendo para el Próximo Gran Despertar" es más que un título de libro intrigante sobre una gran intervención divina global que se necesita con urgencia en nuestro tiempo. Solo por la gracia de Dios, y para Su gloria, se trata también de un testimonio personal que experimenté durante una temporada específica en mi vida. Sin embargo, antes de compartir con ustedes un resumen vulnerable de mi historia personal de avivamiento, desde agosto de 2008 hasta mayo de 2013, creo que es de suma importancia para mí mencionar el tiempo durante el cual ahora estoy escribiendo este libro.

El año es 2020. La temporada es Primavera, desde su inicio hasta su final. En lo que va de este año, el mundo se ha visto afectado por una pandemia global sin precedentes de COVID-19, también conocida como el nuevo coronavirus. Más de 8.7 millones de personas en todo el mundo ya han contraído esta plaga y, como resultado, más de 464,000 personas han muerto. En consecuencia, la economía de todo el mundo se ha visto devastada, incluida la de los Estados Unidos de América, donde vivo. Hasta el 20 de junio, más de 40 millones de personas en Estados Unidos habían estado desempleadas este año y los medios de comunicación habían estado pronosticando con temor la posibilidad de que ocurriera la próxima Gran Depresión en nuestra nación, como ocurrió por primera vez entre 1929 y 1939. Además, debido a la reciente grave injusticia de múltiples homicidios raciales cometidos, por igual por civiles y agentes de policía, contra civiles y agentes de policía estadounidenses blancos y negros, las tensiones raciales han escalado cada vez más a un nivel sin precedentes en los últimos años. Los resultados han sido protestas, disturbios, saqueos y violencia implacables en toda nuestra nación como nunca antes había visto en mi vida. Por lo tanto, la gravedad de nuestros tiempos actuales está contribuyendo enormemente a una temporada de gran depresión de muchas maneras y en múltiples niveles en nuestra sociedad.

Sin embargo, mientras escribo este libro, en mi casa en Lancaster, Texas, donde vivo en una comunidad predominantemente negra, como un cristiano que resulta ser un puertorriqueño con complementos blancos, siento una expectativa bíblica, centrada en Cristo, guiada por el Espíritu y llena de fe de que el próximo Gran Despertar podría ocurrir en nuestra nación en el transcurso de la próxima década. Eso es, por supuesto, si nuestra nación multiétnica y el Cuerpo de multicolor de Jesucristo regresan primero a nuestro único Dios y buscan primero Su reino, tal como 2 Crónicas 7:13-14 y Mateo 6:33-34 nos llaman a hacerlo.

> *[13] Si yo cierro los cielos para que no haya lluvia, y si mando a la langosta que consuma la tierra, o si envío pestilencia a mi pueblo; [14] si se humilla mi pueblo, sobre el cual mi nombre es invocado, y oran, y buscan mi rostro, y se convierten de sus malos caminos; entonces yo oiré desde los cielos, perdonaré sus pecados y sanaré su tierra.*
>
> *2 Crónicas 7:13-14 RVR 1995*

[33] Buscad primeramente el reino de Dios y su justicia, y todas estas cosas os serán añadidas. [34] Así que no os angustiéis por el día de mañana, porque el día de mañana traerá su propia preocupación. Basta a cada día su propio mal.

Mateo 6:33-34 RVR 1995

De acuerdo con estos dos pasajes de las Escrituras, si buscamos a Dios como deberíamos y hacemos de Él y de Su reino nuestra primera prioridad, entonces el resultado será que nuestro Dios misericordioso responda en gran medida a nuestro regreso prescrito bíblicamente a Él. Además, nuestro Dios lleno de gracia nos agregará todo lo que necesitamos desesperadamente en este tiempo, comenzando con el avivamiento ahora, y continuando con Su gran perdón, sanidad, salud, riqueza y reconciliación racial para Su pueblo de todas las etnicidades. Por lo tanto, creo que podemos tener otro Gran Despertar, en lugar de otra Gran Depresión. De hecho, me atrevo a decir que cuando ocurra el próximo Gran Despertar en el futuro cercano, será seguido por un mayor compromiso con la Gran Comisión de Cristo registrada en Mateo 28, para que la mayor cosecha de almas en nuestra nación y alrededor del mundo, puede ser traída al gran reino de Dios en los últimos tiempos en los que vivimos actualmente, como se menciona en Lucas 21.

[18] Jesús se acercó y les habló diciendo: «Toda potestad me es dada en el cielo y en la tierra. [19] Por tanto, id y haced discípulos a todas las naciones, bautizándolos en el nombre del Padre, del Hijo y del Espíritu Santo, [20] y enseñándoles que guarden todas las cosas que os he mandado. Y yo estoy con vosotros todos los días, hasta el fin del mundo.» Amén.

Mateo 28:18-20 RVR 1995

[10] Entonces añadió: Se levantará nación contra nación y reino contra reino; [11] habrá grandes terremotos y, en diferentes lugares, hambres y pestilencias; y habrá terror y grandes señales del cielo. [12] Pero antes de todas estas

3

cosas os echarán mano, os perseguirán, os entregarán a
las sinagogas y a las cárceles, y seréis llevados ante reyes
y ante gobernadores por causa de mi nombre. 13 Pero esto
os será ocasión para dar testimonio.

Lucas 21:10-13 RVR 1995

De hecho, creo que todo esto, incluidas las grandes señales del cielo, como las cuatro lunas de sangre (eclipses lunares) de este año que ocurrirán en enero, junio, julio y noviembre[1], servirán como un precursor profético del gran y asombroso día del Señor, según Joel 2 y Hechos 2.

Haré prodigios en el cielo y en la tierra,
sangre, fuego y columnas de humo.
31 El sol se convertirá en tinieblas
y la luna en sangre,
antes que venga el día, grande y espantoso, de Jehová.
32 Y todo aquel que invoque el nombre de Jehová, será salvo;

Joel 2:30-32a RVR 1995

19 Y daré prodigios arriba en el cielo
y señales abajo en la tierra,
sangre, fuego y vapor de humo;
20 el sol se convertirá en tinieblas
y la luna en sangre,
antes que venga el día del Señor,
grande y glorioso.
21 Y todo aquel que invoque el nombre del Señor, será salvo".

Hechos 2:19-21 RVR 1995

Sin embargo, antes de continuar con el pensamiento del próximo Gran Despertar para una Gran Comisión renovada en preparación para la mayor cosecha de almas que ocurrirá durante la próxima década antes del rapto de la Iglesia y la Gran Tribulación en la tierra, siento la necesidad de reflexionar sobre la última década. La razón de esta noción es visitar otra vez el avivamiento personal histórico que experimenté durante ese tiempo y conectarlo con los tiempos en los que estamos viviendo ahora. Al hacerlo, debo declarar que creo que lo que estoy a punto de compartir con ustedes es un mensaje atemporal y oportuno para el Cuerpo multiétnico de Jesucristo en nuestra nación y en todo el mundo. De hecho, creo especialmente esto para los ministros y líderes que, como yo, en el pasado se han enfrentado o están enfrentando actualmente desafíos de salud mental y la necesidad de experimentar espiritualmente un avivamiento personal que resultará en un despertar espiritual. Porque entonces, y solo entonces, tendríamos el poder en Cristo Jesús para cambiar el curso de la historia en nuestras propias vidas, familias, comunidades, estados, nación y más allá.

Por lo tanto, permítanme continuar compartiendo de manera transparente con ustedes lo que comenzó en junio de 2008 como una oportunidad de ministerio de "sueño hecho realidad", eventualmente se convirtió en una "pesadilla viviente" en mi vida personal y ministerio, hasta que Dios misericordiosa y fielmente me avivo. ¿De qué se trataba la oportunidad del ministerio de "sueño hecho realidad"? El domingo 25 de mayo de 2008, mientras vivía en San Antonio, Texas, tuve el gran honor de conocer personalmente al pastor principal fundador de renombre mundial, Dr. John Hagee, y a su hijo, el pastor principal, Matthew Hagee, de Cornerstone Church, que tiene más de 20,000 miembros en su congregación multiétnica y no denominacional. Este gran honor me fue otorgado por mi querido hermano y amigo, el evangelista Dr. Chris Hill, quien ministró poderosamente en Cornerstone Church esa noche. Después de disfrutar del servicio y una cena con el Pastor Matthew Hagee, el Dr. Hill y algunos otros, me sentí halagado de haber sido invitado a reunirme con el Pastor Matthew diez días después, el miércoles 4 de junio. Ese día, tanto el Pastor Matthew como el Pastor Hagee me invitaron amablemente a unirme a su personal pastoral. La posición en la que eventualmente comenzaría a servir, a partir del lunes 25 de agosto, sería la del Pastor de Jóvenes de la Escuela Secundaria de Cornerstone Church y el Pastor del Campus de la Escuela Secundaria de Cornerstone Christian Schools.

Por supuesto, quedé impresionado con esta gran oportunidad. De hecho, esta invitación tuvo un significado especial para mí personalmente. La razón es que diecisiete años antes de ese tiempo, cuando yo tenía solo 16 años, había tres ministros de renombre internacional, cuyos ministerios de radio y televisión habían impactado enormemente mi vida. Más aún, al punto de que, en ese momento, le había pedido al Señor que por favor me diera una medida de Su unción que estaba en sus vidas. Esos tres ministros fueron el Pastor John Hagee, el Pastor John Osteen y el Pastor Benny Hinn.

Por lo tanto, que uno de ellos me pidiera, 17 años después, a los 33 años, que me uniera a su equipo pastoral fue una experiencia surreal, por decir lo menos. Como resultado, me sentí como si caminara en nubes celestiales mientras esperaba traer el cielo sobre una generación de jóvenes en Cornerstone Church, Cornerstone Christian Schools y la ciudad de San Antonio. Por mucho que me encantaría decir que fue exactamente lo que empezó a suceder de inmediato, con pesar y con toda transparencia, no puedo.

Desafortunadamente, la verdad es que honestamente a las pocas semanas de comenzar mi posición en Cornerstone, comencé a experimentar una espiral descendente gradual de una miserable temporada de depresión de 18 meses. Esta temporada comenzó y progresó con pensamientos y sentimientos personales de insuficiencia, miedo, duda, estrés, ansiedad, ataques de pánico, confusión e incredulidad en mi propio llamado y don ministerial. Esto se debió principalmente a mis propias faltas, además del ataque de Satanás contra mi vida y el plan soberano de Dios para mí.

No hace falta decir, y vale la pena señalar que esta temporada tan difícil que experimenté no refleja negativamente de ninguna manera, o forma en el liderazgo fiel, compasivo, sabio, poderoso y ungido del Pastor Hagee, el Pastor Matthew y el maravilloso personal pastoral de Cornerstone Church, por quien estaré eternamente agradecido. Sin embargo, con respecto a continuar con mi descripción de la temporada más difícil que he experimentado hasta el día de hoy, creo que sería útil para mí compartir más sobre por lo que pase. De hecho, nunca olvidaré la primera vez en mi vida que experimenté un ataque de pánico.

Ocurrió un lunes por la noche a un martes por la mañana, del 10 al 11 de noviembre, antes de ministrar en un servicio de la escuela secundario de Cornerstone Christian Schools. El ataque de pánico fue diferente a todo lo que había experimentado en mis once años anteriores de ministerio en varias posiciones, incluidos los de director de jóvenes de distrito de las Asambleas de Dios, pastor asociado, pastor de adoración, co-pastor, pastor del campus y profesor adjunto del instituto bíblico. Sin embargo, este ataque de pánico fue solo el comienzo, ya que las cosas empeoraron aún más para mí.

En enero de 2009, y posteriormente, también comencé a experimentar una creciente pérdida de apetito, una incapacidad de poder dormir bien y a sentir sensaciones fisiológicas extrañas y entumecimiento en diferentes partes de mi cuerpo, como las extremidades, el cuello y la cabeza. Más tarde descubrí, por mi médico de familia, que lo que estaba experimentando en realidad estaba asociado con niveles extremadamente altos de estrés. También descubrí, a través de mi investigación personal sobre la depresión, que todo lo que había experimentado hasta ese momento estaba relacionado con la depresión clínica. Mientras tanto, intenté hacer lo mejor que pude para ser un exitoso pastor de jóvenes en la iglesia y en la escuela secundaria, en una de las mejores mega-iglesias y escuelas cristianas privadas del planeta tierra. Sin embargo, debo admitir que me sentí como un fracaso.

Justo cuando pensaba que esta temporada no podía ser más difícil, en enero y febrero de 2009, experimenté dos visitas infructuosas a mi médico de familia, en mi intento de comenzar a tomar medicamentos para la depresión. La razón por la que digo que mis visitas al médico no tuvieron éxito fue porque tanto los medicamentos de marca como los genéricos que me recetó mi médico no estaban cubiertos por mi seguro médico y eran demasiado caros para mí. En consecuencia, tuve que encontrar otra forma de afrontar la temporada de depresión que estaba experimentando. Desafortunadamente, mi condición no mejoró. De hecho, se puso tan mal que una noche de abril de 2009, alrededor de la

1:00 a.m., me desperté inquieto, debido al entumecimiento que estaba experimentando en uno de mis brazos y hombros. De hecho, pensé que posiblemente estaba teniendo un ataque al corazón. Después de despertar inmediatamente a mi esposa, Mildred, hacer que orara por mí y evaluar con ella lo que estaba experimentando, pude volver a dormirme y descansar un poco. Desafortunadamente, lo que estaba pasando se volvió tan malo que comencé a sentirme como el profeta Elías, en 1 Reyes 19:4, quien en un momento particular de su vida, y tiempo en el ministerio, quiso morir.

> *⁴ Luego de caminar todo un día por el desierto, fue a sentarse debajo de un enebro. Entonces se deseó la muerte y dijo: «Basta ya, Jehová, quítame la vida, pues no soy yo mejor que mis padres.»*
>
> *I Reyes 19:4 RVR 1995*

Aunque no estaba luchando contra pensamientos o tendencias suicidas, comencé a pensar honestamente que sería mejor para mí si Dios simplemente me dejara ir a dormir y morir, permitiéndome despertar en el otro lado de la eternidad, solo por Su gracia y misericordia. En consecuencia, a lo largo de este tiempo, obtuve aproximadamente medio millón de dólares en seguros de vida a través de múltiples pólizas de seguros de vida. Mi pensamiento era que si moría mientras dormía, al menos Mildred y nuestros tres hijos serían bien atendidos económicamente durante varios años. Fue así de malo. En consecuencia, finalmente decidí que le pediría al Pastor Matthew si podíamos programar una de nuestras reuniones individuales periódicas para el lunes 11 de mayo de 2009. Mi plan original para la reunión era que le entregara humildemente mi carta de renuncia. La reunión estaba programada para esa fecha, pero dos días antes, el sábado 9 de mayo, mi plan de renuncia fue divinamente interrumpido por la poderosa intervención de Dios a través de mi esposa. Durante lo que sentí como un colapso mental que experimenté ese sábado, Mildred comenzó a orar por mí, a hablarme la palabra de Dios y a recordarme que Dios aún no había terminado conmigo. También me recordó que Dios no me había traído tan lejos para que me rindiera. Tuvimos un momento inmensamente poderoso en la gloriosa presencia de Dios, y tuve la bendición de tener una esposa tan piadosa, llena de fe en la palabra de Dios y comprometida con la oración.

Una vez que me di cuenta de que no iba a renunciar, decidí hacer la siguiente mejor opción, que era ser completamente integral y transparente con el Pastor Matthew y contarle todo lo que había estado experimentando durante los ocho meses anteriores. Aunque hice esto con miedo y temblor, agradezco a Dios por la forma en que el Pastor Matthew me respondió con gracia. El me amo. Me animó. Me apoyó. Dejó muy claro que creía en mí y en mi llamado del Señor. Después de que él compartió con el Pastor Hagee algo de lo que yo había compartido con él, el Pastor Hagee, poco después, también me dejó notablemente claro que estaba peleando la buena batalla de la fe junto conmigo en oración. Tenerlos a ambos en mi rincón, además de Mildred, nuestros tres hijos y mis padres, significó mucho para mí.

Como resultado, reconocí plenamente que había llegado el momento de pelear espiritualmente la buena batalla de la fe, más que nunca antes. Más importante aún, me di cuenta de que necesitaba acercarme más al Señor y buscarlo para obtener más de Su ayuda sobrenatural. Por lo tanto, en la última parte de la primavera hasta el verano de 2009, asistí a varios de los fines de semana de encuentro del Ministerio de Encuentro y de Reconciliación de la Cornerstone Church, dirigido por el Pastor Philip Fortenberry. También asistí a un par de sesiones de consejería profesional con un Consejero Cristiano Licenciado, que el Pastor Matthew me había recomendado sabiamente. La combinación de estos dos tipos de ministerio tan esenciales fue poderoso y efectivo, ya que el Señor los utilizó para ministrarme en sanación espiritual, liberación y asesoramiento y entrenamiento de vida basados en la Biblia. De hecho, y por extraño que parezca, cuando me reuní con el consejero cristiano y le pedí que aún me escribiera una receta para medicamentos para la depresión, me dejo saber que, basado en su evaluación profesional y discernimiento espiritual, no necesitaba una receta médica. En cambio, tomó su libreta de notas de su oficina y comenzó a escribir algo en ella. Cuando terminó de escribir, arrancó la hoja y me la entregó. Aunque parte de mí todavía esperaba ver una receta médica escrita en ella, para mi sorpresa lo que leí fue "Isaías 60:1-2".

> *¹ «¡Levántate, resplandece, porque ha venido tu luz*
> *y la gloria de Jehová ha nacido sobre ti!*
> *² Porque he aquí que tinieblas cubrirán la tierra*
> *y oscuridad las naciones;*
> *mas sobre ti amanecerá Jehová*
> *y sobre ti será vista su gloria.*
>
> *Isaías 60:1-2 RVR* 1995

Ahora debo admitir que cuando vi "Isaías 60:1-2" escrito en esa hoja de papel, en lugar de una receta médica, me tomó completamente desprevenido, especialmente viniendo de un consejero profesional. Sin embargo, Dios sabía lo que necesitaba ver y escuchar en ese preciso momento. De hecho, Dios es tan soberano que no solo usó al personal pastoral de Cornerstone Church, junto con mi esposa y mis padres para hablarme con palabras de consejo basadas en la Biblia, sino que también usó al consejero cristiano para recordarme la palabra de Dios sobre mi vida. En agosto de 2009, entendí que necesitaba desesperadamente volver a las disciplinas espirituales y los fundamentos fundamentales de mi relación con Dios. Así que lo hice. Poco después, en septiembre de ese año, descubrí profundamente mi profunda necesidad y mi deseo creciente de experimentar un avivamiento personal. Por lo tanto, comencé a buscar al Señor, mucho más de lo que lo había hecho el año anterior. Al hacerlo, comencé a sentir que Dios me llamaba, hacia fines de 2009, a prepararme para un ayuno de 40 días en 2010.

A medida que avanzaba el año nuevo, seguí buscando al Señor aún más. De hecho, el sentido humano de la obligación de buscar al Señor como ministro fue reemplazado gloriosamente por una obsesión espiritual de buscar al Señor como un amante de Su presencia. Poco después, durante una cena con mi familia extendida en febrero de 2010, mi primo, Perry Santana, quien en ese momento era el pastor de adoración en Vida Abundante Iglesia de Dios (ALCOG) en San Antonio, dirigido por el pastor Eliezer Bonilla, me dijo sobre una conferencia de City Reachers que se iba a realizar en el ALCOG la tercera semana de febrero. Esta conferencia fue organizada por el gran Apóstol Alan Vincent, que está ahora con el Señor, su preciosa esposa Eileen Vincent, y su Directora Ejecutiva, Natalie Hardy, de Outpouring Ministries y City Reachers con sede en San Antonio. En la misma cena familiar, uno de mis otros primos, el Pastor Ray Maldonado de New Life Ministries de San Antonio, quien había sido mi pastor durante mis años de escuela secundaria, aceptó la invitación para acompañarme a la conferencia. Una de las principales razones por las que decidimos hacerlo fue porque el orador principal de la conferencia sería el Apóstol Guillermo Maldonado del Ministerio Rey Jesús en Miami, Florida.

Esa noche, el martes 16 de febrero, antes de que comenzara el servicio, mi primo Perry nos presentó al Pastor Ray y a mí al Apóstol Alan y Eileen Vincent, y durante el servicio recibimos un poderoso mensaje del Apóstol Maldonado sobre el tema bíblico de vivir con "Fe Sobrenatural" en el Rey Jesús. Tuvimos la bendición de poder sentarnos en la primera fila junto a los Vincent y otros ministros. Después del mensaje, el Apóstol Maldonado hizo un llamado al altar y yo me aseguré de responder lo más rápido posible. De aproximadamente 900 personas en el servicio, como unas 25 de nosotros fuimos llamados por el Apóstol Maldonado para subir a la plataforma para recibir oración personal por él. Cuando llegó el momento de que él orara por mí, todo lo que el Señor le pidió que hiciera, desde unos seis pies de distancia de mí, fue declarar la palabra "paz" sobre mi vida. Lo siguiente que supe fue que estaba tendido en la plataforma, bajo el poder sobrenatural de Dios. Fue verdaderamente un momento sobrenatural que Dios usó para continuar ministrándome grandemente.

Aproximadamente una semana después, Dios me impresionó fuertemente que me preparara para comenzar un ayuno de 40 días. Mientras oraba al respecto, le pedí que al menos me permitiera comenzar el ayuno después de la cena de cumpleaños de mi hijo, David Samuel, el domingo 28 de febrero. Sentí que el Señor aceptaba misericordiosamente mi petición y planeé ayunar desde la noche del 28 de febrero hasta el viernes 9 de abril. Sin embargo, no tenía idea de que el 9 de abril fuera profundamente significativo, en lo que respecta a la historia del avivamiento. No fue sino hasta tres años después, en 2013, que Lou Engle, fundador de The Call, quien había aceptado mi invitación para ministrar en el ministerio de jóvenes adultos de Cornerstone Church, me dijo que el 9 de abril era el aniversario del avivamiento de la Calle Azusa en 1906 en Los Ángeles, California. No tenía idea del gran significado del 9 de abril.

Ahora, como preludio al inicio de mi ayuno la noche del 28 de febrero, acepté la invitación de mi querido hermano y amigo Brett Owen, pastor de niños de Cornerstone Church, para asistir a un servicio especial el miércoles por la noche, el 24 de febrero, en la iglesia local de su papá, la Iglesia Oasis en San Antonio, Texas, dirigida por el pastor Dennis Goldsworthy-Davis. Esa noche, el ministro invitado fue el Rev. Dutch Sheets, de Dutch Sheets Ministries en Leesville, South Carolina. Predicó un mensaje profético y profundo basado en Génesis 26:18 con respecto a "volver a excavar los pozos de avivamiento" para que brotara un avivamiento aún mayor del reino.

[18] *Volvió Isaac a abrir los pozos de agua que habían sido abiertos en los días de Abraham, su padre, y que los filisteos habían cegado después de la muerte de Abraham; y los llamó por los nombres que su padre los había llamado.*

Génesis 26:18 RVR 1995

Fue un mensaje tan poderoso. De hecho, sentí que Dios usaba ese mensaje para que me concentrara en creerle a Él para desatar otro avivamiento del reino en San Antonio. Poco después, comencé mi ayuno la noche del 28 de febrero y estaba determinado a experimentar un avivamiento en mi vida, mi familia y mi ministerio. Luego, en la noche del martes 9 de marzo de 2010, el Pastor Matthew dirigió una de nuestras reuniones mensuales de oración de la Generación de Josué en Cornerstone Church. Durante esta reunión de oración, pidió que los pastores de los ministerios de niños, jóvenes, jóvenes adultos y matrimonios jóvenes pasaran al frente para ser ungidos con aceite y orar por él. Como resultado, cuando llegó el momento de que el Pastor Matthew me ungiera y orara por mí, el Señor lo llevó a enfocar específicamente su oración por una unción para unir el Cuerpo de Cristo. Más tarde descubrí por qué esta unción era extremadamente importante para el avivamiento en mi vida, ministerio y la ciudad de San Antonio, especialmente en lo que respecta a la generación más joven.

En ese momento, la contracorriente de la ola de avivamiento de Dios estaba avanzado en mí. En consecuencia, las cosas estaban comenzando a cambiar celestialmente de la temporada pasada de depresión a una temporada actual de avivamiento. Poco después, acepté una invitación que había recibido para asistir a una de las reuniones semanales de oración de City Reachers los viernes por la noche dirigidas por Eileen Vincent y Natalie Hardy, a quienes conocí el mes anterior en su conferencia. Estas reuniones de oración, a las que asistieron cristianos de todas etnicidades de varias iglesias en todo San Antonio, comenzaron aproximadamente a las 10:00 p.m. e iban hasta al menos la medianoche o más tarde. Debo decir que estas reuniones fueron una gran bendición para todos los que las asistieron, especialmente para mí, que recibí la oración personal de Eileen y Natalie durante y después de estas reuniones de oración.

De hecho, en una ocasión particular y trascendental durante una de sus reuniones de oración del viernes por la noche en marzo de 2010, en donde permitieron que varios ministros guiaran a todos en oración, me dieron la misma oportunidad. Mientras oraba acerca de "ahora es el tiempo de avivamiento", mencioné en mi oración la frase "avivamiento ahora". Por supuesto, no tenía idea terrenal de lo que saldría de esa oración. Todo lo que sabía era que había una unción especial en esa declaración de oración para avivamiento ahora. Mientras tanto, yo estaba en mi ayuno de 40 días, que era una combinación de un ayuno de Daniel de 21 días (comiendo solo frutas, verduras, granos y líquidos), un ayuno de solo líquido de 7 días, un ayuno de 3 días estilo Ester (sin comida ni bebida) y un ayuno de Daniel de 9 días, en esta orden.

Cuando terminé mi ayuno el viernes 9 de abril, algo había cambiado por completo en mi vida. La temporada de depresión de 18 meses había terminado y había comenzado una nueva y más grande temporada de avivamiento. Ahora estaba más cerca, que nunca, al Señor. Tuve más confianza divina del Señor. Comencé a ver a Dios restaurar todos los aspectos espirituales, emocionales, físicos, relacionales y ministeriales de mi vida. Pero ahora fueron restaurados con mucho más.

Sin embargo, Dios aún no había terminado conmigo. De hecho, para mi sorpresa, diez días después de mi ayuno de 40 días, sentí que el Señor me hablaba internamente y me decía: "Dame otros 40 días". Poco sabía, en principio, que Dios estaba haciendo algo similar en mi vida que Él había hecho en la vida de Moisés con respecto a dos ayunos consecutivos de 40 días, como se indica en Deuteronomio 9:18 que dice:

[18] Luego me postré delante de Jehová, y como antes hice, durante cuarenta días y cuarenta noches no comí pan ni bebí agua, a causa de todo el pecado que habíais cometido haciendo el mal ante los ojos de Jehová para enojarlo.

Deuteronomio 9:18 RVR 1995

La verdad es, ya que ahora fui avivado y restaurado en todos los ámbitos, honesta y humanamente no me gustó el hecho de que Dios me estaba pidiendo más. Sin embargo, debido a que estaba tan agradecido con Aquel que fue más que fiel, dije "sí" a 40 días más desde el lunes 19 de abril hasta el viernes 28 de mayo. Lo que fue distinto acerca de este segundo ayuno de 40 días fue que el Señor habló a mi corazón y me dijo que no tenía que ayunar comida durante este ayuno. Por extraño que parezca, en cambio, sentí que el Señor me pedía que ayunara dos horas de sueño cada noche desde las 11:00 p.m. a la 1:00 am Cuando le pregunté por qué quería que orara durante esas horas, me recordó que Él es nuestro Alfa y Omega, y me dio a saber que quería que le diera las horas alfa y omega de un Periodo de 24 horas. Sentí que el Señor estaba bien conmigo tomando siestas después de cenar cada noche, siempre que me despertara con tiempo suficiente para comenzar a orar a las 11:00 p.m. Lo que también fue distinto acerca de este segundo ayuno de 40 días fue que el Señor le habló a mi espíritu y me impresionó que quería que orara específicamente por la unidad en el Cuerpo de Cristo, en lugar de orar únicamente por el avivamiento de Cristo. Me reveló que uno de los ingredientes más importantes, aunque faltantes, para el avivamiento corporativo en la iglesia de Cristo, más allá de un avivamiento personal en un creyente individual, es la unidad entre todos los creyentes cristianos.

Por lo tanto, fue en este momento que entendí un poco más por qué Dios había guiado al Pastor Matthew el martes 9 de marzo por la noche a orar por mí y ungirme específicamente con respecto a la unidad en el Cuerpo multiétnico de Cristo. Con ese entendimiento, comencé a orar cada noche a partir de las 11:00 p.m. a la 1:00 a.m., y específicamente oré por la unidad entre los cristianos, las iglesias, los pastores y los líderes, especialmente para aquellos que lideran a los jóvenes como lo estaba haciendo yo en ese momento. Ahora, justo cuando las cosas parecían ir bien en este segundo ayuno de 40 días, algo salió muy mal en el día 25 del ayuno. Aunque había programado mi alarma para que me despertara alrededor de las 10:30 p.m. el jueves por la noche, 13 de mayo, me quedé dormido y me desperté a la 1:30 a.m. del viernes 14 de mayo por la mañana. Había dormido durante mi alarma y mi tiempo de oración. Cuando me di cuenta de lo que había pasado, me sentí tan mal y condenado.

Entonces Dios, que es tan misericordioso y fiel, habló a mi corazón y me recordó Romanos 8:1 que dice:

> [1] *Ahora, pues, ninguna condenación hay para los que están en Cristo Jesús, los que no andan conforme a la carne, sino conforme al Espíritu.*
>
> *Romanos 8:1 RVR 1995*

Por lo tanto, sentí que el Señor me decía que me sacudiera la condenación y fuera a orar. Así que lo hice, y fue maravillosamente glorioso. Poco sabía que mi tiempo de oración, que comenzó tarde a la 1:30 a.m., duraría cinco horas seguidas hasta las 6:30 a.m. del viernes 14 de mayo. Lo que fue tan glorioso acerca de este tiempo de oración fue que parecía pasar muy rápido, mientras Dios me guiaba a orar a través de tantos pasajes de las Escrituras, desde Génesis hasta Apocalipsis. Estos pasajes de la Biblia tenían que ver específicamente con la unidad, y el punto culminante de estos pasajes fue Juan 17. ¿Por qué era esto tan importante? Porque es en este capítulo que Jesucristo ora a nuestro Padre Celestial por la unidad entre Su pueblo en la tierra, como se señala específicamente en los versículos 20-23 que dicen:

> [20] *Pero no ruego solamente por estos, sino también por los que han de creer en mí por la palabra de ellos,* [21] *para que todos sean uno; como tú, Padre, en mí y yo en ti, que también ellos sean uno en nosotros, para que el mundo crea que tú me enviaste.* [22] *Yo les he dado la gloria que me diste, para que sean uno, así como nosotros somos uno.* [23] *Yo en ellos y tú en mí, para que sean perfectos en unidad, para que el mundo conozca que tú me*

enviaste, y que los has amado a ellos como también a mí me has
amado.

Juan 17:20-23 RVR 1995

Qué experiencia tan gloriosa me había permitido obtener por su gracia el Señor ese día. Fue como si Dios misericordiosamente me hubiera capacitado para trascender el tiempo y el espacio en ese momento santo, para que pudiera percibir personalmente la oración por la unidad que hizo Jesucristo en el día registrado en Juan 17. La noche siguiente, volví a encaminarme con la oración de 11:00 pm a 1:00 a.m. y continuó haciéndolo hasta el viernes 28 de mayo. A estas alturas, lo que comenzó un par de meses antes como un avivamiento personal ahora estaba adquiriendo una forma y fuerza más grande para el avivamiento corporativo. Sin que yo lo supiera, Dios había usado la oración del Pastor Matthew y ungiéndome por la unidad para desatar una mayor medida de avivamiento en mi vida que me incluía, pero no era exclusivo para mí. Dios me reveló que deseaba que Su avivamiento viniera a mí y fluyera a través de mí hacia los demás a mi alrededor.

Para confirmar esto, el Señor puso en los corazones de mis queridas amigas, Eileen y Natalie, la posibilidad de ser anfitriones de otra Conferencia de City Reachers en junio de 2010. Esta vez, además de tener servicios y sesiones principalmente para adultos, esta segunda conferencia también incluiría dos servicios para jóvenes. Cuando consideraron en oración cuál sería el nombre y el tema de la conferencia, sintieron que el Señor les decía que lo llamaran "Avivamiento AHORA". Eso fue, en parte, basado en lo que habíamos orado durante una de sus reuniones de oración del viernes por la noche que mencioné anteriormente. Cuando consideraron a qué ministros el Señor les dirigía a invitar para ministrar en esta conferencia, además de los grandes hombres de Dios como Chuck Pierce, Héctor Torres, Johnny Ortiz y otros ministros de avivamiento del reino, también me honraron con una invitación para ministrar en uno de los servicios de jóvenes. Ese servicio en particular ocurrió el sábado 12 de junio de 2010. Cuando ministré por la gracia de Dios y para Su gloria, más de 600 jóvenes, jóvenes adultos y adultos de al menos 20 diferentes ministerios de toda el área de San Antonio asistieron esa noche. El mensaje que el Señor me llevó a compartir fue sobre "Avivamiento Ahora". Era una versión muy abreviada del mensaje de este libro. Al final de la noche, cientos de jóvenes estadounidenses hispanos, negros y blancos de toda la ciudad estaban unidos en Cristo Jesús y clamaban por un avivamiento ahora. Todos oramos para que Dios nos diera un avivamiento personal, para que Él también pudiera avivar a otros corporativamente a través de Su obra de avivamiento en nuestras vidas. Fue profundamente poderoso. Sin embargo, eso fue solo el comienzo.

Creo humildemente que el avivamiento personal que Dios me dio por su gracia en 2010 contribuyó a un avivamiento corporativo y al aumento de la unidad en nuestros ministerios de jóvenes, en la ciudad y más allá. Esto luego cambió el curso de nuestra historia y marcó el comienzo de un gran despertar, especialmente entre los jóvenes de nuestra área y región. De hecho, por diseño divino de Dios, y con la bendición del Pastor Matthew, uno de los resultados del avivamiento corporativo de 2010 fue la formación de liderazgo, en noviembre de ese año, y el lanzamiento en enero de 2011, de una confraternidad relacional multiétnica para pastores de jóvenes y jóvenes adultos y líderes. Se llamó "UNITE" ("UNIR"), y todavía existe hasta el día de hoy dirigido por el pastor Joel Garza. Junto con doce increíbles pastores hispanos, negros y blancos de jóvenes y de jóvenes adultos en nuestra ciudad (Johnny Ortiz, Michael Fernández, Michael Hernández, Jarrell Flowers, David Robinson, Matthew Bell, Gavin Rogers, Oscar Guajardo, Sammy López, David Mayorga, David Martin y Tina Hidy-Marlín), tuve el honor de facilitar varios esfuerzos de avivamiento y unidad con todos nuestros ministerios y muchos más, incluidos algunos ministerios conocidos a nivel regional y nacional. Vale la pena mencionar que estos grandes ministros procedían de grandes iglesias denominacionales y no denominacionales como las Asambleas de Dios, la Iglesia de Dios, la Asociación Bautista de San Antonio, la Iglesia Metodista Unida, la Iglesia Adventista del Séptimo Día y la Iglesia Católica. Nuestra unidad basada en la Biblia, centrada en Cristo y guiada por el Espíritu Santo y

Su reino, resultó en un gran impacto en los jóvenes de nuestra ciudad y más allá. Fue glorioso ver a jóvenes y jóvenes adultos multiétnicos, desde el centro de la ciudad hasta las afueras de la ciudad, unidos bajo el señorío de Jesucristo.

Sin embargo, justo cuando pensé que todo eso era suficientemente bueno, en abril de 2011, Dios guio al Pastor Matthew, pedirme que sirviera como Pastor de Jóvenes adultos de Cornerstone Church, además de seguir sirviendo como Pastor de Jóvenes. Junto con nuestros queridos amigos y excelente personal, compuesto por los pastores Michael Fernández, Nino González, Bryan Apodaca y aproximadamente 70 jóvenes y líderes jóvenes adultos multiétnicos, Mildred y yo organizamos eventos de jóvenes y jóvenes adultos para toda la ciudad en Cornerstone Church y en toda nuestra ciudad. En estos eventos, tuvimos la bendición de contar con ministros invitados como Lou Engle, Eddie James, Jeremy Johnson, Tim Ross, Robert Madu, Matthew Bismark, Josh Radford, Joe Oden, Frank Hechavarria, Gabby Mejía, Mark Vega, Kari Jobe, Rick Pino, Jake Hamilton y otros que vinieron a ministrar y ayudarnos a mantener las llamas del avivamiento creciendo. De hecho, estos fueron tiempos épicos para una nueva era de avivamiento entre los jóvenes de nuestra región.

Luego, en 2013, Dios me honro con la oportunidad de escribir mi primer libro titulado "Ahora Es El Tiempo: Tiempo Acelerado Para Un Impacto Exponencial", el cual el Pastor Matthew escribió el prólogo. Desde entonces, ese libro se ha distribuido en inglés y en español por toda la nación, dando a conocer un mensaje de la promesa profética de Dios a sus líderes y pueblo, con respecto a que la gloria de la última casa será mayor que la gloria de la primera. Poco después, en mayo de 2013, con la bendición del Pastor Matthew, hice la transición de mi doble función de personal pastoral en Cornerstone Church para lanzar, junto con Mildred, "De Jesus Ministries" (Ministerios De Jesús). Para la gloria de Dios, desde 2013 hasta este año, Dios nos ha bendecido con el privilegio de ministrar como evangelistas, en inglés y español, a más de 150,000 personas de todas las edades en toda nuestra nación, Puerto Rico, México y Costa Rica, sin incluir a miles más que hemos ministrado a través de las redes sociales y otras plataformas. Por todo esto y mucho más, estoy profundamente agradecido con nuestro Dios de avivamiento. El avivamiento personal con el que me honró en 2010 ha contribuido al avivamiento personal y corporativo de miles de personas hasta el día de hoy. ¡Alabado sea Dios!

Ahora es tu turno. Así como Dios me honró con un avivamiento personal que resultó en un avivamiento corporativo, también creo de todo corazón que Dios tiene un avivamiento personal reservado para ti que pronto vendrá a ti, luego fluirá a través de ti, y llegará a innumerables personas a tu alrededor. Me atrevo a decir esto, no solo basado en mi experiencia personal, sino más importante, basado en lo que nuestro Señor Jesucristo profetizó y luego cumplió a través de la vida de Su discípulo Pedro, según Lucas 22:31-32 que dice:

> *^{31}Dijo también el Señor: —Simón, Simón, Satanás os ha pedido para zarandearos como a trigo; ^{32} pero yo he rogado por ti, para que tu fe no falte; y tú, una vez vuelto, confirma a tus hermanos."*
> *Lucas 22:31-32 RVR 1995*

Sí, así como Jesucristo avivo a un Pedro caído, y luego a través de su vida espiritualmente despierta, Cristo avivo a otros 120 discípulos que fueron con Pedro al aposento alto en preparación para el Día de Pentecostés que resultó en la salvación de 3,000 almas como primicia de muchos miles más que luego fueron agregados al reino de Dios, así que creo que Cristo desea hacerlo nuevamente. Esta vez, Él puede hacerlo contigo y a través de ti, sin importar tu género, edad, etnicidad, profesión, clase social y cualquier otra clasificación humana que Satanás y el mundo secular usan para intentar dividirnos. En Cristo, podemos unirnos para promover el reino de Dios.

Entonces, alístate. La Historia se está haciendo para el próximo gran despertar, y es tiempo para avivamiento ahora. Si crees esto conmigo, te invito a que abras tu mente, corazón, alma y espíritu a esta palabra del Señor y al Espíritu Santo de nuestro Dios, mientras comienzas a leer y experimentar "Avivamiento Ahora."

CAPÍTULO 1
¿QUÉ ES AVIVAMIENTO AHORA?

¿Qué es avivamiento ahora? Esa es la pregunta que comencé a hacerle a Dios, en la primavera de 2010, poco después de experimentar un avivamiento en mi vida y de que mis queridas amigas Natalie Hardy y Eileen Vincent me informaran que sentían del Señor que le llamarían a su Conferencia de City Reachers, ese verano, "Avivamiento AHORA". Esto se debió, en parte, a que el Señor me guio a orar por un avivamiento ahora durante una de sus reuniones de oración de los viernes por la noche de City Reachers en el mes de marzo de ese mismo año. Poco sabía yo, que además de todo lo que mencioné en la introducción, diez años después, estaría escribiendo un libro sobre esta poderosa frase y su mensaje profético para el Cuerpo de Cristo multiétnico mundial durante la pandemia global de COVID-19 y una temporada de mucha tensión racial en nuestra nación. Pensar que Dios podría moverse en y a través de la vida de alguien como yo, que luchó contra la depresión personal, para llevar un mensaje a la Iglesia para el despertar corporativo es verdaderamente humillante y glorioso. Sin embargo, antes de compartir con ustedes la respuesta que Dios me dio a mi pregunta de "¿Qué es el avivamiento ahora?", Creo que es importante para mí compartir un poco sobre mis antecedentes y mi introducción al avivamiento.

Avivamiento es una palabra con la que crecí escuchando, debido a que nací el 4 de diciembre de 1974 en Rochester, New York, donde el evangelista Charles G. Finney dirigió uno de los grandes avivamientos del Segundo Gran Despertar, en 1830-31, que resultó en aproximadamente 100,000 salvaciones. Fue en esta ciudad, marcada por el avivamiento, donde nací en una familia cristiana de diez y me crie en un hogar pentecostal e iglesia dirigida por mis padres, el Rev. Roberto y Carmen De Jesús. Ellos, habiendo nacido en Puerto Rico y criados predominantemente en las ciudades multiétnicas de Manhattan y Bronx, NY, habían experimentado una conversión radical basada en la Biblia, centrada en Cristo y llena del Espíritu, de un estado católico no practicante a un estilo de vida de pentecostalismo poderosamente experimentado, a las edades de los veinte. Muchos años después, cuando nací como el séptimo de sus ocho hijos, mis padres ya habían experimentado su propio avivamiento personal durante varios años. Como resultado, mi papá asistió a un Instituto Bíblico de las Asambleas de Dios del Distrito Hispano del Este en Manhattan, NY por un año, debido a que se mudó a Rochester, se graduó del Instituto Bíblico de la Asamblea de Iglesias Cristianas, unos tres años después de tomar estudios bíblicos adicionales. A partir de entonces, recibió sus credenciales y su ordenación del Concilio de Iglesias Misioneras de Cristo, mientras servía en el ministerio en una iglesia local. Cuando yo tenía dos años, mi papá, junto con mi mamá, comenzaron su primer pastoreado en la iglesia bilingüe de la Misión Pentecostal en el área multicultural del código postal 14621 en Rochester. Comparto todo esto para brindarles un trasfondo general de mis padres, mi familia, nuestra fe y mi crianza, que estaba familiarizada con el avivamiento. También comparto esto con propósito, en honrar a mis amados padres y su gran influencia de avivamiento en mi vida. Ahora más que nunca, ya que están en sus años de 75 y 74, me doy cuenta de que su herencia espiritual y legado pentecostal es mío para continuar y transmitir a mis hijos y futuras generaciones.

Ocho años después de que mis padres comenzaron a pastorear, y en 1984, la mayoría de mi familia se mudó de Rochester a San Antonio, Texas. Fue entonces, cuando tenía diez años, que acepté a Jesucristo como mi Señor y Salvador personal, durante un servicio del domingo por la noche en noviembre, en la Iglesia Asamblea de Dios El Salvador, que fue cofundada por el gran difunto Rev. H.C. Ball y estaba, en ese momento, dirigido por el pastor Rubén Serna. Siempre estaré agradecido por la ministración que recibí esa noche de parte de los estudiantes jóvenes adultos del Instituto Bíblico Latinoamericano de las Asambleas de Dios, quienes fueron los ministros invitados a ese servicio. Esa noche, también recibí el bautismo del Espíritu Santo y fuego, con la evidencia de hablar en lenguas celestiales. Por lo tanto, poco a poco, pero con seguridad, me fui familiarizando con el avivamiento.

Siete años después, a la edad de 17 años, acepté el llamado de Dios en mi vida al ministerio durante el llamado al altar de un concierto de adoración al que asistí en la Iglesia Trinity en San Antonio. Interesantemente, como mencioné en mi introducción, este fue el mismo año en que le pedí al Señor que me diera una porción de Su unción que había observado en las vidas y ministerios del Pastor John Hagee, el Pastor John Osteen y el Pastor Benny Hinn. Para mí, estos grandes hombres de Dios ejemplificaron una unción para el avivamiento. Ver y escuchar sus programas de radio y televisión semanalmente, y a veces incluso a diario, tuvo un gran impacto en mi vida. Además, durante el mismo año, y los dos años anteriores, me impactó profundamente la vida y el ministerio de mi primo mayor, el Pastor Ray Maldonado de New Life Ministries de San Antonio. Fue el primer pastor que me honró con el privilegio de servir en una congregación como líder de jóvenes. En conjunto, Dios usó a estos cuatro ministros y sus ministerios para influir poderosamente mi fe, aunque, en su mayor parte, fue desde la distancia, con la excepción de mi primo, el Pastor Ray. Colectivamente, me ayudaron a avivar el celo por el avivamiento que cada vez deseaba más, en preparación para el futuro ministerio.

A la edad de 18 años, seguí el llamado de Dios en mi vida como un joven adulto soltero. Posteriormente, en obediencia al Señor y con la bendición de mis padres y pastor, junto con la cálida bienvenida de mi hermana mayor Debbie y mi cuñado David Hernández, me mudé de regreso a Rochester. Fue allí donde conocí a mi esposa, Mildred, y donde nos convertimos en miembros de la Iglesia Luz Del Mundo de las Asamblea de Dios dirigida por los pastores Luis e Isabel Hernández del Distrito Hispano del Este de la Sección Noroeste de las Asambleas de Dios. Finalmente, nos mudamos a Allentown y Easton, Pennsylvania, y luego nos mudamos a Staten Island, NY, antes de mudarnos más tarde a Dallas, TX, y luego regresar a San Antonio en 2007.

Sin embargo, gracias a nuestro Dios misericordioso, a la edad de 32 años, no regresé solo. En cambio, estaba muy agradecido de haber regresado con mi bella esposa, con quien me casé en 1996, y con nuestros tres preciosos hijos, que nacieron entre 1997 y 2001. Para ese momento, Mildred y yo ya habíamos sido ministros con credenciales de las Asambleas de Dios desde 1999, que fue el mismo año en el que nos graduamos del Instituto Bíblico de las Asambleas de Dios del Distrito Hispano del Este en Staten Island, NY. Por la gracia de Dios y para Su gloria, desde 1997 hasta 2007, servimos en muchas capacidades ministeriales y habíamos experimentado nuestra parte de éxito divino otorgados por Dios en el ministerio que resultaron en gloriosas salvaciones, sanidades, liberaciones, milagros y más en las vidas de miles de personas en New York, Pennsylvania, Texas y más allá.

Cada vez más, el avivamiento se estaba convirtiendo en una realidad viva en nuestras vidas y ministerio, y fuimos bendecidos de haber sido ministros del Distrito Hispano del Este, del Distrito de Norte de Texas y el Distrito de Sur de Texas de las Asambleas de Dios, desde 1999 hasta 2007. Durante esos años tuve la gran bendición de haber servido en el personal pastoral de tres grandes iglesias, dirigidas por tres grandes pastores, que habían estado muy familiarizados personal y ministerialmente con el avivamiento: el Centro de Adoración del Tercer Día con el Pastor Samuel Rodríguez, Jr. en Staten Island, NY, The Oaks Fellowship con el Pastor Scott Wilson en Dallas, TX, y Valley Hi Assembly of God con el Pastor Terry Richardson en San Antonio, TX. Siempre estaré agradecido por estas gran iglesias y grandes hombres de

Dios a quienes Él utilizó para impactar enormemente mi vida y ministerio. Además, estoy muy agradecido con el Pastor Samuel Rodríguez, Jr., el Superintendente Emérito Dr. Adolfo Carrión, el Superintendente Emérito Rev. Rafael Reyes, y el Distrito Hispano del Este (SED) por permitirme haber servido en los ministerios de jóvenes del SED desde 1994 hasta 2001.

Continuando, en 2008, Mildred y yo tuvimos el honor de unirnos al personal pastoral de Cornerstone Church, dirigido por el Pastor John Hagee y el Pastor Matthew Hagee. Las experiencias transformadoras personales y ministeriales que recibí, desde 2008 hasta 2013, se señalan en la introducción anterior. Después de pasar por una temporada difícil de depresión, durante aproximadamente 18 meses, Dios misericordiosamente me dio una temporada aún mayor de avivamiento durante los próximos 36 meses y más. A través de estas dos temporadas que cambiaron mi vida, de dos extremos opuestos y consecutivos, aprendí que, aunque nací y fui criado en un hogar orientado con el avivamiento, había comenzado a experimentar un avivamiento en mi infancia y juventud, y fui introducido e incluso participé en los ministerios de avivamiento cuando era un joven adulto, y después, como un adulto, todavía necesitaba experimentar un avivamiento personal y ministerial, como nunca antes había conocido.

Por lo tanto, Dios, en Su fidelidad, a mi edad de 35 años, me honró con ese tipo de experiencia de avivamiento sin igual. De hecho, no tenía precedentes, por decir lo menos. Sin embargo, eso no es todo lo que por Su gracia me dio. Además de todo lo que he mencionado hasta ahora, Dios también me honró con el mensaje atemporal y oportuno de este libro, como una asignación divina, de predicar en los Estados Unidos, Puerto Rico y Costa Rica, desde 2010 hasta este año.

Ahora en 2020, además de predicar este mensaje, creo que Dios ha agregado a mi asignación la redacción de este libro, que también será traducido al español para que podamos compartirlo en América Latina y más allá. ¿Por qué? La razón es porque Dios sabe cuán desesperadamente y en extrema necesidad está nuestra nación multiétnica de un avivamiento divino ahora, junto con el resto del mundo multicultural. De hecho, debido a la pandemia mundial de COVID-19 sin precedentes de este año y sus efectos perjudiciales en las vidas y los medios de subsistencia de decenas de millones de personas en nuestra nación y en todo el mundo, no podemos permitir que ocurra otra Gran Depresión que resulte en innumerables vidas y ministros que vivan en una grave depresión. Además, debido al rugiente aumento de las tensiones raciales en nuestra nación directamente relacionadas con las recientes y graves injusticias de múltiples homicidios raciales cometidos por civiles y policías por igual contra estadounidenses blancos y negros, no podemos permitir un aumento continuo de esta grave depravación. En cambio, debemos buscar a Dios para otro Gran Despertar que solo puede llegar a nuestra nación y más allá a través del Cuerpo multicultural de Jesucristo que lo persigue para un avivamiento ahora.

Por lo tanto, para volver a conectarme con el comienzo de este capítulo, permítanme compartir con ustedes la respuesta que Dios me dio en 2010 cuando le pregunté "¿Qué es el Avivamiento Ahora?" Su respuesta completa a mi pregunta fue tan extensa que tendré que compartirla en este capítulo y en el siguiente. Para empezar, consideremos lo que Dios me mostró como la raíz bíblica de la sagrada respuesta a esta oportuna pregunta. Está registrado en Hechos 2:1-6, 12-21 y 37-41 que dice:

> *[1] Cuando llegó el día de Pentecostés estaban todos unánimes juntos. [2] De repente vino del cielo un estruendo como de un viento recio que soplaba, el cual llenó toda la casa donde estaban; [3] y se les aparecieron lenguas repartidas, como de fuego, asentándose sobre cada uno de ellos. [4] Todos fueron llenos del Espíritu Santo y comenzaron a hablar en otras lenguas, según el Espíritu les daba que hablaran. [5] Vivían entonces en Jerusalén judíos piadosos, de todas las naciones bajo el cielo. [6] Al oír este estruendo, se juntó la multitud; y estaban confusos, porque cada uno los oía hablar en su propia lengua.*

¹² Estaban todos atónitos y perplejos, diciéndose unos a otros: — ¿Qué quiere decir esto? ¹³ Pero otros, burlándose, decían: — Están borrachos. ¹⁴ Entonces Pedro, poniéndose en pie con los once, alzó la voz y les habló diciendo: «Judíos y todos los que habitáis en Jerusalén, esto os sea notorio, y oíd mis palabras, ¹⁵ pues estos no están borrachos, como vosotros suponéis, puesto que es la hora tercera del día. ¹⁶ Pero esto es lo dicho por el profeta Joel: ¹⁷ "En los postreros días —dice Dios—, derramaré de mi Espíritu sobre toda carne,

y vuestros hijos y vuestras hijas profetizarán;

vuestros jóvenes verán visiones y vuestros ancianos soñarán sueños; ¹⁸ y de cierto sobre mis siervos y sobre mis siervas, en aquellos días derramaré de mi Espíritu, y profetizarán. ¹⁹ Y daré prodigios arriba en el cielo y señales abajo en la tierra, sangre, fuego y vapor de humo; ²⁰ el sol se convertirá en tinieblas y la luna en sangre, antes que venga el día del Señor, grande y glorioso. ²¹ Y todo aquel que invoque el nombre del Señor, será salvo".'

³⁷ Al oír esto, se compungieron de corazón y dijeron a Pedro y a los otros apóstoles: —Hermanos, ¿qué haremos? ³⁸ Pedro les dijo: —Arrepentíos y bautícese cada uno de vosotros en el nombre de Jesucristo para perdón de los pecados, y recibiréis el don del Espíritu Santo, ³⁹ porque para vosotros es la promesa, y para vuestros hijos, y para todos los que están lejos; para cuantos el Señor nuestro Dios llame. ⁴⁰ Y con otras muchas palabras testificaba y los exhortaba, diciendo: —Sed salvos de esta perversa generación. ⁴¹ Así que, los que recibieron su palabra fueron bautizados, y se añadieron aquel día como tres mil personas.

Hechos 2:1-6, 12-21, 37-41 RVR 1995

Qué pasaje tan poderoso de la palabra de Dios. ¿Te imaginas cómo debió haber sido para el amado pueblo judío que experimentó esta fiesta judía de Pentecostés, que comenzó al menos 1,275 años antes del tiempo de Hechos 2, cincuenta días después de que los israelitas fueran liberados de Egipto en la primera Pascua? En este Pentecostés en particular, en el libro de los Hechos, se abrieron los cielos. El Espíritu Santo de Dios fue derramado. Su amado pueblo judío se llenó de Su santa presencia, y fueron divinamente capacitados para hablar de las maravillas de Dios en otros quince idiomas que podían ser entendidos por judíos y gentiles conversos al judaísmo que visitaban Jerusalén de "todas las naciones bajo el cielo". Luego, Pedro, un discípulo de Jesucristo, quien se convirtió en apóstol de Cristo, junto con otros once apóstoles, se puso de pie para predicar la palabra de Dios por primera vez en su vida y ministerio. Cuando terminó de predicar, 3,000 judíos amados y gentiles creyentes se apartaron de la perversión de su generación caída y aceptaron las buenas nuevas de Jesucristo, siendo salvos y bautizados en agua. Debe haber sido una experiencia gloriosa, y la predicación de Pedro debe haber sido poderosa. De hecho, creo de todo corazón que lo que la gente experimentó en Hechos 2 fue "avivamiento ahora", porque en esencia, "avivamiento ahora" es lo que Pedro estaba proclamando que estaba sucediendo en ese lugar, en ese día, con esa gente de Pentecostés.

Permítame explicarte. Observe que cuando Pedro se puso de pie para predicar, dice lo siguiente en Hechos 2:16:

> [16]*Pero esto es lo dicho por el profeta Joel:*
>
> *Hechos 2:16 RVR 1995*

En este versículo, Pedro, al comenzar a predicar su primer mensaje, no comparte un chiste gracioso, una cita de la historia mundial, una historia personal, su opinión sobre un evento actual, ni nada por el estilo. En cambio, Pedro hace lo que aprendió, de primera mano de nuestro Señor Jesucristo, durante los tres años que lo siguió, lo observó y lo escuchó. ¿Qué aprendió Pedro de nuestro Señor? Predicar la palabra profética de Dios y mostrarle a la gente cómo nuestro Dios es fiel para cumplir Su palabra profética, sin importar cuánto tiempo hace que Él dijo que haría algo por Su pueblo en su futuro. Así como Jesucristo enfocó Su vida, ministerio y mensaje del reino de Dios en revelar el cumplimiento de las profecías de los profetas de los siglos pasados, Pedro trató de hacer lo mismo durante su primera predicación. Por lo tanto, comenzó a predicar proclamando proféticamente la palabra de Dios que revela el plan de Dios para que toda la humanidad sea salva a través de Jesucristo. Al hacerlo, le recordó a la gente en Hechos 2 la profecía bíblica registrada en Joel 2:28-32 que dice:

> [28] »Después de esto derramaré
> mi espíritu sobre todo ser humano,
> y profetizarán vuestros hijos y vuestras hijas;
> vuestros ancianos soñarán sueños,
> y vuestros jóvenes verán visiones.
> [29] También sobre los siervos y las siervas
> derramaré mi espíritu en aquellos días.
> [30] Haré prodigios en el cielo y en la tierra,
> sangre, fuego y columnas de humo.
> [31] El sol se convertirá en tinieblas
> y la luna en sangre,
> antes que venga el día, grande y espantoso, de Jehová.
> [32] Y todo aquel que invoque el nombre de Jehová, será salvo;
> porque en el monte Sion y en Jerusalén
> habrá salvación,
> como ha dicho Jehová,
> y entre el resto al cual él habrá llamado."
>
> *Joel 2:28-32 RVR 1995*

Aquí, Pedro, como apóstol, relacionó su predicación con la profecía que el profeta Joel dio cientos de años antes. Por lo tanto, creo que Pedro estaba proclamando que la gente estaba experimentando el "avivamiento" futuro profetizado de Joel registrado en Joel 2, en el tiempo del "ahora" de Pedro, revelado en Hechos 2. Era "avivamiento ahora". ¿Por qué estaba pasando esto? La razón es porque llega un momento en que la palabra profética de Dios debe convertirse en Su obra apostólica. En otras palabras, todo lo que Dios ha predicho acerca de un tiempo futuro, eventualmente se cumplirá en un tiempo presente. Esta verdad bíblica es enfatizada aún más por el apóstol Pedro más adelante en el mismo capítulo cuando también habla de David, quien fue él mismo un profeta, además de ser un rey, salmista y patriarca de Israel.

Pedro revela a la gente que David profetizó cientos de años antes de su tiempo de la venida de Cristo, quien un día en el futuro lejano derramaría Su Espíritu Santo sobre Su pueblo para que "ahora vieran y oyeran" lo que Dios había prometido, según Hechos 2:29-33 que dice:

> *[29] Hermanos, se os puede decir libremente del patriarca David, que murió y fue sepultado, y su sepulcro está con nosotros hasta el día de hoy. [30] Pero siendo profeta, y sabiendo que con juramento Dios le había jurado que de su descendencia en cuanto a la carne levantaría al Cristo para que se sentara en su trono, [31] viéndolo antes, habló de la resurrección de Cristo, que su alma no fue dejada en el Hades ni su carne vio corrupción. [32] A este Jesús resucitó Dios, de lo cual todos nosotros somos testigos. [33] Así que, exaltado por la diestra de Dios y habiendo recibido del Padre la promesa del Espíritu Santo, ha derramado esto que vosotros veis y oís.*
>
> *Hechos 2:29-33 RVR 1995*

En este pasaje, el apóstol Pedro reitera que, al igual que sucedió con el profeta Joel, una profecía adicional del profeta David, con respecto a un derramamiento del Espíritu Santo que resultó en un "avivamiento" para el pueblo de Dios, se convirtió en una realidad para el apóstol Pedro y el pueblo de Dios en su tiempo "ahora". Por lo tanto, en principio, para que podamos experimentar un "avivamiento ahora" similar e incluso mayor, debemos evolucionar de la mentalidad del profeta Joel a la actitud del apóstol Pedro, mientras mantenemos la previo como base para nuestro futuro. Mientras que Joel fue el profeta que habló de lo que vendría, Pedro se convirtió en el apóstol que vio suceder esas cosas. Por lo tanto, una promesa profética debe convertirse eventualmente en una realidad apostólica.

¿Por qué es eso? Mientras que lo profético predice la palabra de Dios para el futuro de su pueblo, lo apostólico muestra la palabra de Dios cumplida con milagros, señales y maravillas para su pueblo que contempla Su presencia en su tiempo presente. Esta distinción complementaria y culminante se puede descubrir cuando observamos de cerca 2 Pedro 1:16-21, Hechos 1:21-22, 1 Corintios 15:3-8, Hechos 5:12 y 2 Corintios 12:12 que dicen:

> [16] *No os hemos dado a conocer el poder y la venida de nuestro Señor Jesucristo siguiendo fábulas artificiosas, sino como habiendo visto con nuestros propios ojos su majestad,* [17] *pues cuando él recibió de Dios Padre honra y gloria, le fue enviada desde la magnífica gloria una voz que decía: «Éste es mi Hijo amado, en el cual tengo complacencia.»* [18] *Y nosotros oímos esta voz enviada del cielo, cuando estábamos con él en el monte santo.* [19] *Tenemos también la palabra profética más segura, a la cual hacéis bien en estar atentos como a una antorcha que alumbra en lugar oscuro, hasta que el día amanezca y el lucero de la mañana salga en vuestros corazones.* [20] *Pero ante todo entended que ninguna profecía de la Escritura es de interpretación privada,* [21] *porque nunca la profecía fue traída por voluntad humana, sino que los santos hombres de Dios hablaron siendo inspirados por el Espíritu Santo.*
>
> *2 Pedro 1:16-21 RVR 1995*

> [21] *Es necesario, pues, que de estos hombres que han estado juntos con nosotros todo el tiempo que el Señor Jesús entraba y salía entre nosotros,* [22] *comenzando desde el bautismo de Juan hasta el día en que de entre nosotros fue recibido arriba, uno sea hecho con nosotros testigo de su resurrección.*
>
> *Hechos 1:21-22 RVR 1995*

³ Primeramente os he enseñado lo que asimismo recibí: Que Cristo murió por nuestros pecados, conforme a las Escrituras; ⁴ que fue sepultado y que resucitó al tercer día, conforme a las Escrituras; ⁵ y que apareció a Cefas, y después a los doce. ⁶ Después apareció a más de quinientos hermanos a la vez, de los cuales muchos viven aún y otros ya han muerto. ⁷ Después apareció a Jacobo y después a todos los apóstoles. ⁸ Por último, como a un abortivo, se me apareció a mí.

1 Corintios 15:3-8 RVR 1995

¹² Por la mano de los apóstoles se hacían muchas señales y prodigios en el pueblo. Estaban todos unánimes en el pórtico de Salomón.

Hechos 5:12 RVR 1995

¹² Con todo, las señales de apóstol han sido hechas entre vosotros en toda paciencia, señales, prodigios y milagros.

2 Corintios 12:12 RVR 1995

Repito, mientras que lo profético predice la palabra de Dios para el futuro de su pueblo, lo apostólico muestra la palabra de Dios cumplida con milagros, señales y maravillas para su pueblo que contempla Su presencia en su tiempo presente. En otras palabras, mientras que lo profético, por así decirlo, dice en fe, "uno de estos días, Dios va a hacer ...", lo apostólico, viendo en fe y contemplando por hecho, proclama "este es el día que Dios ha hecho lo que dijo que haría..." Por lo tanto, hay una enorme diferencia complementaria pero distintiva, y creo que Dios desea que veamos que la diferencia divina convertirse en una realidad viva ahora en nuestras vidas, familias, ciudades, estados, nación y las naciones del mundo.

Con eso en mente, es imperativo que observemos cuidadosamente los tiempos durante los cuales el profeta Joel y el apóstol Pedro ministraron. Hacerlo nos permitirá ver lo que esos tiempos pueden revelarnos. Muchos eruditos bíblicos creen que Joel profetizó al menos en el 835 A.C., si no más antes de este tiempo, mientras que todos los eruditos bíblicos estarían de acuerdo en que Pedro predicó en el 33 D.C. Por lo tanto, muchos creen que hubo una diferencia de al menos 868 años o más entre Joel y Pedro, lo que equivaldría a casi 9 siglos. Interesantemente, debemos notar que además de la diferencia de tiempo de aproximadamente 9 siglos entre Joel 2 y Hechos 2, los discípulos y apóstoles, en Hechos 1, estaban en el aposento alto durante los 9 días previos al Día de Pentecostés. Un cálculo cuidadoso de la cantidad de días desde las fiestas judías de la Pascua hasta Pentecostés, junto con una evaluación precisa de los días de la resurrección y ascensión de Jesús, confirmaría esto. Además, debemos notar que, según Hechos 2:15, la hora exacta del día en el día de Pentecostés cuando el Espíritu Santo fue derramado sobre los creyentes fue a las 9:00 de la mañana.

Ahora, cuando combinamos estas observaciones numéricas, vemos lo común en los 9; aproximadamente 9 siglos, 9 días y 9 de la mañana. ¿Fue esto una simple coincidencia terrenal o fue un incidente de Dios con un mensaje celestial? ¿Fue esto casual o providencial? Creo bíblicamente que fue un incidente intencional de Dios con un acto providencial de Dios. ¿Por qué? En la numerología bíblica, que es el estudio de los números y su significado en la Biblia, aunque el número 9, desde la perspectiva del idioma hebreo del Antiguo Testamento, puede representar la finalidad, el juicio o la culminación, el 9, desde una perspectiva humana y del Nuevo Testamento, puede también representan "nacimiento". Esto se debe al hecho de que una mujer embarazada puede dar a luz con seguridad a un niño a los 9 meses de embarazo, y que hay 9 frutos del Espíritu Santo que nosotros, como cristianos, se espera que produzcamos, llevemos o demos a luz como un signo vital de nuestra vida cristiana, según Gálatas 5.

Muchos eruditos bíblicos creen que el nacimiento de la Iglesia ocurrió en Hechos 2, que nuevamente fue aproximadamente 9 siglos desde Joel 2, 9 días desde la ascensión de Jesucristo, y ocurrió a las 9 de la mañana el Día de Pentecostés. Por lo tanto, esos tres 9 representan una confirmación de que lo que sucedió en el Día de Pentecostés fue de hecho el nacimiento de una profecía hablada que se convirtió en una realidad viviente apostólica. Por lo tanto, creo que el "avivamiento ahora" es el tiempo divino en el que la palabra profética de Dios se convierte en la obra apostólica del Espíritu Santo, que luego da a luz a Su mayor realidad para que la iglesia viviente de Cristo alcance el mundo en el que vive ahora. De hecho, en esencia, eso es de lo que escribe el apóstol Pablo en Romanos 8:19-22 que dice:

> *¹⁹ porque el anhelo ardiente de la creación es el aguardar la manifestación de los hijos de Dios. ²⁰ La creación fue sujetada a vanidad, no por su propia voluntad, sino por causa del que la sujetó en esperanza. ²¹ Por tanto, también la creación misma será libertada de la esclavitud de corrupción a la libertad gloriosa de los hijos de Dios. ²² Sabemos que toda la creación gime a una, y a una está con dolores de parto hasta ahora.*
> *Romanos 8:19-22 RVR 1995*

Aquí podemos observar que el apóstol Pablo habló de una época en que la creación esperaría ansiosamente que los hijos de Dios se mostraran a este mundo para que la humanidad deseara recibir lo que Dios ya les había dado a sus hijos. Además, el punto culminante de este pasaje es que lo que Dios comenzó con Sus hijos de épocas pasadas culminaría en los dolores de parto de la era presente, por lo que hasta ahora ocurriría un nuevo nacimiento para muchos más futuros hijos de Dios.

Considerando todo esto, hoy, en 2020, casi 20 siglos después de Hechos 2, creo que nuestro Señor Jesucristo tiene una visión divina 20/20 para ver algo nacer en un nivel, dimensión y reino aún mayor. Sin embargo, esta vez, creo que no se limitará a suceder solo en una ciudad, estado y nación específicas en la tierra, como fue el caso en Hechos 2, donde sucedió en la ciudad de Jerusalén, en la región de Judea, en la nación de Israel. Ciertamente sería absolutamente glorioso que volviera a suceder allí.

Al mismo tiempo, creo que es el deseo de Dios que también suceda en un número ilimitado de ciudades, estados y naciones en todo el mundo, siempre que haya un pueblo de Dios en cada uno de esos lugares que anhela que Dios derrame Su Espíritu Santo sobre esos lugares, espacios e innumerables rostros. En otras palabras, los avivamientos locales deben convertirse eventualmente en avivamientos globales. Con eso en mente, creo que estamos a punto de recibir un avivamiento global ahora de nuestro Señor Jesucristo, para que pueda ocurrir el próximo gran despertar. Por consiguiente, llevara a un mayor compromiso de la Iglesia con la Gran Comisión de Cristo, y el resultado será la mayor cosecha de almas que se haya visto en la tierra, antes del rapto de la Iglesia y la subsiguiente Gran Tribulación.

¿Cómo puedo ser tan valiente como para creerle a Dios por esto? La razón, en gran parte, se debe a lo que la palabra de Dios dice colectivamente, con respecto a este asunto extremadamente importante, de acuerdo con Hechos 1:8, Marcos 16:15, Mateo 28:18-20, Hechos 2:41, Hechos 4:4, Hechos 17:26-27, Romanos 10:8-9 y Juan 4:35 que dicen:

> [8] *pero recibiréis poder cuando haya venido sobre vosotros el Espíritu Santo, y me seréis testigos en Jerusalén, en toda Judea, en Samaria y hasta lo último de la tierra.*
>
> *Hechos 1:8 RVR 1995*

> [15] *Y les dijo: —Id por todo el mundo y predicad el evangelio a toda criatura.*
>
> *Marcos 16:15 RVR 1995*

> [18] *Jesús se acercó y les habló diciendo: «Toda potestad me es dada en el cielo y en la tierra.* [19] *Por tanto, id y haced discípulos a todas las naciones, bautizándolos en el nombre del Padre, del Hijo y del Espíritu Santo,* [20] *y enseñándoles que guarden todas las cosas que os he mandado. Y yo estoy con vosotros todos los días, hasta el fin del mundo.» Amén.*
>
> *Mateo 28:18-20 RVR 1995*

⁴¹ Así que, los que recibieron su palabra fueron bautizados, y se añadieron aquel día como tres mil personas.

Hechos 2:41 RVR 1995

⁴ Pero muchos de los que habían oído la palabra, creyeron; y el número de los hombres era como cinco mil.

Hechos 4:4 RVR 1995

²⁶ De un solo hombre hizo todas las naciones para que habitaran toda la tierra; y determinó los períodos de su historia y las fronteras de sus territorios. ²⁷ Esto lo hizo Dios para que todos lo busquen y, aunque sea a tientas, lo encuentren. En verdad, él no está lejos de ninguno de nosotros

Hechos 17:26-27 NVI

⁸ Pero ¿qué dice?: «Cerca de ti está la palabra, en tu boca y en tu corazón.» Ésta es la palabra de fe que predicamos: ⁹ Si confiesas con tu boca que Jesús es el Señor y crees en tu corazón que Dios lo levantó de entre los muertos, serás salvo,

Romanos 10:8-9 RVR 1995

³⁵ ¿No decís vosotros: "Aún faltan cuatro meses para que llegue la siega"? Yo os digo: Alzad vuestros ojos y mirad los campos, porque ya están blancos para la siega.

Juan 4:35 RVR 1995

A partir de estos pasajes de las Escrituras y de los principios que representan en el reino de Dios, mi fe se mueve para creer en Dios y en nuestro Señor Jesucristo, para nuestro próximo gran despertar, una gran comisión mayor y la próxima gran cosecha de almas que se agregará a la iglesia de Cristo. Aunque las naciones del mundo han sido trágicamente plagadas este año con la pandemia global de COVID-19, y aunque nuestra nación ha sido tumultuosamente traumatizada por el aumento cada vez mayor de las tensiones raciales seguidas por sus terribles consecuencias, creo que nuestro Dios desea derramar una impresionante pandemia de aviamiento global que cubrirá la tierra y reconciliará todas las etnicidades con él y a través de El al uno al otro. De hecho, así como Hechos 17:26-27 revela que Dios ha establecido soberanamente a toda la humanidad en todas las naciones de la tierra para sus tiempos preestablecidos con fronteras limitadas para que las naciones busquen y se acerquen a nuestro Señor Jesucristo, entonces yo creo que ahora es el tiempo para que todas las naciones del mundo lo busquen, lo alcancen y lo encuentren, por Su gracia y para Su gloria.

De hecho, creo de todo corazón que este derramamiento que pronto llegará cubrirá la tierra con el conocimiento de Su gloria y el mensaje del reino del evangelio de Jesucristo, de acuerdo con Habacuc 2:14 y Mateo 24:14 que dicen:

> *14 Porque la tierra se llenará*
> *del conocimiento de la gloria de Jehová,*
> *como las aguas cubren el mar.*
>
> *Habacuc 2:14 RVR 1995*

> *14 Y será predicado este evangelio del Reino en todo el mundo,*
> *para testimonio a todas las naciones, y entonces vendrá el fin.*
>
> *Mateo 24:14 RVR 1995*

Por lo tanto, cuerpo global de Jesucristo, es tiempo de avivamiento ahora. Iglesia multiétnica de Cristo Jesús, ¿puedes sentirlo? Hermanos cristianos de multicolores, ¿estás listo para ello? Amigos multiculturales en la fe, ¿será usted parte de ella, o aparte de ella? Creo que tú y yo formaremos parte de ella, y ahora recibiremos avivamiento, para que podamos desatarlo en todo el mundo en el que vivimos. Sin embargo, para que eso suceda, también creo de mi experiencia personal y, lo que es más importante, desde la exposición bíblica de la palabra de Dios, que debemos reconocer, comprender y aplicar a nuestras vidas y esferas de influencia lo que Dios me ha revelado a través de Su palabra como las cinco R de Avivamiento Ahora.

1. La REALIDAD del avivamiento
2. El REMANENTE para avivamiento
3. La REVELACIÓN del avivamiento
4. Las RAZONES del avivamiento
5. Los RUDIMENTOS del avivamiento

Cuando reconozcamos, entendamos y apliquemos estas cinco R a nuestras vidas y esferas de influencia, entonces podremos, además de nosotros mismos, reclutar avivadores y lanzar avivamientos en nuestra nación y más allá. Entonces, ¿qué significa cada una de estas R y cómo podemos aplicarlas a nuestras vidas? Los invito y les imploro que sigan leyendo este mensaje atemporal y oportuno para descubrirlo, y los animo a que persigan personalmente a nuestro Señor Jesucristo, más que nunca, como lo hacen. La historia se está haciendo para el próximo gran despertar, ¡y comienza conmigo y contigo!

CAPÍTULO 2
ES TIEMPO DE TENER
UNA VERIFICACIÓN A LA REALIDAD

Es tiempo de tener una verificación a la realidad, con respecto al avivamiento ahora. En el último capítulo, comenzamos a responder la pregunta "¿Qué es el avivamiento ahora?" En resumen, descubrimos que es "el tiempo divino en el que la palabra profética de Dios se convierte en la obra apostólica del Espíritu Santo, que luego da a luz a su mayor realidad para que la iglesia viva de Cristo alcance al mundo en el que ahora vive". En 2010, esto es lo que Dios comenzó a mostrarme en Hechos 2, mientras continuaba guiándome fuera de una temporada de grave depresión y hacia una temporada de gran avivamiento. Sin embargo, tenía más cosas reservadas para compartir conmigo en respuesta a mi pregunta. La porción adicional de Su respuesta vino a mí a través de lo que Él me mostró como una verificación a la realidad muy necesaria con respecto al avivamiento ahora. Teniendo en cuenta este año y todo lo que ha sucedido y continúa sucediendo en todo el mundo y en nuestra nación, debido a la pandemia global de COVID-19 y las tensiones raciales en rápido aumento en todo nuestro país, creo de todo corazón que una verificación a la realidad sobre el avivamiento es lo que necesitamos en 2020 y la próxima década.

Sin embargo, ¿qué significa eso realmente? Para empezar, debemos aclarar lo qué no es "avivamiento ahora". Contrariamente a las connotaciones negativas súper-espirituales e impacientes que las palabras "avivamiento" y "ahora" pueden tener para muchos creyentes y no creyentes por igual, este no es el caso del significado real de "avivamiento ahora". Por lo tanto, le digo respetuosamente que no es una exageración. No es emocionalismo. Tampoco es sensacionalismo. En segundo lugar, debemos comprobar cuáles son las definiciones reales de las palabras "avivamiento" y "ahora". Curiosamente, "avivamiento" puede tener una definición de dos partes. La primera parte es "restauración a la vida" y la segunda parte es "un despertar del interés en la relación con Dios". A continuación, la palabra "ahora" también puede tener una definición de dos partes. La primera parte es "el tiempo o el momento presente" y la segunda parte es "sin más demora". Para mejor entender ambas partes de las definiciones de dos partes de ambas palabras y cómo revelan la segunda mitad de la respuesta a la pregunta en cuestión, debemos examinar más de cerca ambas partes de cada palabra y conectarlas con varios pasajes de la palabra de Dios. Al hacerlo, podemos descubrir una definición informada que se basa en las escrituras inspiradas de la Biblia.

Con respecto a la palabra "avivamiento" y su primera definición de "restauración a la vida", cuando inicialmente consideré esto, el Señor me recordó lo que el apóstol Pedro escribió en 1 Pedro 5:8 que dice:

> [8] *Sed sobrios y velad, porque vuestro adversario el diablo, como león rugiente, anda alrededor buscando a quien devorar.*
> *1 Pedro 5:8 RVR 1995*

De esta escritura, podemos observar la innegable realidad de que necesitamos un avivamiento, porque tenemos un adversario, que es Satanás, que es como un león rugiente que busca a quien devorar. Este adversario de toda la humanidad busca destruir nuestras vidas, matrimonios, familias, comunidades, ciudades, estados, nación y más allá. De hecho, en medio de la actual pandemia global de COVID-19 y los crecientes disturbios raciales en nuestra nación, creo que Satanás está haciendo todo lo posible para utilizar esta plaga y tensión entre personas de todos los colores para lograr su diabólico propósito de provocar la destrucción de la humanidad. Hasta ese punto, el Señor también me recordó lo que el apóstol Juan escribió en Juan 10:10 que dice:

> *[10] El ladrón no viene sino para hurtar, matar y destruir; yo he venido para que tengan vida, y para que la tengan en abundancia.*
>
> *Juan 10:10 RVR 1995*

De esta escritura, debemos observar y también estar agradecidos por la gran noticia de que, aunque el adversario es como un león rugiente que busca a quien devorar robando, matando y destruyendo nuestras vidas y mucho más, Jesucristo es más que capaz de darnos vida y vida en abundancia. Por lo tanto, esto en "realidad" es "restauración a la vida". La razón por la que Cristo puede hacer esto por nosotros es porque Él es el León de la tribu de Judá, según Apocalipsis 5:5.

> *[5] Entonces uno de los ancianos me dijo: «No llores, porque el León de la tribu de Judá, la raíz de David, ha vencido para abrir el libro y desatar sus siete sellos."*
>
> *Apocalipsis 5:5 RVR 1995*

Vale la pena señalar que cuando Jesucristo restaura a alguien y algo, no solo lo devuelve al punto en el que vivió antes de morir. Aun más, e incluso mejor que eso, Él es más que capaz de llevar lo que Él restaura a un punto de vida aún mayor que cuando originalmente estaba vivo, según Efesios 3:20 que dice:

²⁰ Y a Aquel que es poderoso para hacer todas las cosas mucho más abundantemente de lo que pedimos o entendemos, según el poder que actúa en nosotros,

Efesios 3:20 RVR 1995

Por lo tanto, con todos los ataques del enemigo contra la humanidad, incluido el pueblo de Dios, en nuestra nación y en todo el mundo, creo que es tiempo para la "restauración a la vida" que ocurra en nuestra nación y en toda la tierra. Ésta es una parte importante del avivamiento. Sin embargo, esto se refiere solo a la primera parte de la definición de "avivamiento".

Como mencioné antes, la segunda parte es "un despertar del interés en la relación con Dios". Cuando consideré esta parte, el Señor me reveló que necesitamos un avivamiento, porque desafortunadamente, la Iglesia de Jesucristo, en general, se ha dormido espiritualmente de muchas maneras y ha perdido el interés en relacionarse íntimamente con Él. Permítame explicar esto con la palabra de Dios en relación con algunas observaciones de la Iglesia de la era posmoderna, especialmente en los Estados Unidos. Comenzaremos con Apocalipsis 3:1-3 y luego pasaremos a Apocalipsis 2:1-5. Considere, primero, Apocalipsis 3:1-3 que dice:

Escribe al ángel de la iglesia de Sardis: Esto dice el que tiene los siete espíritus de Dios y las siete estrellas: Conozco tus obras; tienes fama de estar vivo, pero en realidad estás muerto. ² ¡Despierta! Reaviva lo que aún es rescatable, pues no he encontrado que tus obras sean perfectas delante de mí Dios. ³ Así que recuerda lo que has recibido y oído; obedécelo y arrepiéntete. Si no te mantienes despierto, cuando menos lo esperes caeré sobre ti como un ladrón.

Apocalipsis 3:1-3 NVI

De acuerdo con este pasaje de las Escrituras, Jesús mismo tuvo que dirigirse a la Iglesia en Sardis para decirles que, aunque tenían la reputación de estar vivos, en realidad estaban muertos y, por lo tanto, necesitaban despertar. En otras palabras, necesitaban tener un despertar espiritual. Por lo tanto, nuestra iglesia posmoderna de hoy debe asegurarse de que no solo tengamos una reputación de estar vivos, como lo hizo la Iglesia en Sardis. El hecho de que tengamos todo tipo de nombres animados y de moda para nuestras iglesias, denominaciones, redes, asociaciones, etc., no significa que estemos viviendo en la realidad y la verdad de los grandes nombres que tenemos. Debemos estar verdaderamente vivos, despertando espiritualmente a través de un gran despertar. Así como Jesucristo llamó a la Iglesia en Sardis a despertar, creo que Él está llamando a la Iglesia en cada nación de la tierra a despertar y estar viva a través de Él, en Él y para Él.

Sin embargo, eso no es todo lo que "un despertar del interés en la relación con Dios" significa, porque hay otra parte de la definición de avivamiento que tiene que ver con el interés en la relación con Dios. Antes de abordar esto, consideremos Apocalipsis 2:1-5 que dice:

> *Escribe al ángel de la iglesia de Éfeso: Esto dice el que tiene las siete estrellas en su mano derecha y se pasea en medio de los siete candelabros de oro: ² Conozco tus obras, tu duro trabajo y tu perseverancia. Sé que no puedes soportar a los malvados, y que has puesto a prueba a los que dicen ser apóstoles, pero no lo son; y has descubierto que son falsos. ³ Has perseverado y sufrido por mi nombre, sin desanimarte. ⁴ Sin embargo, tengo en tu contra que has abandonado tu primer amor. ⁵ ¡Recuerda de dónde has caído! Arrepiéntete y vuelve a practicar las obras que hacías al principio. Si no te arrepientes, iré y quitaré de su lugar tu candelabro."*
>
> *Apocalipsis 2:1-5 RVR 1995*

Según este pasaje de las Escrituras, el mismo Jesucristo tiene que dirigirse a la Iglesia en Éfeso para hacerles saber que, aunque tenían muchas buenas obras o prácticas religiosas, en realidad habían abandonado lo más importante, que era su primer amor hacia Él. En otras palabras, solo porque la Iglesia en Éfeso tenía una buena religión, no significaba que tuviera una gran relación. Desafortunadamente, creo que lo mismo se puede decir de la Iglesia en nuestra nación y en todo el mundo durante nuestra era posmoderna. Por lo tanto, deberíamos preguntarnos, ¿cuál es la diferencia o distinción entre una buena religión y una gran relación?

Consideremos ambas palabras de "religión" y "relación". La palabra "religión" se compone de las dos partes de "re" y "ligión". Estas partes de esta palabra implica "el acto de repetir las leyes" en un intento por obtener una posición correcta ante Dios, específicamente Jesucristo, en este caso. Sin embargo, la palabra "relación" se compone de las dos partes de "re" y "lación" que es bastante diferente. Estas dos partes implican "la repetición afectuosa de un latido" en la atracción de estar obsesionado con Jesucristo y desear volverse uno con Él. Sabemos esto porque la porción de esta palabra "lación" se deriva de la palabra en latín y en español "latir" que literalmente significa "latido del corazón". Por lo tanto, si la religión puede ser algo bueno en términos de que la Iglesia observe repetidamente las leyes de la palabra de Dios con la esperanza de que estemos justos ante Jesucristo, una relación lleva una mayor realidad de tener un corazón que late repetidamente en amor por Jesucristo, como resultado de que estamos totalmente obsesionados con Él y deseando ser uno con Él. Esto me recuerda a mis experiencias personales iniciales y continuas con Mildred que me ayuda a comprender la diferencia entre religión y relación.

Cuando vi por primera vez a Mildred, en el verano de 1993, en Rochester, NY, en una reunión de jóvenes y jóvenes adultos en la casa de nuestros queridos amigos Abdy y Omayra Sellas, algo le sucedió a mi frecuencia cardíaca. Una vez que noté a Mildred, mi corazón comenzó a acelerarse porque me atraía. Luego, poco después, cuando nos conocimos oficialmente en un servicio de adoración para jóvenes y jóvenes adultos y finalmente comenzamos a salir como novios, cada vez que la veía, mi corazón latía más rápido. Además, cuando le pedí que se casara conmigo dos años después, mi corazón latía aún más rápido. Finalmente, cuando aproximadamente un año después, el día de nuestra boda, el sábado 16 de marzo de 1996, nos dijimos "Sí, quiero", mi corazón latió más rápido que nunca antes en mi vida. ¿Por qué? Tenía una relación, no una religión, con Mildred. De la misma manera, creo que hay una aplicación paralela en esta analogía para la Iglesia de Jesucristo y el Cristo de la Iglesia. Se aplica a ambas la Iglesia en Éfeso durante su tiempo al igual que la iglesia mundial en nuestros tiempos posmodernos.

La iglesia de hoy debe tener mucho cuidado de que no solo tengamos buenas obras o prácticas religiosas piadosas. También debemos asegurarnos de que incluso más grande que nuestras buenas obras y religión piadosa sea nuestra relación espiritual divina con Jesucristo. Para que esto suceda, debemos volver a nuestro primer amor con Él, tal como Él le dijo a la Iglesia de Éfeso que necesitaban hacerlo. De hecho, creo que la iglesia posmoderna de hoy necesita no solo regresar a nuestro primer amor con Cristo. Además, debemos aumentar aún más nuestro amor por Él. Esto es de suma importancia para la Iglesia, porque cuando Jesucristo regrese por Su iglesia, regresará por algo más que una iglesia, red, asociación, denominación, etc. De hecho, Cristo regresará por el Cuerpo de Cristo que, bíblicamente hablando, ha sido prometido a Él como Su esposa, quien celebrará con Él la cena de las bodas del Cordero, según Apocalipsis 19:6-9 y Apocalipsis 22:17 que decir:

> *⁶ Después oí voces como el rumor de una inmensa multitud, como el estruendo de una catarata y como el retumbar de potentes truenos, que exclamaban:*
> *«¡Aleluya!*
> *Ya ha comenzado a reinar el Señor,*
>   *nuestro Dios Todopoderoso.*
> *⁷ ¡Alegrémonos y regocijémonos*
>   *y démosle gloria!*

Ya ha llegado el día de las bodas del Cordero.
  Su novia se ha preparado,
[8] y se le ha concedido vestirse
  de lino fino, limpio y resplandeciente».
(El lino fino representa las acciones justas de los santos).
[9] El ángel me dijo: «Escribe: "¡Dichosos los que han sido
convidados a la cena de las bodas del Cordero!"» Y añadió:
«Estas son las palabras verdaderas de Dios».

Apocalipsis 19: 6-9 NVI

[17] El Espíritu y la Esposa dicen: «¡Ven!» El que oye, diga:
«¡Ven!» Y el que tiene sed, venga. El que quiera, tome
gratuitamente del agua de la vida.

Apocalipsis 22:17 RVR 1995

Además de estas escrituras, la profunda revelación de que la Iglesia es de hecho la novia de Jesucristo se revela previamente en la Biblia en pasajes bíblicos adicionales como Juan 3:27-30 y Efesios 5:30-32 que dicen:

[27] Respondió Juan: —No puede el hombre recibir nada a menos
que le sea dado del cielo. [28] Vosotros mismos me sois testigos de
que dije: "Yo no soy el Cristo, sino que soy enviado delante de
él." [29] El que tiene a la esposa es el esposo; pero el amigo del
esposo, el que está a su lado y lo oye, se goza grandemente de la
voz del esposo. Por eso, mi gozo está completo. [30] Es necesario
que él crezca, y que yo disminuya

Juan 3:27-30 RVR 1995

[30] porque somos miembros de su cuerpo, de su carne y de sus
huesos. [31] Por esto dejará el hombre a su padre y a su madre, se
unirá a su mujer y los dos serán una sola carne. [32] Grande es
este misterio, pero yo me refiero a Cristo y a la iglesia.

Efesios 5:30-32 RVR 1995

En estas escrituras, podemos ver que los apóstoles Juan y Pablo se refieren a la Iglesia o cuerpo de creyentes como una esposa que pertenece al esposo, que es Jesucristo. De hecho, creo que nos encaminamos hacia un gran avivamiento nupcial que resultará en una gran danza de romance entre Cristo, el Novio y la Iglesia como la esposa de Cristo. Por lo tanto, creo que es el deseo de Cristo desatar un avivamiento romántico en Su amada iglesia. La evidencia de este matrimonio mesiánico profético también se revela y se registra en Cantares 8:1-7, en el que la mujer sulamita, quien representa proféticamente a la novia de Cristo, dice lo siguiente al rey Salomón, que representa proféticamente a Jesucristo, el Novio:

¡Ah, si fueras tú un hermano mío,
criado a los pechos de mi madre!
Cuando te hallara fuera de la casa, te besaría,
y no me menospreciarían.
² Te llevaría y te haría entrar en casa de mi madre;
tú me enseñarías.
Yo te daría a beber vino
aromado con licor de mis granadas.
³ Su izquierda esté debajo de mi cabeza;
con su derecha me abrace.
⁴ ¡Yo os conjuro, hijas de Jerusalén,
que no despertéis a mi amor!
¡Dejadla dormir mientras quiera!
⁵ ¿Quién es ésta que sube del desierto,
recostada sobre su amado?
Debajo de un manzano te desperté;
donde tuvo tu madre los dolores,
donde tuvo los dolores quien te dio a luz.
⁶ Ponme como un sello sobre tu corazón,
como una marca sobre tu brazo;
porque fuerte como la muerte es el amor

y duros como el seol los celos.
Sus brasas son brasas de fuego,
potente llama.
⁷ Las muchas aguas no podrán apagar el amor
ni lo ahogarán los ríos.
Y si un hombre ofreciera
todos los bienes de su casa
a cambio del amor,
de cierto sería despreciado.

Cantares 8:1-7 RVR 1995

Este matrimonio profético mesiánico y el sentimiento de avivamiento romántico es el clímax de lo que se registra y revela a lo largo de la mayor parte de Cantares en las siguientes citas bíblicas, 2:1-17; 3:1-11; 4:1-16; 5:1-16; 7:1-13. ¿Por qué es esto? Creo que la razón es porque Jesucristo desea que Su iglesia sea divinamente conmovida y espiritualmente despierta a una relación más íntima con Él. De hecho, cuando consideramos que en el último capítulo de este libro, descubrimos que el avivamiento tiene que ver con el concepto de nacimiento, vale la pena mencionar que, para que haya un nacimiento, primero debe haber una concepción, y una concepción no puede ocurrir sin intimidad.

Cristo, el Esposo, está llamando a la Iglesia, Su Esposa, a volver a su primer amor por él, más que nunca. Es decir, que ya es hora de que la Iglesia este conmovida en el amor. De hecho, como Iglesia, debemos ser despertados, vivificados y avivados en el amor, pero no con cualquier tipo de amor. Específicamente hablando, debe ser el tipo de primer amor que continúa fortaleciéndose cada vez más a medida que se acerca el momento de nuestro matrimonio mesiánico con Jesucristo.

Por lo tanto, la Iglesia debe tener un despertar de interés en la relación con Dios, es decir, Jesucristo. Ahora no es el tiempo de que la Iglesia duerma, mientras el Novio se prepara para regresar por Su esposa, como se registra en la parábola de las diez vírgenes en Mateo 25:1-13 que dice:

[1] Entonces el reino de los cielos será semejante a diez vírgenes que, tomando sus lámparas, salieron a recibir al novio. [2] Cinco de ellas eran prudentes y cinco insensatas. [3] Las insensatas, tomando sus lámparas, no tomaron consigo aceite; [4] pero las prudentes tomaron aceite en sus vasijas, juntamente con sus lámparas. [5] Como el novio tardaba, cabecearon todas y se durmieron. [6] Y a la medianoche se oyó un clamor: "¡Aquí viene el novio, salid a recibirlo!" [7] Entonces todas aquellas vírgenes se levantaron y arreglaron sus lámparas. [8] Y las insensatas dijeron a las prudentes: "Dadnos de vuestro aceite, porque nuestras lámparas se apagan." [9] Pero las prudentes respondieron diciendo: "Para que no nos falte a nosotras y a vosotras, id más bien a los que venden y comprad para vosotras mismas." [10] Pero mientras ellas iban a comprar, llegó el novio; y las que estaban preparadas entraron con él a la boda, y se cerró la puerta. [11] Después llegaron también las otras vírgenes, diciendo: "¡Señor, señor, ábrenos!" [12] Pero él, respondiendo, dijo: "De cierto os digo que no os conozco." [13] Velad, pues, porque no sabéis el día ni la hora en que el Hijo del hombre ha de venir.

Mateo 25:1-13 NVI

Nosotros, como la esposa de Cristo, debemos despertarnos en interés en la relación con Cristo, que es nuestro Amado Novio. Él vendrá pronto y debemos prepararnos ahora para Su eminente regreso.

Hablando de prepararse ahora, dado que hemos descubierto la realidad de lo que significa la palabra "avivamiento" en sus dos partes, debemos pasar a verificar cuál es la definición de la palabra "ahora". Esto nos ayudará enormemente en nuestra búsqueda para definir completamente "avivamiento ahora" y experimentar una verificación a la realidad. Como recordará, anteriormente en este capítulo, la palabra "ahora" tiene dos partes en su definición. La primera parte significa "el tiempo o el momento presente". En 2010, cuando consideré por primera

49

vez esa parte, el Señor me recordó Hechos 2:1-2 y luego me llamó la atención a Hechos 2:32-33. Considere lo que nos revelan sobre la palabra "ahora", que por un lado significa "el tiempo o el momento presente".

> [1] Cuando llegó el día de Pentecostés estaban todos unánimes juntos. [2] De repente vino del cielo un estruendo como de un viento recio que soplaba, el cual llenó toda la casa donde estaban.
>
> *Hechos 2:1-2 RVR 1995*

> [32] *A este Jesús resucitó Dios, de lo cual todos nosotros somos testigos.* [33] *Así que, exaltado por la diestra de Dios y habiendo recibido del Padre la promesa del Espíritu Santo, ha derramado esto que vosotros veis y oís.*
>
> *Hechos 2:32-33 RVR 1995*

Cuando llegó el día de Pentecostés, el apóstol Pedro y los 120 discípulos que estaban con él llegaron a un "tiempo o momento presente" establecido por Dios, que eran las 9 de la mañana. Pedro se refiere a esa hora como un "ahora" basado en la profecía de David, el patriarca. Ese "tiempo o momento presente" en particular era de suma importancia. Creo que este es el caso, porque su momento con Dios resultó en un impulso de Dios, lo que llevó a un movimiento de Dios, provocando un impacto de Dios y culminando en un cambio mundial para la gloria de Dios. Asimismo, creo que ese puede ser el caso para nosotros hoy en nuestro tiempo o momento presente. Permítanme explicarles con más detalle por qué creo esto. He aprendido de mi experiencia personal de avivamiento, además de mi estudio exegético bíblico, que un momento divino con Dios puede producir un impulso, movimiento, impacto y cambio mundial de parte de Dios.

¿Cómo es eso? Tenga en cuenta que la palabra "momento" (aquí estamos hablando de la palabra en inglés 'momentum') es la raíz de "impulso". Esta observación revela que primero debemos tener un momento con Dios, antes de que podamos recibir el impulso de Dios. De lo contrario, sin un momento con Dios, todo lo que tendríamos es un "o"

("… um") sin Dios. Eso sería un extremo opuesto de un "momento" de Dios. En lo que respecta a recibir un "movimiento de Dios", primero debe haber una persona o un grupo de personas que declaren "muéveme, Dios". De lo contrario, la palabra "movimiento" ("movement" en inglés) sin su prefijo de dos palabras de "mueve-me" ("move-me") sólo sería una "to" ("nt"), lo que no tiene ningún sentido vernáculo. En todo caso, lo único que podría implicar una "nt" en el idioma inglés es el sufijo "n't" que en Español seria "no", que se coloca al final de palabras como "haven't" (no tengo o no me he), que significaría "have not" (no tengo o no me he). Esto revela que si usted y yo no clamamos a Dios para que "me mueva", entonces "no" tendremos un "moverme" (movimiento) de Dios. Por lo tanto, debemos experimentar un momento personal con Dios para recibir el impulso de Dios. Cada uno de nosotros debemos pedirle "mueve me" para recibir Su movimiento en cada uno de nosotros. Cuando lo hagamos, también experimentaremos Su impacto en nuestras vidas que resultará en un cambio mundial para nuestras vidas y las vidas de quienes nos rodean.

En lo que respecta a la definición de la palabra "ahora" y considerando la segunda parte de esta palabra, deberíamos considerar el significado de "sin más demora". Cuando llegó el día de Pentecostés, los 120 discípulos no podían permitir esperar más, ni demorar más, el Espíritu Santo prometido por Cristo. Creo que la razón de esto fue porque lo que recibieron del Señor en su momento con Él en el Día de Pentecostés, poco después, impactaría exponencialmente su tiempo presente y temporadas futuras. En otras palabras, Dios tenía un tiempo establecido para los 120 discípulos en el aposento alto que influyó directamente en Su tiempo establecido para los 3,000 nuevos creyentes en el Monte del Templo, lo que finalmente afectó a los 5,000 hombres que se agregaron a la Iglesia en Hechos 4:4, debido al tiempo establecido secuencialmente por Dios para todos ellos. Por lo tanto, creo que ese es nuestro caso hoy. No podemos permitir posponer más, ni retrasar más, el mover de Dios en nuestras vidas que nos impactará a nosotros y a quienes nos rodean en nuestro tiempo presente y en las temporadas venideras. De hecho, creo de todo corazón que lo que Dios hará por nosotros y a través de nosotros en 2020 tendrá un gran impacto en nuestra nación y nuestro mundo, no solo durante el resto de este año, sino también durante los próximos 10 años. Esto es lo que Dios me reveló en 2008 como "tiempo acelerado para un impacto exponencial", sobre lo que escribí en mi primer libro, "Ahora es el Tiempo".

En conclusión y en consideración de todo lo que hemos cubierto en este capítulo, cuando reflexiono sobre las definiciones de dos partes de las dos palabras "avivamiento" y "ahora", creo que la siguiente definición adicional de "avivamiento ahora" es evidente. "Avivamiento Ahora" es la restauración divina a la vida que solo puede resultar en un despertar del interés en la relación con Jesucristo, lo cual es necesario en este tiempo preciso y momento presente sin más demora. Ahora, con eso en mente, creémosle a Dios por avivamiento ahora y descubramos en el próximo capítulo cómo podemos convertirnos en un verdadero remanente de avivamiento que Él desea avivar y avivar a otros a través de nosotros. La historia se está haciendo para el próximo gran despertar, ¡y tú y yo debemos realizar la verificación a la realidad del avivamiento.

CAPÍTULO 3
HAY UN REMANENTE REAL

Cada avivamiento requiere un remanente real de avivadores. Esta es una de las cosas clave que aprendí sobre el avivamiento de mi experiencia personal y estudio exegético bíblico sobre el tema. De hecho, Mildred y yo experimentamos esto de primera mano en San Antonio, en 2010, con nuestras queridas amigas, Eileen Vincent y Natalie Hardy de City Reachers, y con nuestros queridos amigos, el Pastor Nino González y el líder de alabanza Bryan Apodaca del Ministerio de Jóvenes de Cornerstone Church, durante ese tiempo. Entre los grupos centrales de creyentes multiétnicos que asistieron a las Reuniones de Oración de City Reachers los viernes en la noche, y los líderes voluntarios de multicolores del Ministerio de Jóvenes de Cornerstone Church que lideramos en esa temporada, estos dos grupos de personas se convirtieron en un verdadero remanente de avivadores que se atrevieron creerle a Dios por un "avivamiento ahora" y que había aceptado la correspondiente verificación a la realidad mencionada en el capítulo anterior.

Juntos, esperábamos que el avivamiento se derramara sobre nosotros y todos los que nos rodeaban durante esa temporada en particular de un gran despertar. Imagínense lo que sucederá en la última parte de este año 2020 y durante la próxima década, cuando el Cuerpo multiétnico, de multicolor y multicultural de Jesucristo comience a hacer lo mismo en nuestra nación y en todo el mundo. Independientemente de los efectos continuos de la pandemia global de COVID-19 y las crecientes tensiones raciales en nuestra nación, de hecho, la historia continuará haciéndose para el próximo gran despertar. Creo que esto es cierto, no solo por lo que experimentamos personalmente en 2010, sino más importante aún por lo que la Biblia muestra que los 120 discípulos, en Hechos 2, experimentaron sobrenaturalmente hace aproximadamente 2,000 años atrás en el Día de Pentecostés. Considere los versículos 12-21 que dicen:

> *[12] Estaban todos atónitos y perplejos, diciéndose unos a otros: —¿Qué quiere decir esto? [13] Pero otros, burlándose, decían: —Están borrachos. [14] Entonces Pedro, poniéndose en pie con los once, alzó la voz y les habló diciendo: «Judíos y todos los que habitáis en Jerusalén, esto os sea notorio, y oíd mis palabras, [15] pues estos no están borrachos, como vosotros suponéis, puesto que es la hora tercera del día. [16] Pero esto es lo dicho por el profeta Joel: [17] »"En los postreros días —dice Dios—,*
>
> *derramaré de mi Espíritu sobre toda carne, y vuestros hijos y vuestras hijas profetizarán; vuestros jóvenes verán visiones y vuestros ancianos soñarán sueños; [18] y de cierto sobre mis siervos y sobre mis siervas, en aquellos días derramaré de mi Espíritu, y profetizarán. [19] Y daré prodigios arriba en el cielo y señales abajo en la tierra, sangre, fuego y vapor de humo; [20] el sol se convertirá en tinieblas y la luna en sangre, antes que venga el día del Señor, grande y glorioso. [21] Y todo aquel que invoque el nombre del Señor, será salvo".*
>
> *Hechos 2:12-21 RVR 1995*

En este pasaje de las Escrituras, el apóstol Pedro no está predicando solo. Más bien, se pone de pie con otros once apóstoles que son parte de un grupo de 120 discípulos a quienes se les pregunta sobre el derramamiento del Espíritu Santo que acababan de recibir. Este grupo de 120 discípulos fue significativo por muchas razones, incluida una razón que revela que eran un remanente de creyentes como se profetiza en Joel 2:28-32. Para ser breves, consideremos solamente el versículo 32, que dice:

> [32] *Y todo aquel que invoque el nombre de Jehová, será salvo;*
> *porque en el monte Sion y en Jerusalén*
> *habrá salvación,*
> *como ha dicho Jehová,*
> *y entre el resto al cual él habrá llamado.*
> *Joel 2:32 RVR 1995*

En este pasaje de las Escrituras, vemos que Joel profetizó específicamente acerca de un remanente. Por lo tanto, dado que Pedro proclamó que el derramamiento del Espíritu Santo fue un cumplimiento apostólico de la profecía de Joel, podemos entender que el grupo de 120 discípulos era en verdad un remanente. De hecho, creo que fueron un verdadero remanente de avivadores que sirven como ejemplo a seguir para otros creyentes durante nuestros tiempos posmodernos. Así como Hechos 2 y Joel 2 revelan conjuntamente que Dios avivo a un remanente de creyentes con el fin de avivar a otros a través de sus vidas, creo que Dios ahora está buscando un remanente que represente el resto del Cuerpo de Jesucristo y aquellos creyentes que serán añadido a la iglesia de Cristo a través de su testimonio cristiano y testimonio de Jesucristo. Digo esto porque por definición un remanente es una pieza o porción pequeña de un material o un grupo de personas que representa el resto del material o grupo que se está considerando, como en el caso de unas tela o alfombra. En otras palabras, un remanente de tela o alfombra puede ser una muestra de una pulgada cuadrada que refleja cómo se ve y es realmente el resto de los pies cuadrados de la tela o alfombra. En términos de un remanente de avivamiento de personas, es una pequeña porción de un grupo más grande de personas que necesita un avivamiento que incluye a nuestras familias, comunidades, ciudades, estados, nación y más allá.

Por lo tanto, creo que Dios está buscando un remanente de avivamiento de discípulos y de Pedros modernos, como los 120 discípulos que fueron al aposento alto antes de impactar a 3,000 personas en el Día de Pentecostés y luego impactaron a muchos miles más de personas. Este remanente de avivamiento es como los 120 de los 500 creyentes a los que se apareció Jesucristo después de Su resurrección. Estos 120 son los que obedecieron la instrucción de Cristo de ir al aposento alto, en lugar de los 380 que posiblemente recibieron la misma invitación de Cristo, pero quizás eligieron quedarse en casa en sus propias habitaciones por una razón u otra. Creo que este es el caso basado en 1 Corintios 15:3-6 y Hechos 1:4, 12-15 que dicen:

³ Primeramente os he enseñado lo que asimismo recibí: Que Cristo murió por nuestros pecados, conforme a las Escrituras; ⁴ que fue sepultado y que resucitó al tercer día, conforme a las Escrituras; ⁵ y que apareció a Cefas, y después a los doce. ⁶ Después apareció a más de quinientos hermanos a la vez, de los cuales muchos viven aún y otros ya han muerto.

1 Corintios 15:3-6 RVR 1995

⁴ Y estando juntos, les ordenó: —No salgáis de Jerusalén, sino esperad la promesa del Padre, la cual oísteis de mí, ¹² Entonces volvieron a Jerusalén desde el monte que se llama del Olivar, el cual está cerca de Jerusalén, camino de un sábado. ¹³ Cuando llegaron, subieron al aposento alto, donde se alojaban Pedro y Jacobo, Juan, Andrés, Felipe, Tomás, Bartolomé, Mateo, Jacobo hijo de Alfeo, Simón el Zelote y Judas hermano de Jacobo. ¹⁴ Todos estos perseveraban unánimes en oración y ruego, con las mujeres, y con María la madre de Jesús, y con sus hermanos. ¹⁵ En aquellos días Pedro se levantó en medio de los hermanos (los reunidos eran como ciento veinte en número), y dijo,

Hechos 1:4, 12-15 RVR 1995

Estos pasajes de las escrituras colectivamente nos revelan que si había un remanente real de avivadores. De hecho, eran reales en más de un sentido. Por un lado, realmente existieron, y por otro lado, eran personas reales, con imperfecciones y todo, al igual que Pedro el predicador de Pentecostés. Digo esto porque cuando consideramos la vida de Pedro, podemos entender que los Pedros de hoy en día son personas reales que no son humanamente perfectas, pero que buscan ardientemente la presencia perfeccionista de Dios. Esto se puede observar en la vida de Pedro como se expresa en Mateo 14:25-31, Mateo 16:13-23 y Lucas 22:29-34, 59-62 que dicen:

[25] Pero a la cuarta vigilia de la noche, Jesús fue a ellos andando sobre el mar. [26] Los discípulos, viéndolo andar sobre el mar, se turbaron, diciendo: —¡Un fantasma! Y gritaron de miedo. [27] Pero en seguida Jesús les habló, diciendo: —¡Tened ánimo! Soy yo, no temáis. [28] Entonces le respondió Pedro, y dijo: —Señor, si eres tú, manda que yo vaya a ti sobre las aguas. [29] Y él dijo: —Ven. Y descendiendo Pedro de la barca, andaba sobre las aguas para ir a Jesús. [30] Pero al ver el fuerte viento, tuvo miedo y comenzó a hundirse. Entonces gritó: —¡Señor, sálvame! [31] Al momento Jesús, extendiendo la mano, lo sostuvo y le dijo: —¡Hombre de poca fe! ¿Por qué dudaste?"

Mateo 14:25-31 RVR 1995

[13] Cuando llegó a la región de Cesarea de Filipo, Jesús preguntó a sus discípulos:
—¿Quién dice la gente que es el Hijo del hombre?
Le respondieron:
[14] —Unos dicen que es Juan el Bautista, otros que Elías, y otros que Jeremías o uno de los profetas.

¹⁵ —*Y ustedes, ¿quién dicen que soy yo?*

¹⁶ —*Tú eres el Cristo, el Hijo del Dios viviente —afirmó Simón Pedro.*

¹⁷ —*Dichoso tú, Simón, hijo de Jonás —le dijo Jesús—, porque eso no te lo reveló ningún mortal,[a] sino mi Padre que está en el cielo.* ¹⁸ *Yo te digo que tú eres Pedro,[b] y sobre esta piedra edificaré mi iglesia, y las puertas del reino de la muerte[c] no prevalecerán contra ella.* ¹⁹ *Te daré las llaves del reino de los cielos; todo lo que ates en la tierra quedará atado en el cielo, y todo lo que desates en la tierra quedará desatado en el cielo.*

²⁰ *Luego les ordenó a sus discípulos que no dijeran a nadie que él era el Cristo.*

²¹ *Desde entonces comenzó Jesús a advertir a sus discípulos que tenía que ir a Jerusalén y sufrir muchas cosas a manos de los ancianos, de los jefes de los sacerdotes y de los maestros de la ley, y que era necesario que lo mataran y que al tercer día resucitara.* ²² *Pedro lo llevó aparte y comenzó a reprenderlo:*

—*¡De ninguna manera, Señor! ¡Esto no te sucederá jamás!*

²³ *Jesús se volvió y le dijo a Pedro:*

—*¡Aléjate de mí, Satanás! Quieres hacerme tropezar; no piensas en las cosas de Dios, sino en las de los hombres.*

Mateo 16:13-23 NVI

²⁹ *Por eso, yo mismo les concedo un reino, así como mi Padre me lo concedió a mí,* ³⁰ *para que coman y beban a mi mesa en mi reino, y se sienten en tronos para juzgar a las doce tribus de Israel.*

³¹ *Simón, Simón, mira que Satanás ha pedido zarandearlos a ustedes como si fueran trigo.* ³² *Pero yo he orado por ti, para que no falle tu fe. Y tú, cuando te hayas vuelto a mí, fortalece a tus hermanos».*

³³ —*Señor —respondió Pedro—, estoy dispuesto a ir contigo tanto a la cárcel como a la muerte.*

³⁴ —Pedro, te digo que hoy mismo, antes de que cante el gallo, tres veces negarás que me conocés.

⁵⁹ Como una hora más tarde, otro lo acusó:
—Seguro que este estaba con él; miren que es galileo.
⁶⁰ —¡Hombre, no sé de qué estás hablando! —replicó Pedro.
En el mismo momento en que dijo eso, cantó el gallo. ⁶¹ El Señor se volvió y miró directamente a Pedro. Entonces Pedro se acordó de lo que el Señor le había dicho: «Hoy mismo, antes de que el gallo cante, me negarás tres veces». ⁶² Y saliendo de allí, lloró amargamente.

Lucas 22:29-34, 59-62 NVI

Estos tres pasajes de las Escrituras revelan en conjunto que cuán real era Pedro, como un ser humano que estaba teniendo experiencias sobrenaturales con Jesucristo. Durante un momento, estaba caminando sobre el agua mientras se enfocaba en Jesús, pero al momento siguiente se estaba hundiendo en la misma agua porque había quitado su enfoque de Jesús. En otra ocasión, Pedro estaba recibiendo revelación de nuestro Padre Celestial con respecto a que Jesús era el Cristo, pero en el momento siguiente estaba siendo influenciado por Satanás contra Jesucristo. Y, en otra ocasión, Pedro estaba siendo promovido divinamente por Cristo Jesús junto con los otros apóstoles, pero poco después, estaba negando a Cristo mientras estaba distante de los otros apóstoles.

En otras palabras, Pedro no era perfecto en ningún sentido de la palabra, y luchó con su humanidad como lo hace la gente real, incluidos tú y yo. Comparto esto, no para juzgar a Pedro, ni para desanimar a los Pedros de hoy en día de convertirse en un verdadero remanente de avivadores, sino más bien para ser compasivos y alentarlos para que puedan convertirse en un remanente de avivadores que son reales. De hecho, este remanente de avivamiento moderno como Pedro es uno que desea ser real con Dios y experimentar la realidad de Dios. Tanto es así que no importa cuán imperfectos sean los avivadores modernos como

Pedro, porque Dios puede avivarlos con su gracia y avivar a otros a través de ellos. De hecho, creo que Dios está actualmente buscando un remanente real de avivadores modernos, como Pedro, que serán avivados por Él, para que Dios pueda avivar a otros a través de ellos, como se indica en Juan 21:15-17 y Hechos 2:40-41 que dicen:

15 Cuando terminaron de desayunar, Jesús le preguntó a Simón Pedro:
—Simón, hijo de Juan, ¿me amas más que estos?
—Sí, Señor, tú sabes que te quiero —contestó Pedro.
—Apacienta mis corderos —le dijo Jesús.
16 Y volvió a preguntarle:
—Simón, hijo de Juan, ¿me amas?
—Sí, Señor, tú sabes que te quiero.
—Cuida de mis ovejas.
17 Por tercera vez Jesús le preguntó:
—Simón, hijo de Juan, ¿me quieres?
A Pedro le dolió que por tercera vez Jesús le hubiera preguntado: «¿Me quieres?» Así que le dijo:
—Señor, tú lo sabes todo; tú sabes que te quiero.
—Apacienta mis ovejas —le dijo Jesús—.
Juan 21:15-17 RVR 1995

40 Y con muchas otras razones les exhortaba insistentemente:
—¡Sálvense de esta generación perversa!
41 Así, pues, los que recibieron su mensaje fueron bautizados, y aquel día se unieron a la iglesia unas tres mil personas.
Hechos 2:40-41 RVR 1995

En estos pasajes de las Escrituras vemos que cuando Pedro fue avivado por Jesucristo en Juan 21, aunque el avivamiento comenzó con él, no se detuvo con él. En cambio, el avivamiento llegó a Pedro para que pudiera fluir a través de Pedro a las vidas de muchos otros que eran como él, incluidos los otros once apóstoles, el resto de los 120 discípulos y los

3,000 conversos mencionados en Hechos 1 y 2. Hoy, la gran noticia es que cada creyente tiene el potencial de convertirse en un verdadero avivador moderno como Pedro. De hecho, esto está fundamentado bíblicamente cuando consideramos la palabra de Dios en 1 Pedro 2:1-10 que dice:

> *[1] Por lo tanto, abandonando toda maldad y todo engaño, hipocresía, envidias y toda calumnia, [2] deseen con ansias la leche pura de la palabra, como niños recién nacidos. Así, por medio de ella, crecerán en su salvación, [3] ahora que han probado lo bueno que es el Señor.*
>
> *[4] Cristo es la piedra viva, rechazada por los seres humanos, pero escogida y preciosa ante Dios. Al acercarse a él, [5] también ustedes son como piedras vivas, con las cuales se está edificando una casa espiritual. De este modo llegan a ser un sacerdocio santo, para ofrecer sacrificios espirituales que Dios acepta por medio de Jesucristo. [6] Así dice la Escritura:*
>
> *«Miren que pongo en Sión*
> *una piedra principal escogida y preciosa,*
> *y el que confíe en ella*
> *no será jamás defraudado».*
>
> *[7] Para ustedes los creyentes, esta piedra es preciosa; pero para los incrédulos,*
>
> *«la piedra que desecharon los constructores*
> *ha llegado a ser la piedra angular»,*
>
> *[8] y también:*
>
> *«una piedra de tropiezo*
> *y una roca que hace caer».*
>
> *Tropiezan al desobedecer la palabra, para lo cual estaban destinados.*
>
> *[9] Pero ustedes son linaje escogido, real sacerdocio, nación santa, pueblo que pertenece a Dios, para que proclamen las obras maravillosas de aquel que los llamó de las tinieblas a su luz admirable. [10] Ustedes antes ni siquiera eran pueblo, pero ahora*

son pueblo de Dios; antes no habían recibido misericordia, pero ahora ya la han recibido.

I Pedro 2:1-10 NVI

En este pasaje de las Escrituras, el mismo Pedro revela bíblicamente que incluso los creyentes recién nacidos, que en un momento no habían sido el pueblo de Dios, ahora pueden convertirse en el pueblo de Dios a través de Su gran misericordia que los convertirá en las piedras vivas conectadas a la Piedra Angular y Viva, que es Cristo mismo. En otras palabras, hay esperanza para que todo el pueblo de Dios se convierta en Su verdadero remanente de avivadores. Posteriormente, creo de todo corazón que todos podemos ser los verdaderos avivadores de hoy, como Pedro, que Dios está buscando actualmente para avivar y traer avivamiento a muchos otros.

Además, cuando considero bíblicamente el remanente de avivamiento que representa Pedro, también creo que es muy importante que recordemos que fue principalmente una generación dentro de un rango de edad específico. ¿A qué me refiero y cuál era el grupo de edad predominante de Pedro y los otros apóstoles que llevaron a los 120 al aposento alto? Contrariamente a la creencia popular, es una generación mucho más joven de lo que muchos piensan. Para ayudarnos a entender esto, debemos considerar Mateo 17:24-27 que dice:

24 Cuando Jesús y sus discípulos llegaron a Capernaum, los que cobraban el impuesto del templo se acercaron a Pedro y le preguntaron:
—¿Su maestro no paga el impuesto del templo?
25 —Sí, lo paga —respondió Pedro.
Al entrar Pedro en la casa, se adelantó Jesús a preguntarle:
—¿Tú qué opinás, Simón? Los reyes de la tierra, ¿a quiénes cobran tributos e impuestos: a los suyos o a los demás?
26 —A los demás —contestó Pedro.
—Entonces los suyos están exentos —le dijo Jesús—. 27 Pero, para no escandalizar a esta gente, vete al lago y echa el anzuelo.

Saca el primer pez que pique; ábrele la boca y encontrarás una
moneda. Tómala y dásela a ellos por mi impuesto y por el tuyo"
Mateo 17:24-27 RVR 1995

Ahora bien, ¿qué tiene este pasaje que ver con revelar el rango de edad específico de una generación de avivadores? Consideremos este pasaje. Jesús le preguntó a Pedro si se suponía que Jesús, Pedro y los otros discípulos debían pagar los impuestos del templo. La respuesta de Jesús fue "no", debido a que eran hijos del Rey, que en este caso habría sido su Padre Celestial. Sin embargo, Jesús decidió pagar los impuestos del templo, para no ir en contra de su sistema de impuestos. Le dice a Pedro que vaya a lanzar su anzuelo de pescar, atrape el primer pez y saque de su boca una moneda griega de cuatro dracmas, que era igual a un shekel judío. Este milagro se hizo para que Pedro pudiera pagar impuestos por Jesús y por sí mismo, ya que cada judío tenía que pagar medio shekel por los impuestos del templo. ¿Por qué fue este el caso y de dónde se originó? Las respuestas a esas preguntas se encuentran en el Antiguo Testamento, que enseña que los impuestos del templo solo los pagaban los que tenían veinte años o más. Esto se puede observar en Éxodo 30:13-14 que dice:

13 Cada uno de los censados deberá pagar como ofrenda
al SEÑOR seis gramos de plata, que es la mitad de la tasación
oficial del santuario. 14 Todos los censados mayores de veinte
años deberán entregar esta ofrenda al SEÑOR.
Éxodo 30:13-14 RVR 1995

Sin embargo, podría preguntarse, ¿qué revela esto sobre el rango de edad de la generación remanente del avivamiento de los días de Pedro? Sabemos que según Lucas 3:23, Jesús comenzó su ministerio aproximadamente a los 30 años.

23 Jesús tenía unos treinta años cuando comenzó su ministerio. Era
hijo, según se creía, de José, hijo de Elí,

Lucas 3:23 RVR 1995

No sabemos exactamente cuántos años tenían Pedro y los otros discípulos en la época de los evangelios y el comienzo del libro de los Hechos. Sin embargo, entendemos que este pasaje revela que Pedro a lo mejor tenía al menos 20 años, ya que tenía que pagar los impuestos del templo junto con Jesús. Por lo tanto, Pedro era un joven adulto. Lo que este pasaje también revela indirectamente es el rango de edad de los otros discípulos que estaban en Mateo 17, pero que no fueron incluidos en el milagro que Jesús hizo para pagar los impuestos del templo para aquellos que necesitaban pagarlos de acuerdo con la ley judía. Por lo tanto, ¿cuáles fueron las edades de los otros discípulos, además de Pedro? Sus edades tenían que ser menos de los 20 años. En adición, la tradición rabínica judía revela que los rabinos esperarían hasta que los jóvenes cumplieran 13 años antes de reclutarlos para que se convirtieran en sus discípulos o estudiantes. Una de las razones de esto fue porque para ese momento los jóvenes ya habrían memorizado la Torá o el Pentateuco, que son los primeros cinco libros de la Biblia. La otra razón es porque después de los 13 años, los hombres jóvenes habrían comenzado a ingresar en su futuro oficio o profesión.

Ahora, con esto en mente, ¿qué nos revela esto? Esto revela que, en Mateo 17, Pedro tenía veinte años y el resto de los discípulos, que fueron mencionados anteriormente en el mismo capítulo, tenían entre 13 y 19 años. Por lo tanto, creo que la Biblia revela que el rango de edad de Los discípulos de Cristo que eran los líderes de la generación remanente de avivamiento de los días de Pedro eran principalmente jóvenes y jóvenes adultos. Fue esta joven generación a la que Dios avivo para traer avivamiento a las vidas de muchos otros. Creo de todo corazón que Dios ahora busca hacer lo mismo nuevamente en nuestros días con una generación joven como los Pedros modernos, que son un verdadero remanente de avivamiento.

De hecho, esto me recuerda cómo Dios hizo esto mismo con una generación joven hace 116 años, durante el avivamiento galés de 1904-05, a través de la vida de un avivador de 26 años llamado Evan Roberts.

Era un minero de carbón que tuvo un comienzo tardío en ir a la universidad bíblica. Antes y durante su primer semestre de su primer año de escuela bíblica, experimentó un avivamiento personal que fluyó a lo largo de su vida a las vidas de otros diecisiete jóvenes y jóvenes adultos en su iglesia local en Loughor, Gales. Eventualmente, lo que comenzó como un avivamiento de jóvenes y jóvenes adultos se convirtió en un avivamiento en todo el país que impactó al mundo, y lo que continuó como un gran despertar local para los jóvenes adultos culminó en un gran despertar global para adultos de todas las edades. De hecho, los historiadores creíbles de la historia del avivamiento creen que el avivamiento galés de 1904-05 y las oraciones de Evan Roberts contribuyeron enormemente al avivamiento de la Calle Azusa de 1906 en Los Ángeles, California.

¿Cómo es eso? La historia del avivamiento revela que un pastor llamado Joseph Smale de la Primera Iglesia Bautista, en Los Ángeles, fue a Gales en 1905 para experimentar personalmente el avivamiento galés y luego regresó a Los Ángeles con el deseo de experimentar un avivamiento en su propia ciudad. Por consiguiente, un visitante periódico de los servicios de su iglesia, con el nombre de Frank Bartleman, escribía periódicamente cartas a Evan Roberts solicitando oración para que el avivamiento en Gales llegara a Los Ángeles, California y más allá. Esto es especialmente digno de mención porque Frank Bartleman, que era angloamericano, se convirtió en el periodista y uno de los principales contribuyentes del Avivamiento de la Calle Azusa de 1906 dirigido por William Seymour, que era afroamericano. En una nota extremadamente importante en medio de las crecientes tensiones raciales en nuestra nación, me encanta el hecho de que Dios utilizó soberanamente a dos hombres cristianos negro y blanco para trabajar juntos en lo que se convirtió en un avivamiento multiétnico para la ciudad de Los Ángeles, el estado de California y la nación de los Estados Unidos de América. Ahora, con respecto a las cartas de Bartleman a Roberts, Roberts respondió con al menos tres cartas expresando su compromiso de unirse a Bartleman en la oración por el avivamiento, y el resto es historia, es decir, historia de avivamiento.

Dicho esto, creo que Evan Roberts fue un Pedro moderno de su tiempo. Era un joven adulto que estaba lejos de ser perfecto, pero sin embargo se acercaba constantemente al corazón de Dios, a la mente de Cristo y a la presencia del Espíritu Santo. El avivamiento personal de Robert, como un joven adulto, resultó en un pequeño remanente corporativo de jóvenes y jóvenes adultos de avivadores a quienes Dios avivo a innumerables personas en su país y más allá. Su avivamiento local de jóvenes adultos finalmente culminó en un avivamiento global para adultos de todas las edades.

Ahora bien, ¿qué tiene eso que ver con los jóvenes y jóvenes adultos de nuestro tiempo moderno? Quizás todo y mucho más de lo que pensamos. Digo esto porque creo de todo corazón que los jóvenes de hoy son los Pedros modernos del verdadero remanente de avivamiento en nuestro tiempo a quienes Dios desea traer avivamiento a su generación y más allá. Por consiguiente, así como Roberts se destacó por orar una oración simple pero profunda de "Señor, dóblame" [1] en 1904, ahora en 2020 y en adelante, creo que esta nueva generación hará otra oración simple pero profunda de "Señor, sacúdeme hasta que me despierte". Esta oración se basa en Hebreos 12:25-29 y Hageo 2:6-9 que dicen:

> [25] *Mirad que no desechéis al que habla, pues si no escaparon aquellos que desecharon al que los amonestaba en la tierra, mucho menos nosotros, si desechamos al que amonesta desde los cielos.* [26] *Su voz conmovió entonces la tierra, pero ahora ha prometido diciendo: «Una vez más conmoveré no solamente la tierra, sino también el cielo.»* [27] *Y esta frase: «Una vez más», indica la remoción de las cosas movibles, como cosas hechas, para que queden las inconmovibles.* [28] *Así que, recibiendo nosotros un Reino inconmovible, tengamos gratitud, y mediante ella sirvamos a Dios agradándole con temor y reverencia,* [29] *porque nuestro Dios es fuego consumidor.*
>
> *Hebreos 12:25-29 RVR 1995*

⁶ Porque así dice Jehová de los ejércitos: De aquí a poco yo haré temblar los cielos y la tierra, el mar y la tierra seca; ⁷ haré temblar a todas las naciones; vendrá el Deseado de todas las naciones y llenaré de gloria esta Casa, ha dicho Jehová de los ejércitos. ⁸ Mía es la plata y mío es el oro, dice Jehová de los ejércitos. ⁹ La gloria de esta segunda Casa será mayor que la de la primera, ha dicho Jehová de los ejércitos; y daré paz en este lugar, dice Jehová de los ejércitos.

Hageo 2:6-9 RVR 1995

Sí, ahora más que nunca antes, necesitamos un remanente real de avivamiento que clame a Dios en oración: "¡Señor, sacúdeme hasta que me despierte!" Posteriormente, creo que el avivamiento con el que Dios responderá, que también se conoce como un Gran Despertar, será mayor que los del pasado, y Su gloria y paz cubrirán la tierra como nunca antes. De hecho, creyendo con fe toda la palabra de Dios que se ha compartido en este libro hasta ahora, me atrevo a declarar que este avivamiento se tratará de la plenitud del glorioso reino de Dios traído del cielo a la tierra. También creo que no se limitará a una expresión específica de avivamiento notado principalmente por salvaciones o sanidades o liberación o prosperidad o milagros, señales, maravillas, etc. Más bien, el glorioso avivamiento del reino de Dios que esta generación remanente real introducirá en la tierra será todo sobre el Rey Jesús y todo lo que Él tiene en Su reino para Su pueblo, que incluye todo lo que acabo de mencionar y mucho más.

Ahora, si no eres joven, como yo, que tengo 45 años al escribir este libro, no te preocupes. Dios no nos deja fuera de Su verdadero remanente de avivadores. Aunque he dedicado intencionalmente la mayor parte de este capítulo a expresar la gran importancia de que la generación joven sea una parte importante del remanente real de avivadores también me gustaría señalar cómo la generación de más edad también se incluye en el remanente real. ¿Cómo es eso? La respuesta se encuentra en recordar que entre los 120 discípulos, quienes eran un verdadero remanente que fue al aposento alto, se encontraban adultos de más edad como María, la madre biológica de Jesús. Según los eruditos de la Biblia, durante el tiempo de Hechos 1 y 2, habría tenido aproximadamente entre 46 y 50 años, ya que muchos teólogos creen que María era una adolescente cuando dio a luz a Jesucristo 33 años antes del libro de Hechos.

Hay lugar para que las personas de mi edad y mayores sean parte de un remanente moderno del aposento alto para el avivamiento. Por lo tanto, si tiene 40, 50 o 60 años, anímese a saber que todos podemos ser parte del verdadero remanente de avivamiento que Dios está levantando en estos últimos días. De hecho, lo que más importa en el reino de Dios, no es el número de nuestras edades físicas, sino más bien nuestra hambre real de más de nuestro Señor del avivamiento, quien es el Rey de las edades. Además, cuando consideramos la profecía de Joel 2 y el cumplimiento apostólico de Hechos 2, podemos recordar que se prometió que el derramamiento del Espíritu Santo vendría sobre toda carne de todas las edades, ya que los niños profetizarían, los jóvenes verían visiones, y los ancianos soñarían sueños.

Por lo tanto, este recordatorio debería servir como un gran estímulo para que las generaciones de todas las edades se conviertan en una generación espiritual que Dios pueda utilizar como un remanente real de avivadores, independientemente de su edad, género, etnicidad, profesión, clase social y cualquier otra clasificación humana. De hecho, creo que Dios pronto levantará un remanente de avivadores en cada sector de nuestras sociedades nacionales e internacionales, incluidas las del gobierno, el ejército, la educación, los negocios, la medicina, el atletismo, el entretenimiento, la música y mucho más. Juntos en Jesucristo, podemos ser una generación espiritual de verdaderos avivadores remanentes. Ahora, si usted cree esto conmigo, por favor únase a mí en el próximo capítulo, mientras descubrimos bíblica y espiritualmente la revelación revolucionaria del avivamiento. ¡La historia se está haciendo para el próximo gran despertar, y creo que usted y yo somos parte del remanente real para el avivamiento ahora!

CAPÍTULO 4
LA REVELACIÓN REVOLUCIONARIA

¿Ha oído hablar de la revelación revolucionaria del avivamiento? Esta visión bíblica que restaura la vida y despierta el espíritu es una que recibí del Señor en mi estudio personal de la Biblia, cuando tenía 18 años en San Antonio. Dios me la reveló durante una de las temporadas más intensas espiritualmente en mi vida de buscar Su rostro, estudiar Su palabra y cultivar una relación profundamente íntima con Jesucristo y el Espíritu Santo. Fue durante esta temporada que me encontré pasando horas y horas con el Señor en la privacidad de mi dormitorio, en adición de la sala en la casa de mis padres, temprano en la mañana antes de que ellos y mis hermanos se despertaran.

Ahora, antes de compartir esta revelación revolucionaria del avivamiento con ustedes, es de suma importancia que mencione que la base bíblica para ella está registrada en Hechos 2, y tiene sus raíces en Joel 2, mientras que también está respaldada por otros pasajes de las Escrituras que consideraremos en este capítulo. Para empezar, consideremos dos pasajes de las Escrituras que vimos en los capítulos anteriores de este libro. Sin embargo, esta vez, los veremos desde una perspectiva adicional que ha revolucionado mi entendimiento de lo que ocurrió en el Día de Pentecostés, a través del derramamiento del Espíritu Santo y en conexión con el avivamiento que dio a luz a la iglesia primitiva. Hechos 2:16-17 y Joel 2:28 dicen:

> [16] *Pero esto es lo dicho por el profeta Joel:*
> [17] *"En los postreros días —dice Dios—,*
> *derramaré de mi Espíritu sobre toda carne,*
> *y vuestros hijos y vuestras hijas profetizarán;*
> *vuestros jóvenes verán visiones*
> *y vuestros ancianos soñarán sueños;*
>
> *Hechos 2:16-17 RVR 1995*

> [28]*Después de esto derramaré*
> *mi espíritu sobre todo ser humano,*
> *y profetizarán vuestros hijos y vuestras hijas;*
> *vuestros ancianos soñarán sueños,*
> *y vuestros jóvenes verán visiones.*
>
> *Joel 2:28 RVR 1995*

Fue a través de estos dos pasajes de las Escrituras que el Señor comenzó a revelarme la revelación revolucionaria del avivamiento. En consecuencia, el Señor me mostró que esta revelación tenía que ver con lo que el profeta Joel y el apóstol Pedro mencionaron con respecto a tres generaciones comprometidas por Dios, como resultado del derramamiento de Su Espíritu Santo en el día de Pentecostés. En ambos pasajes, el Señor comenzó por mostrarme que los niños profetizarían, los jóvenes verían visiones y ancianos soñarían sueños. Sin embargo, el Señor también me mostró que esta revelación no solo se trataba de una bendición generacional para la humanidad, sino también de una progresión gradual de la bendición de Dios hacia y a través de la humanidad. La revelación de avivamiento que el Señor me reveló fue y es que cuando el Espíritu Santo de Dios desciende sobre un lugar y un pueblo, entonces ocurre la secuencia soberana de Dios y la fórmula llena de fe para Sus grandes movimientos para cumplir Su promesa y proporcionar Su salvación a toda la humanidad. Entonces, ¿cuál es esa secuencia soberana y esa fórmula llena de fe? 1) profecías, 2) visiones y 3) sueños, dan como resultado y desatan la realidad providencial de Dios.

Otra forma de ver esta secuencia soberana y fórmula llena de fe es dándose cuenta de que en el reino de Dios, Su palabra se declara primero, lo que se llama profecía. En segundo lugar, Su palabra se ve, que se llama visión. En tercer lugar, su palabra finalmente se siembra o es sembrada, lo que se llama sueño. Y Su resultado previsto es que Su palabra divinamente declarada, vista y sembrada finalmente dará a luz a nuestra existencia terrenal en Su tiempo divino para nosotros, que es nuestra realidad. Por consiguiente, creo que esa es una de las principales razones por las que Pedro, en Hechos 2:16-17, declaró en el día de Pentecostés que los niños profetizarían, los jóvenes verían visiones y los ancianos soñarían sueños, de modo que finalmente todos quien invoque el nombre del Señor sería divinamente salvo.

Interesantemente, este patrón de escuchar, ver, llevar y luego dar a luz la promesa de Dios también se encuentra al comienzo de Hechos 2:1-6. Consideremos este pasaje desde una perspectiva adicional a la que consideramos en los capítulos anteriores.

> [1] *Cuando llegó el día de Pentecostés estaban todos unánimes juntos.* [2] *De repente vino del cielo un estruendo como de un viento recio que soplaba, el cual llenó toda la casa donde estaban;* [3] *y se les aparecieron lenguas repartidas, como de fuego, asentándose sobre cada uno de ellos.* [4] *Todos fueron llenos del Espíritu Santo y comenzaron a hablar en otras lenguas, según el Espíritu les daba que hablaran.* [5] *Vivían entonces en Jerusalén judíos piadosos, de todas las naciones bajo el cielo.* [6] *Al oír este estruendo, se juntó la multitud; y estaban confusos, porque cada uno los oía hablar en su propia lengua.*
>
> *Hechos 2:1-6 RVR 1995*

Cuando consideramos cuidadosamente este pasaje de las Escrituras, podemos observar que los 120 discípulos en el aposento alto experimentaron tres cosas sobrenaturales. Primero, escucharon un sonido del cielo. En segundo lugar, vieron llamas de fuego. En tercer lugar, todos fueron llenos del Espíritu Santo, y el resultado final de esta secuencia soberana y fórmula llena de fe fue la salvación de 3,000 almas que marcó el nacimiento de la Iglesia. Sin embargo, lo que encuentro más intrigante en esta observación particular en Hechos 2:1-6, es el hecho bíblico de que esta revelación revolucionaria de avivamiento ya estaba enraizada en el libro de Génesis y reiterada en el libro de Lucas, mucho antes del derramamiento del Espíritu Santo ocurrió en Hechos 2. Permítame explicar esto a través de la palabra de Dios y mis observaciones correspondientes. Considere Génesis 1:1-5, 11 que dice:

¹ En el principio creó Dios los cielos y la tierra. ² La tierra estaba desordenada y vacía, las tinieblas estaban sobre la faz del abismo y el espíritu de Dios se movía sobre la faz de las aguas.
³ Dijo Dios: «Sea la luz.» Y fue la luz. ⁴ Vio Dios que la luz era buena, y separó la luz de las tinieblas. ⁵ Llamó a la luz «día», y a las tinieblas llamó «noche». Y fue la tarde y la mañana del primer día.

¹¹ Después dijo Dios: «Produzca la tierra hierba verde, hierba que dé semilla; árbol que dé fruto según su especie, cuya semilla esté en él, sobre la tierra.» Y fue así.

Génesis 1:1-5; 11 RVR 1995

En Génesis 1, podemos observar lo siguiente, que en principio tiene un paralelo con Hechos 2. Primero, el Espíritu Santo de Dios entra en la escena. Segundo, Dios habla proféticamente. En tercero, Dios crea una vista visible. Cuarto, Dios siembra una semilla y quinto, Dios produce una mayor realidad física que comenzó con un mover espiritual de Su Espíritu. En principio, esta revelación revolucionaria también tiene lugar en la vida de dos parejas en la Biblia.

Considere el ejemplo de la pareja del Antiguo Testamento, Abraham y Sara, en Génesis 15:1-6, y el ejemplo complementario de la pareja del Nuevo Testamento, José y María, en Lucas 1:26-38.

¹ Después de estas cosas vino la palabra de Jehová a Abram en visión, diciendo:

—No temas, Abram, yo soy tu escudo, y tu recompensa será muy grande.

² Respondió Abram:

—Señor Jehová, ¿qué me darás, si no me has dado hijos y el mayordomo de mi casa es ese Eliezer, el damasceno?

³ Dijo también Abram:

—Como no me has dado prole, mi heredero será un esclavo nacido en mi casa.

⁴ Luego vino a él palabra de Jehová, diciendo:

—No te heredará éste, sino que un hijo tuyo será el que te herede.

⁵ Entonces lo llevó fuera y le dijo:

—Mira ahora los cielos y cuenta las estrellas, si es que las puedes contar.

Y añadió:

—Así será tu descendencia.

⁶ Abram creyó a Jehová y le fue contado por justicia.

Génesis 15:1-6 RVR 1995

²⁶ Al sexto mes, el ángel Gabriel fue enviado por Dios a una ciudad de Galilea llamada Nazaret, ²⁷ a una virgen desposada con un varón que se llamaba José, de la casa de David; y el nombre de la virgen era María. ²⁸ Entrando el ángel a donde ella estaba, dijo:

—¡Salve, muy favorecida! El Señor es contigo; bendita tú entre las mujeres.

²⁹ Pero ella, cuando lo vio, se turbó por sus palabras, y pensaba qué salutación sería ésta. ³⁰ Entonces el ángel le dijo:

—María, no temas, porque has hallado gracia delante de Dios. [31] Concebirás en tu vientre y darás a luz un hijo, y llamarás su nombre Jesús. [32] Éste será grande, y será llamado Hijo del Altísimo. El Señor Dios le dará el trono de David, su padre; [33] reinará sobre la casa de Jacob para siempre y su Reino no tendrá fin.

[34] Entonces María preguntó al ángel:

—¿Cómo será esto?, pues no conozco varón.

[35] Respondiendo el ángel, le dijo:

—El Espíritu Santo vendrá sobre ti y el poder del Altísimo te cubrirá con su sombra; por lo cual también el Santo Ser que va a nacer será llamado Hijo de Dios. [36] Y he aquí también tu parienta Elisabet, la que llamaban estéril, ha concebido hijo en su vejez y éste es el sexto mes para ella, [37] pues nada hay imposible para Dios.

[38] Entonces María dijo:

—Aquí está la sierva del Señor; hágase conmigo conforme a tu palabra.

Y el ángel se fue de su presencia.

Lucas 1:26-38 RVR 1995

En ambos casos, Dios o Su ángel se encontró con uno de los miembros de estas parejas con un tipo de profecía, un tipo de visión y un tipo de sueño, lo que finalmente resultó en una realidad nacida del cielo en la tierra. La primera instancia resultó en el nacimiento de Isaac y la segunda instancia resultó en el nacimiento de Jesús. ¿Cómo sucedió esto para ambas parejas? Considere cuidadosamente lo que sucedió. Abraham recibió la palabra de predicción de Dios, también conocida como profecía, de que tendría un hijo prometido y, finalmente, descendientes prometidos. Entonces Dios le dijo a Abraham que mirara, también conocido como tener una visión, a las estrellas y la arena del mar para ver cómo serían sus descendientes prometidos. Abraham y Sara, desde ese entonces, fueron capacitados sobrenaturalmente por Dios para concebir a su hijo de promesa, también conocido como recibir la semilla de su sueño. Entonces, Abraham y Sara llevaron a su hijo prometido en el vientre de Sara hasta que llegó el momento de que ella diera a luz al hijo prometido, que era la realidad prometida.

Por otro lado, María recibió la palabra de Dios, también conocida como profecía, a través del ángel Gabriel durante una visión que tuvo dentro de un sueño. María recibió la profecía, la visión y el sueño al mismo tiempo. Una nota muy importante, que vale la pena mencionar es que a veces Dios acelerará Su proceso, debido a tiempos divinamente establecidos para eventos posteriores que deben tener lugar en Sus tiempos preestablecidos. De cualquier manera, en muchos casos, Dios tiene que esperar en la humanidad, en lugar de que la humanidad espere en Él. Volviendo al texto de Lucas 1, María y José finalmente entendieron que la profecía, las visiones y los sueños, incluidos los cuatro sueños adicionales que José recibió sobre Jesús registrados en Mateo 1:18-25 y 2:1-23, eran todos parte de El proceso de Dios para traer al Mesías y Cristo prometido para salvar al mundo. Esta fue y sigue siendo la realidad prevista de Dios prometida a todos los que invocan a Jesús como su Señor.

Ahora, cuando considero todo esto como la secuencia soberana de Dios y la fórmula llena de fe para Su pueblo desde los tiempos bíblicos hasta nuestros tiempos posmodernos, estoy realmente asombrado por esta revelación revolucionaria del avivamiento. Como resultado, esto me lleva a preguntar: "¿Y ahora qué hay de ti y de mí?" ¿Qué profecías, visiones y sueños nos ha dado Dios que necesitan nacer a través de nosotros, a fin de cumplir su promesa a nosotros y a los que están conectados con nosotros? Posteriormente, debemos preguntarnos si estamos hablando proféticamente, visualizando y soñando esa palabra especifica de Dios que puede desatar Su prometido avivamiento que da vida. ¿O estamos hablando patéticamente, visualizando y soñando, en forma de una pesadilla diabólica, la palabra del enemigo que resultará en muerte?

Cuando consideramos esto, creo que nos puede ayudar a ver Proverbios 18:21, Santiago 3:5-6 y Hechos 2:1-4 desde una perspectiva adicional que tal vez no hemos considerado antes, en lo que respecta a la importancia de lo que usamos nuestra boca para hablar.

²¹La muerte y la vida están en poder de la lengua;
el que la ama, comerá de sus frutos.
Proverbios 18:21 RVR 1995

⁵ Así también la lengua es un miembro pequeño, pero se jacta de grandes cosas. He aquí, ¡cuán grande bosque enciende un pequeño fuego! ⁶ Y la lengua es un fuego, un mundo de maldad. La lengua está puesta entre nuestros miembros, y contamina todo el cuerpo e inflama la rueda de la creación, y ella misma es inflamada por el infierno.
Santiago 3:5-6 RVR 1995

¹ Cuando llegó el día de Pentecostés estaban todos unánimes juntos. ² De repente vino del cielo un estruendo como de un viento recio que soplaba, el cual llenó toda la casa donde estaban; ³ y se les aparecieron lenguas repartidas, como de fuego, asentándose sobre cada uno de ellos. ⁴ Todos fueron llenos del Espíritu Santo y comenzaron a hablar en otras lenguas, según el Espíritu les daba que hablaran.
Hechos 2:1-4 RVR 1995

Desde la perspectiva de comprender plenamente el poder de nuestras palabras habladas para nuestra vida y la vida de los demás, estos pasajes de las Escrituras pueden ayudarnos a entender dos verdades profundas. La primera es cuán extremadamente importantes e influyentes son nuestras palabras. La segunda es que una de las principales razones por las que los 120 discípulos en el Día de Pentecostés comenzaron a hablar en lenguas fue para declarar proféticamente las maravillas de Dios en otros idiomas, lo que cautivó la atención de 3,000 personas que pronto serían salvas.

A continuación, debemos preguntarnos: ¿estamos viendo la visión que Dios ha mostrado o desea mostrarnos? Con esa pregunta en mente, recordemos cuán profundamente vital es una visión para nuestras vidas de acuerdo con Proverbios 29:18 y Habacuc 2:2-3 que dice

> [18]*Donde no hay visión, el pueblo se extravía;*
> *¡dichosos los que son obedientes a la ley!*
>
> *Proverbios 29:18 NVI*

> [2] *Y Jehová me respondió, y dijo: Escribe la visión, y declarala en tablas, para que corra el que leyere en ella.*
> [3] *Aunque la visión tardará aún por un tiempo, mas se apresura hacia el fin, y no mentirá; aunque tardare, esperalo, porque sin duda vendrá, no tardará.*
>
> *Habacuc 2:2-3 RVR 1995*

Desde el concepto de comprender completamente cuán vital es una visión para nuestras vidas y las vidas de los demás, estos pasajes de las Escrituras juntos nos ayudan a reconocer dos verdades profundas adicionales. El primero es comprender cuán profundamente esencial e influyente es tener una visión divina para nuestras vidas. La segunda es entender que una de las principales razones por las que los 120 discípulos en el Día de Pentecostés experimentaron la señal visible de lenguas de fuego que venían sobre sus cabezas fue para hacer que miles de personas desearan el fuego sagrado que ardía en sus vidas.

Continuando, debemos preguntarnos, ¿estamos llevando el sueño que Dios sembró en nosotros? Con esa pregunta en mente, recordemos cuán extremadamente importantes e influyentes son los sueños dados por Dios según Números 12:6 y Mateo 1:20, 2:13, 2:19, 2:22 que dicen:

⁶ Y él les dijo: Oíd ahora mis palabras. Cuando haya entre vosotros profeta de Jehová, le apareceré en visión, en sueños hablaré con él.

Números 12:6 RVR 1995

²⁰ Y pensando él en esto, he aquí un ángel del Señor le apareció en sueños y le dijo: José, hijo de David, no temas recibir a María tu mujer, porque lo que en ella es engendrado, del Espíritu Santo es.

Mateo 1:20 RVR 1995

¹³ Después que partieron ellos, he aquí un ángel del Señor apareció en sueños a José y dijo: Levántate y toma al niño y a su madre, y huye a Egipto, y permanece allá hasta que yo te diga; porque acontecerá que Herodes buscará al niño para matarlo.

¹⁹ Pero después de muerto Herodes, he aquí un ángel del Señor apareció en sueños a José en Egipto,

²² Pero oyendo que Arquéalo reinaba en Judea en lugar de Herodes su padre, tuvo temor de ir allá; pero avisado por revelación en sueños, se fue a la región de Galilea.

Mateo 2:13; 2:19; 2:22 RVR 1995

Desde la perspectiva de reconocer completamente cómo los sueños divinos que cambian vidas son para nuestras vidas y las vidas de los demás, estos pasajes de las Escrituras en conjunto nos ayudan a reconocer dos verdades más profundas. La primera es comprender cuán importante y útil es tener un sueño divino para nuestras vidas. El segundo es entender que una de las principales razones por las que los 120 discípulos en el Día de Pentecostés fueron llenos del Espíritu Santo fue para que pudieran ayudar a guiar a otras 3,000 personas hacia la salvación en Cristo.

Ahora, considerando todo eso, esta revelación revolucionaria de avivamiento es verdaderamente poderosa. Las profecías, visiones y sueños, en última instancia, deberían resultar en una realidad divina para nuestras vidas y las vidas de muchos otros a nuestro alrededor. Por lo tanto, creo que es hora de que la revelación revolucionaria del avivamiento llegue a nosotros, sea concebida en nosotros, sea llevada por nosotros, para que luego pueda nacer a través de nosotros. Con eso en mente, y para que entendamos completamente por qué debemos tener un avivamiento, únase a mí en el próximo capítulo para descubrir las razones relevantes del avivamiento ahora. ¡La historia se está haciendo para el próximo gran despertar, y la revelación revolucionaria del avivamiento en nuestras vidas tiene el potencial de resultar en que le demos a luz al próximo gran movimiento de Dios!

CAPÍTULO 5
LAS RAZONES RELEVANTES

En nuestra era posmoderna, en la que ser relevante es de extrema importancia para todas las generaciones de nuestras sociedades nacionales e internacionales multiétnicas, multiculturales y multifacéticas, creo que hay una gran pregunta que vale la pena hacer, en lo que respecta al avivamiento. ¿Tener un avivamiento ahora es relevante para nuestra nación y las naciones del mundo?

En medio de la creciente pandemia mundial actual de COVID-19 y las tensiones raciales cada vez mayores en nuestra nación, creo que hay una gran y grave respuesta a esta pregunta. De hecho, digo esto debido a que la primera parte de la definición de avivamiento es "restauración a la vida", como descubrimos en el segundo capítulo de este libro. Cuando consideramos cuánta pérdida de vidas, salud, riqueza, unidad racial y mucho más nuestro mundo, y especialmente nuestro país, ha experimentado solo en la primera mitad de este año, estoy completamente convencido de que tener un avivamiento ahora es extremadamente relevante para nuestros tiempos presentes. De hecho, tener un avivamiento ahora es quizás más relevante ahora que nunca.

Por consiguiente, digo que hay una gran y grave respuesta a esta pregunta de la relevancia del avivamiento, basada en mis experiencias personales como ciudadano puertorriqueño de 45 años nacido en Rochester, New York, que ha vivido en New York, Texas, California y Pennsylvania a lo largo de mi vida, habiendo vivido la mayor parte de mis años en San Antonio y ahora en el área del condado de Dallas, donde vivo con mucho gusto en una comunidad predominantemente negra que amo. De hecho, vale la pena mencionar, basado en los resultados de mi prueba de ADN, que Dios me ha bendecido con una estructura genética multiétnica relacionada con Puerto Rico, Portugal, España, Camerún, Congo, Senegal, Nigeria, África del Norte, Irlanda, Escocia y Francia, además de tener una conexión con los judíos europeos.

También digo que hay una gran y grave respuesta a esta pregunta, basada en mis experiencias de estar casado con Mildred durante 24 años, tener a nuestros tres hijos Gabriella, Samantha y David, que actualmente tienen 23, 21 y 19, y haber servido en el ministerio bilingüe multiétnico denominacional y no denominacional durante 23 años en diversas capacidades ministeriales, incluidas las del ministerio evangelístico, pastoral y de educación cristiana, además de la defensa pro-Israel. Sin embargo, no menciono todo esto como un intento egoísta de compartir un resume impresionante, sino más bien como una persona experimentada para mostrar la relevancia informada y experiencial de la que me basaré para compartir con usted en este capítulo.

Aun, y lo que es mucho más importante, creo que la gran y grave respuesta a la pregunta que nos ocupa se basa, en gran parte, en la exégesis y exposición de la palabra eterna de Dios y este mensaje eterno para toda la humanidad en toda nuestra nación y en todo el mundo en tiempos pasados, presentes y futuros. Con eso en mente, me atrevo a decir que el libro y el mensaje más relevante para toda la humanidad en el planeta Tierra es la Biblia y su mensaje de Buenas Nuevas, no las noticias de ninguna red de televisión en particular, periódico físico o electrónico, plataforma de redes sociales o fuentes adicionales de la mensajería moderna. La desafortunada realidad es que muchos de estos medios están intentando cuestionar la existencia misma y la omnisciencia de nuestro Dios eterno y omnisciente, quien por Sí mismo creó a la humanidad a Su propia imagen y semejanza sin requerir el permiso de nadie.

Ahora, cuando combino los problemas pandémicos de la era posmoderna de nuestro mundo y la nación, junto con mis experiencias personales y ministeriales y la exégesis y exposición de la Biblia sobre la cuestión de la relevancia del avivamiento, considero lo que creo que son las cinco razones más relevantes para el avivamiento ahora. Por supuesto, hay razones adicionales, pero desafortunadamente, no tengo el tiempo ni el espacio para cubrirlas en este capítulo. Por consiguiente, me enfocare en las cinco razones más relevantes. ¿Cuáles son y qué podemos aprender de ellas? Para empezar, los enumeraré y luego revisaré cada una de ellas una por una.

- Razón Relevante # 1: Nuestra salvación y la salvación de otros dependen de ello ahora mismo.
- Razón Relevante # 2: Dios ha avivado a su pueblo antes y puede hacerlo otra vez.
- Razón Relevante # 3: Hemos llegado a un momento de misericordia.
- Razón Relevante # 4: Tenemos una ventana de oportunidad.
- Razón Relevante # 5: La historia se está haciendo para el próximo gran despertar.

Consideremos la primera razón relevante para el avivamiento: "Nuestra salvación y la salvación de los demás depende de ello ahora mismo". Creo que esta razón es así, basada en la palabra de Dios en Romanos 13:11 que dice:

> [11] *Y esto, conociendo el tiempo, que es ya hora de levantarnos del sueño, porque ahora está más cerca de nosotros nuestra salvación que cuando creímos.*
>
> *Romanos 13:11 RVR 1995*

En este pasaje, el apóstol Pablo nos revela que debemos reconocer el tiempo oportuno para despertar de un estado espiritual de estar dormido porque nuestra salvación y la salvación de los demás está más cerca de lo que podríamos pensar. Además, el apóstol Pablo reitera, en otra carta que escribió, la importancia de que nos demos cuenta de que ahora es el tiempo para que nosotros y otros recibamos la salvación de Dios, según 2 Corintios 6:1-2 que dice:

> [1] *Así, pues, nosotros, como colaboradores suyos, os exhortamos también a que no recibáis en vano la gracia de Dios,* [2] *porque dice:*
> *«En tiempo aceptable te he oído,*
> *y en día de salvación te he socorrido.»*
> *Ahora es el tiempo aceptable; ahora es el día de salvación.*
> *2 Corintios 6:1-2 RVR 1995*

Para mejor entender que ahora es el tiempo de nuestra salvación, incluyendo a nuestros seres queridos que aún no han sido salvos, debemos reflexionar sobre las cuatro asombrosas estadísticas del ministerio de niños y del ministerio de jóvenes y jóvenes adultos producidas por el Grupo de Investigación Barna (TBG) que es de buena reputación y respetado. (TBG) y la reconocida organización Life Way Research (LWR). Mildred y yo comenzamos a escuchar acerca de las primeras tres de estas cuatro asombrosas estadísticas durante el tiempo que servimos como Pastores de Jóvenes y Pastores de Jóvenes Adultos en Cornerstone Church en San Antonio, Texas, de 2008 a 2013. Posteriormente, me enteré de la cuarta estadística después de mi tiempo en el personal pastoral de Cornerstone Church, como evangelista con una pasión por el avivamiento ahora. Entonces, ¿cuáles son estas cuatro asombrosas estadísticas?

- Primera estadística asombrosa de TBG en 2003: los niños estadounidenses de 5 a 13 años tienen un 32% de probabilidad de convertirse en Cristianos.[1]

- Segunda estadística asombrosa de TBG en 2003: los jóvenes estadounidenses de 14 a 18 años tienen un 4% de probabilidad de convertirse en Cristianos.[1]

- Tercera estadística asombrosa de TBG en 2003: los jóvenes adultos estadounidenses de 19 años o más tienen solo un 6% de probabilidad de convertirse en Cristianos.[1]

- Cuarta estadística asombrosa de LWR en 2017: el 66% de los jóvenes, que asistieron a los servicios religiosos al menos dos veces al mes durante al menos un año durante la adolescencia, terminaron abandonando la Iglesia entre las edades de 18 y 22.[2]

Ahora, cuando consideramos todas estas estadísticas relevantes y asombrosas, creo que proporcionan una causa grande y grave para que nos despertemos espiritualmente para un avivamiento ahora. La verdad sea dicha, son absolutamente alarmantes. El hecho innegable es que actualmente vivimos en una era posmoderna en la que existe una gran urgencia por un "resurgimiento" o avivamiento. Resurgimiento es otra forma de decir avivamiento y, por definición, la palabra raíz de "resurgimiento" significa literalmente "levantamiento o tendencia a levantarse nuevamente; avivar, renaciente; resurgir, como de desuso o de extinción virtual; levantarse de nuevo, aparecer de nuevo ". Su origen de la palabra es el siguiente:

"equiv. Para que RE- + surgere para levantar, surgir, var. De surrigere (sur- SUR-2 + -rigere, comb. Forma de regere para dirigir, regla)]."[3]

Teniendo en cuenta esta definición y el origen de la palabra resurgimiento, creo profundamente que Dios desea avivar a la próxima generación ahora para que puedan levantarse, gobernar y dirigir o influenciar a sus compañeros y generaciones más jóvenes para que hagan lo mismo. De hecho, debo decir que en mis experiencias y observaciones personales, paternales y ministeriales, las generaciones jóvenes no son solo la "próxima generación", como entendiblemente, algunos las llamen. Si bien estoy de acuerdo en que son la próxima generación de todo tipo de profesionales e influyentes en nuestra nación y más allá, al mismo tiempo, creo sinceramente que también son la "generación de ahora" que tiene mucha más influencia en sus pares que los adultos jamás tendrá sobre ellos. Además, también me atrevería decir que el nivel de influencia que tienen en los niños más pequeños, que los estiman mucho, es comparable o incluso mayor que la influencia de algunos adultos. Por lo tanto, así va la "próxima generación", así va la siguiente generación que los sigue. Por eso, debemos tener un avivamiento ahora, porque nuestra salvación y la salvación de las generaciones más jóvenes dependen de ello en este momento presente en tiempo.

Pasando a la segunda razón relevante para el avivamiento ahora, consideremos que "Dios ha avivado a su pueblo antes y puede hacerlo otra vez". Esta razón se basa bíblicamente en Habacuc 3:1-5 que dice:

> *¹ Oración del profeta Habacuc. Según sigionot*
> *² SEÑOR, he sabido de tu fama;*
> *   tus obras, SEÑOR, me dejan pasmado.*
> *Realízalas de nuevo en nuestros días,*
> *   dalas a conocer en nuestro tiempo;*
> *   en tu ira, ten presente tu misericordia.*
> *³ De Temán viene Dios,*
> *   del monte de Parán viene el Santo.*
> *   Selah*
> *Su gloria cubre el cielo*
> *   y su alabanza llena la tierra.*
> *⁴ Su brillantez es la del relámpago;*
> *   rayos brotan de sus manos;*
> *   ¡tras ellos se esconde su poder!*
> *⁵ Una plaga mortal lo precede,*
> *   un fuego abrasador le sigue los pasos.*

Habacuc 3:1-5 NVI

Qué pasaje más interesante de las escrituras proféticas del Antiguo Testamento creo que puede conectarse con nuestros tiempos de pandemia global de COVID-19 de 2020. Vale la pena señalar que el profeta Habacuc vivió durante un tiempo en el que su nación de Israel no estaba obedeciendo a su Dios de Israel como debería haberlo hecho. En consecuencia, una de sus naciones enemigas, Babilonia, se aprovechó de su desobediencia y los atacó. Durante ese tiempo, Habacuc hizo al menos tres cosas que están registradas en el pasaje de las Escrituras que acabamos de leer. Lo primero que hizo fue orar a Dios. Lo segundo que hizo fue hacerle saber a Dios que había oído hablar de las poderosas obras de Dios en el pasado. La tercera cosa que hizo fue pedirle a Dios que avivara Su obra en medio de los años, basándose únicamente en Su misericordia. Como resultado, Dios respondió con Su gloria y poder, y interesantemente, una plaga pasó delante de Dios y una pestilencia siguió los pasos de Dios. Luego, en el resto de Habacuc 3, Dios juzgó al rey enemigo de Babilonia que había venido contra la nación de Habacuc, Israel.

Ahora, más de 2,600 años después, en 2020, me veo obligado a hacer una pregunta. ¿Se puede decir lo mismo de nuestra nación de los Estados Unidos de América, así como de una nación enemiga, y la plaga o pestilencia que ha paralizado a nuestra nación y las naciones del mundo? Quizás Dios nos está revelando que quiere que nuestra nación regrese a Él. Quizás, Dios desea que sus ministros en nuestra nación le oren por avivamiento ahora. Quizás, Dios anhela que nuestra nación mire a Él para responder con Su gran gloria y poder en medio de la plaga actual. Quizás, Dios planea lidiar con los enemigos que han venido contra nuestra nación. Quizás, Dios muy bien podría estar desatando un mensaje profético a nuestra nación y al Cuerpo de Jesucristo dentro de ella. Por lo tanto, ahora más que nunca, debemos entender que Dios ha avivado a otras generaciones en tiempos pasados, y Él misericordiosamente lo puede hacer otra vez en nuestro tiempo presente, especialmente en nuestra nación que necesita otro gran despertar.

Considere, en general, los Grandes Despertares o avivamientos anteriores de nuestra nación que ocurrieron en los años 1700, 1800 y 1900. Estos Grandes Despertares despertaron espiritualmente a la Iglesia, alcanzaron a los perdidos, influyeron a la sociedad, reformaron el gobierno, afectaron las instituciones educativas, promovieron la reconciliación racial y contribuyeron enormemente a la grandeza de nuestra nación. Aunque el objetivo de esta sección no es de ir profundo por cada uno de los avivamientos que han ocurrido en nuestra nación desde el 1700, señalaré, interesantemente, que el primer Gran Despertar en nuestra nación comenzó en sus inicios, hace aproximadamente 300 años, alrededor de 1720. La corriente de la primera gran ola de avivamiento que llegó a las costas de nuestra nación en el siglo de los años 1700 comenzó con un ministro y teólogo reformado alemán-americano holandés llamado Theodorus Jacobus Frelinghuysen, y ocurrió en el Valle Raritan de New Jersey. Ahora, cuando considero el momento del comienzo de la corriente de la primera ola espiritual de avivamiento y Gran Despertar en nuestra nación que sucedió en los años 20 del siglo pasado, no creo que sea casualidad. Tampoco creo que sea una coincidencia, considerando el hecho de que ahora estamos en los años 20 de nuestro siglo actual. Por lo contrario, percibo que se trata de un incidente de Dios en el que, por su gracia y misericordia, nos incita a buscarlo por un avivamiento en nuestro tiempo presente, porque ha sido fiel para avivar nuestra nación en tiempos pasados. A partir de 1720, fue entonces cuando el ministro Theodorus Frelinghuysen, como el profeta Habacuc, oró para que Dios avivara Su obra poderosa en medio de los años, y Dios lo hizo. Ahora, ¿qué pasaría si tú y yo oramos como Frelinghuysen y Habacuc? ¿Qué pasaría si tú y yo le creemos a Dios que si El avivo a nuestra nación en ese entonces, seguramente Él puede avivarla nuevamente? Creo que Dios lo puede hacer y creo que lo hará debido a su gran misericordia para con nosotros. Todo lo que tenemos que hacer es seguir el ejemplo de Habacuc. Dios ha avivado a su pueblo antes y puede hacerlo otra vez.

Pasemos ahora a la tercera razón relevante para el avivamiento y consideremos que "hemos llegado a un momento de misericordia". Esta razón se basa bíblicamente en el Salmo 85:4-7 que dice:

> *⁴ Restáuranos una vez más, Dios y Salvador nuestro;*
> *pon fin a tu disgusto con nosotros.*
> *⁵ ¿Vas a estar enojado con nosotros para siempre?*
> *¿Vas a seguir eternamente airado?*
> *⁶ ¿No volverás a darnos nueva vida,*
> *para que tu pueblo se alegre en ti?*
> *⁷ Muéstranos, SEÑOR, tu amor inagotable,*
> *y concédenos tu salvación.*
>
> *Salmo 85:4-7 RVR 1995*

En este pasaje, el salmista es hijo o descendiente de Core. Curiosamente, vale la pena señalar que Core, en Números 16, se rebeló contra Moisés y, en consecuencia, Dios lo mató a causa de su rebelión. Por consiguiente, uno de sus descendientes aprende una dura lección de la rebelión de Core, y en el Salmo 85 comienza a recordar cómo Dios en tiempos pasados: 1) mostró su favor a su pueblo, 2) restauró su fortuna, 3) perdonó sus iniquidades, 4) cubrió sus pecados, 5) hizo a un lado su ira, y 6) se apartó de su enojo feroz contra su pueblo que no vivía justo delante de Él. ¿Por qué estaba haciendo esta observación? Debido a que como descendiente de Core, existe una gran probabilidad de que se esté refiriendo a su testimonio de primera mano o a las historias transmitidas por las líneas generacionales de Core y el cambio soberano de Dios de una ira justa justificable a una expresión de gracia de misericordia para Su gente. Por lo tanto, el salmista le pide a Dios: 1) que los restaure nuevamente, 2) que no se enoje más con Su pueblo, y 3) que los aviva en su lugar, para que puedan volver a regocijarse en Él y recibir Su amor y salvación.

Aun, ¿por qué el salmista se acercaría a Dios de esta manera? Creo que es porque además de haber visto u oído personalmente cómo Dios había avivado a su pueblo en el pasado, el salmista comprendió que de vez en cuando, la humanidad llega a momentos de misericordia en los que debemos clamar a Dios por misericordia. Cuando considero cómo nuestro Dios ha sido tan bueno con nuestra nación en el pasado, pero todavía nos las hemos arreglado para desviarnos de Él y desobedecer Su palabra de varias maneras, como idolatría, inmoralidad, infidelidad, aborto, extorsión, corrupción, racismo y mucho más que está sucediendo en nuestra nación hasta el día de hoy, entiendo una verdad muy aleccionadora, pero alentadora, para nuestros Estados Unidos intoxicados por el pecado. Esta verdad misericordiosa es que aunque Dios tiene el derecho de juzgarnos a nosotros y a nuestra nación, en lugar de que Él lo haga y debido a Su gran favor, perdón y deseo de restaurarnos, podemos acercarnos a Su trono de gracia y clamar por misericordia hoy. Por lo tanto, eso es lo que debemos hacer en este año y en adelante, porque creo que hemos llegado a otro momento de misericordia.

Por eso, ahora más que nunca, debemos clamar a Dios por misericordia en el momento en que estamos. Cuando pienso en hacerlo y considero un ejemplo bíblico de tal clamor de misericordia, recuerdo a un hombre llamado Bartimeo, quien estaba en una gran y grave necesidad de misericordia según Marcos 10:46-52 que dice:

46 Entonces vinieron a Jericó; y al salir de Jericó él, sus discípulos y una gran multitud, Bartimeo, el ciego, hijo de Timeo, estaba sentado junto al camino, mendigando. 47 Al oír que era Jesús nazareno, comenzó a gritar:

—¡Jesús, Hijo de David, ten misericordia de mí!

48 Y muchos lo reprendían para que callara, pero él clamaba mucho más:

—¡Hijo de David, ten misericordia de mí!

49 Entonces Jesús, deteniéndose, mandó llamarlo; y llamaron al ciego, diciéndole:

—Ten confianza; levántate, te llama.

50 Él entonces, arrojando su capa, se levantó y vino a Jesús. 51 Jesús le preguntó:

—¿Qué quieres que te haga?

El ciego le dijo:
—Maestro, que recobre la vista.
[52] Jesús le dijo:
—Vete, tu fe te ha salvado.
Al instante recobró la vista, y seguía a Jesús por el camino.
Marcos 10:46-52 RVR 1995

En este pasaje de las Escrituras, vemos que el encuentro de Bartimeo con Jesucristo no estaba necesariamente en el itinerario del ministerio original de Jesús. Pero independientemente, Bartimeo clamó a Jesús por la restauración de su vista, que era en sí misma una forma de avivamiento por definición, considerando que el avivamiento es restauración a la vida. En este caso, Bartimeo necesitaba recibir la restauración de su vista. Aunque los discípulos de Jesús le dijeron a Bartimeo que se callara, él clamó a Jesús aún más por misericordia. Por lo tanto, debido a su continuo clamor de misericordia, Jesús se detuvo y finalmente le devolvió la vista.

Ahora en 2020, muchos líderes de nuestra nación y de todo el mundo han llamado comprensiblemente "el año de la visión 20/20" o algo por el estilo, creo que hemos llegado a un momento de misericordia durante el cual podemos clamar a Jesús que restauré nuestra visión o visión espiritual, especialmente cuando consideramos cómo la creciente pandemia global de COVID-19 y las tensiones raciales cada vez mayores en nuestra nación han cegado, hasta cierto punto, la previsión de nuestra nación y las naciones del mundo. La realidad es que la actual pandemia mundial y las tensiones raciales nacionales han cegado la visión de tantos líderes y grupos de personas en nuestra nación de una manera sin precedentes e incomparable. Hasta el punto de que, como nación, junto con las naciones de todo el mundo, estamos luchando por ver claramente cómo será nuestro futuro en los próximos meses, años y quizás incluso más allá de eso.

Por lo tanto, debemos ser como Bartimeo y clamar más a nuestro Señor por misericordia, aunque no la merezcamos según Isaías 64:6 que dice:

⁶pues todos nosotros somos como cosa impura,
todas nuestras justicias como trapo de inmundicia.
Todos nosotros caímos como las hojas
y nuestras maldades nos llevaron como el viento.
Isaías 64:6 RVR 1995

En este pasaje de las Escrituras, podemos ver espiritualmente que aunque nuestra justicia humana no merece que Jesucristo restaure o aviva nuestra visión, Él merece que nuestra visión de Él sea restaurada y avivada, para que podamos buscarlo claramente, como deberíamos. Todo lo que tenemos que hacer es humillarnos ante Aquel que es el Altísimo y Sublime, y Él nos avivara de acuerdo con Isaías 57:15 que dice:

Porque así dijo el Alto y Sublime,
el que habita la eternidad
y cuyo nombre es el Santo:
«Yo habito en la altura y la santidad,
pero habito también con el quebrantado y humilde de espíritu,
para reavivar el espíritu de los humildes
y para vivificar el corazón de los quebrantados."
Isaías 57:15 RVR 1995

Sí, nuestro Dios de avivamiento desea avivarnos mientras lo buscamos con humildad, porque como dije antes, creo de todo corazón que hemos llegado a un momento de misericordia.

Pasando a la cuarta razón relevante para el avivamiento ahora, consideremos que "tenemos una ventana de oportunidad". Esta razón se basa bíblicamente en Esdras 9:8-9 que dice:

⁸Ahora, por un breve momento, nos ha mostrado su misericordia Jehová, nuestro Dios, y ha hecho que nos quedara un resto libre, y nos ha dado un lugar seguro en su santuario. Así nuestro Dios ha iluminado nuestros ojos y nos ha dado un poco de vida en

medio de nuestra servidumbre. ⁹ Porque siervos somos; pero en
nuestra servidumbre no nos ha desamparado nuestro Dios, sino
que nos favoreció con su misericordia delante de los reyes de
Persia, para animarnos a levantar la casa de nuestro Dios,
restaurar sus ruinas y darnos protección en Judá y en Jerusalén.

Esdras 9:8-9 RVR 1995

En este pasaje, el sacerdote Esdras revela a través de su oración que hay una ventana de oportunidad para el avivamiento. En su caso, el pueblo de Israel había regresado recientemente, de estar exiliado en Babilonia, a Jerusalén, donde se estaban llevando a cabo la restauración del pueblo de Israel, la ciudad de Jerusalén y el templo. Como resultado, Esdras deja en claro que había: 1) un tiempo limitado de gracia y misericordia disponible, 2) un remanente que Dios había perdonado, 3) una iluminación de los ojos para que Su pueblo pudiera ver claramente, y 4) una medida de avivamiento en medio de su servidumbre. Todo esto se hizo colectivamente para que sirviera el propósito de que el pueblo de Dios volviera a enfocar su atención en la reconstrucción del templo de Dios, la ciudad de Jerusalén y el pueblo de Israel.

Ahora en este año 2020, que numéricamente puede representar una visión 20/20 y, por lo tanto, estar conectado con la importancia de la vista o la iluminación, considerando los principales efectos negativos del COVID-19 y las crecientes tensiones raciales en las vidas, la salud y la riqueza de nuestra nación y más allá, creo que Dios nos está diciendo a través de Su palabra que hemos recibido una ventana de oportunidad. Esta oportunidad es una de Su gran gracia y misericordia para que nosotros, como Su remanente, podamos recuperar nuestra visión espiritual y ver que de hecho hay una medida de avivamiento ahora disponible para nosotros. Creo que este es el caso, incluso en medio de la reciente servidumbre que experimentamos a principios de este año por las órdenes de refugio en el lugar emitidas en toda nuestra nación y en todo el mundo.

Así como fue en el tiempo de Esdras para que él y el pueblo remanente de Dios vieran y aprovecharan la ventana de oportunidad bondadosa y misericordiosa que Dios les estaba presentando, creo que podemos aprovechar la misma ventana de oportunidad bondadosa y misericordiosa que Dios nos está dando. Por lo tanto, cuando lo hagamos podremos regresar a Él, enfocarnos en reconstruir Su casa espiritual en nuestra nación y asegurar nuestras fronteras espirituales para que el ataque de enemigos pasados e incluso futuros no puedan atacarnos con éxito nuevamente en los días venideros. Por esta razón, debemos aprovechar la oportunidad actual para el avivamiento ahora.

De lo contrario, si no lo aprovechamos, también podríamos perderlo, porque es muy posible que estemos viviendo en un momento de "ahora o nunca". Uno de los mayores ejemplos de este tipo de momento se registra en Lucas 19, cuando unos 500 o más años después de que Esdras está en Jerusalén, Jesucristo entra en la misma ciudad, rodeada por muros similares, con un templo similar y gente en general. Considere Lucas 19:41-44 que dice:

> *41 Cuando llegó cerca de la ciudad, al verla, lloró por ella, 42 diciendo:*
> *—¡Si también tú conocieras, a lo menos en este tu día, lo que es para tu paz! Pero ahora está encubierto a tus ojos. 43 Vendrán días sobre ti cuando tus enemigos te rodearán con cerca, te sitiarán y por todas partes te estrecharán; 44 te derribarán a tierra y a tus hijos dentro de ti, y no dejarán en ti piedra sobre piedra, por cuanto no conociste el tiempo de tu visitación.*
> *Lucas 19:41-44 RVR 1995*

En este pasaje de las Escrituras, desafortunadamente, vemos que debido a que muchos de los judíos de ese tiempo en Jerusalén no reconocieron su gran oportunidad, misericordiosa y llena de gracia, hubo graves consecuencias que afectaron negativamente al pueblo judío, la tierra de Israel, la ciudad de Jerusalén, el templo de Dios, y más. Por lo tanto, debemos aprender de los tiempos de Esdras y Jesús y aprovechar esta oportunidad para el avivamiento ahora. De hecho, creo que debemos buscar a Dios para una visitación divina misericordiosa y llena de gracia, y esperar recibirla de Él. Cuando lo hagamos, no solo nos la concederá fielmente, sino que creo que también nos regalará gloriosamente una morada divina de Su gloria y poder de acuerdo con Apocalipsis 3:20-21 que dice:

> *²⁰ Yo estoy a la puerta y llamo; si alguno oye mi voz y abre la puerta, entraré a él y cenaré con él y él conmigo. ²¹ Al vencedor le concederé que se siente conmigo en mi trono, así como yo he vencido y me he sentado con mi Padre en su trono.*
>
> *Apocalipsis 3:20-21 RVR 1995*

Aquí vemos que Jesucristo le da a Su pueblo la maravillosa y gloriosa esperanza de que no solo podemos reconocer la ventana de oportunidad que Él nos presenta, la cual puede resultar en una visitación divina de Él. Pero aún más grande que eso, podemos pasar de experimentar una visitación divina a permanecer en una morada divina con Él en Su gloriosa presencia. Por eso, ahora más que nunca, debemos darnos cuenta de que existe una ventana de oportunidad.

Por último, pero ciertamente no menos importante, pasemos ahora a la quinta y última razón relevante para el avivamiento, y consideremos que "la historia se está haciendo para el próximo gran despertar". Las bases bíblicas por esta razón están en Efesios 5:14 y Hechos 17:26-27 en donde el Apóstol Pablo dice lo siguiente a la Iglesia en Éfeso y luego a la gente en Atenas:

> *¹⁴ Por lo cual dice:*
> *Despiértate, tú que duermes,*
> *y levántate de los muertos,*
> *y te alumbrará Cristo.*
>
> *Efesios 5:14 RVR 1995*

> *²⁶ De un solo hombre hizo todas las naciones para que habitaran toda la tierra; y determinó los períodos de su historia y las fronteras de sus territorios. ²⁷ Esto lo hizo Dios para que todos*

lo busquen y, aunque sea a tientas, lo encuentren. En verdad, él no está lejos de ninguno de nosotros.

Hechos 17:26-27 NVI

En estos pasajes de las Escrituras, el apóstol Pablo revela en Efesios 5:14 que durante un tiempo en el que los cristianos de Éfeso estaban rodeados de tanta oscuridad espiritual, que incluía idolatría, inmoralidad, impureza, codicia, perversión, carácter corrupto y otras situaciones importantes del pecado, los creyentes necesitaban despertar espiritualmente, levantarse y encenderse para vencer la oscuridad que los rodeaba con la luz de Jesucristo sobre ellos. Solo así podría la historia hacerse para el próximo gran despertar de su tiempo. Además, en Hechos 17:26-27, el apóstol Pablo les dice a los agnósticos en Atenas que el Dios desconocido al que habían construido un altar de adoración era en verdad su Dios y Señor Jesucristo. Pablo también les dice que fue su Dios quien creó a toda la humanidad y las naciones de la tierra, a lo largo de la historia del mundo, con la esperanza de que lo buscarían y lo encontrarían.

Ahora, cuando considero 2020 y nuestra nación, junto con las naciones del mundo, desafortunadamente por un lado, tengo que admitir dolorosamente que hoy estamos enfrentando tiempos similares llenos de mucha de la misma oscuridad espiritual que exige severamente que la Iglesia despierte espiritualmente, se levante y se encienda. En adición, cuando considero el creciente número de agnósticos en toda nuestra nación y en todo el mundo, tengo que confesar contritamente que en nuestros tiempos actuales estamos lidiando con una era llena de la misma adoración idólatra de lo desconocido que exige gravemente que el Cuerpo de Cristo se despierte, se levante y brille en Cristo. Sin embargo, por otro lado, proclamo proféticamente y anuncio apostólicamente, con la más profunda de las convicciones bíblicas y espirituales, que la historia se está haciendo para el próximo Gran Despertar de nuestro tiempo. Esta declaración divina no es solo para este año, sino también para esta próxima década.

De hecho, estoy creyendo, orando y esperando ver en la próxima década un gran despertar, un gran levantamiento y una gran iluminación del tipo que solo Dios y Jesucristo pueden proporcionar. Por lo tanto, declaro un gran despertar global, porque los cristianos necesitamos despertar de nuestro sueño espiritual y estado de coma. Declaro un gran levantamiento mundial, porque los cristianos debemos levantarnos contra el reino de las tinieblas y todos sus planes malvados; y declaro una gran iluminación mundial, porque los cristianos necesitamos influir en las instituciones educativas con los principios del reino de los cielos, de la Palabra de Dios y con el conocimiento de la gloria del Señor. Me atrevo a declarar humanamente esta triple declaración divina, debido a la profunda convicción bíblica que siento espiritualmente de nuestro gran Dios, nuestro Señor Jesucristo, Su Espíritu Santo y la autoridad de Su palabra.

De hecho, creo de todo corazón que estamos en un día profético, apostólico y divino para el Cuerpo de Cristo en el que la historia será hecha por el Cristo de Su cuerpo. Permítame explicarle. Así como Efesios 5:14 revela la gran importancia para los creyentes despertarse, levantarse y encenderse, hay un toque de clarín complementario en la escritura profética del Antiguo Testamento de Oseas 6:2 que dice:

² Después de dos días nos dará vida;
  al tercer día nos levantará,
  y así viviremos en su presencia.

Oseas 6:2 RVR 1995

Este versículo bíblico se volvió de gran importancia para mí en 1999-2000 cuando mi pastor, en ese tiempo, Rev. Samuel Rodríguez, Jr., comenzó a predicar una serie de mensajes proféticamente profundos y poderosos sobre los "cristianos del tercer día". Comenzó a predicarlo en Staten Island, New York, en Centro de Adoración del Tercer Día, donde estaba pastoreando en ese momento. Fue allí donde me había honrado con la gran oportunidad de servir como uno de sus Pastores Asociados, Pastor de Adoración, y luego como su Co-Pastor. Durante esa temporada de ministerio, el Pastor Rodríguez también me otorgó el privilegio de ayudarlo a escribir a maquinilla y contribuir levemente en su libro "¿Es Usted Un Cristiano del Tercer Día?" (publicado en el 2000 por Casa Creación (Creation House)). Además, también me concedió el honor de viajar con él como su traductor y líder de alabanza por toda nuestra nación, Puerto Rico y Centroamérica. Por consiguiente, por la gran revelación que Dios le había revelado al Pastor Rodríguez acerca del tercer día para el Cuerpo de Cristo, tuve la gran bendición de poder aprender de todo lo que el Señor le estaba mostrando, especialmente porque yo era su traductor en ese momento. Algunas de las grandes ideas que aprendí de esta experiencia ministerial de primera mano con respecto al tercer día del Cuerpo de Cristo fue que en Oseas 6:2, el profeta reveló que llegaría un día en el que Dios avivaría, resucitaría y causaría a su pueblo vivir en Su presencia.

Ahora, aunque comprendo completamente que esta palabra se aplica primero a la promesa profética de Dios a su amada nación de Israel y a su querido pueblo judío, también comprendo que a través de la sangre judía de su Hijo Unigénito, Jesucristo, que nos ha injertado a los cristianos gentiles al olivo espiritual que Dios comenzó con Abraham y continuó con el pueblo judío, también se aplica a nosotros que hemos creído en Jesucristo por fe de la misma manera que Abraham creyó en Dios. Interesantemente, esta promesa profética habla de cierto día que se aplica tanto a Israel como a la Iglesia. Ese día es el día después del segundo día, que es el tercer día.

Con eso en mente, para que podamos entender lo que esto significa claramente, nos ayudaría a considerar lo que dijo el apóstol Pedro en 2 Pedro 3:8 que dice:

> [8] *Pero no olviden, queridos hermanos, que para el Señor un día es como mil años, y mil años como un día.*
>
> *2 Pedro 3:8 RVR 1995*

Según esta escritura, si un día para el Señor es como mil años y viceversa, entonces desde el tiempo de la muerte, sepultura y resurrección de Jesucristo, el Cuerpo de Cristo ha existido durante aproximadamente 2,000 años o dos días. Además, desde que comenzamos un nuevo milenio hace 20 años, entonces el mismo Cuerpo colectivo de Cristo está en su tercer milenio, también conocido como el tercer día. Ahora, cuando consideramos los muchos sucesos del tercer día registrados a lo largo de la Biblia, podemos descubrir que fueron muy históricos y provocaron grandes despertares en sus respectivos tiempos.

Algunos ejemplos, solo por nombrar algunos, son:

- Abraham ofrece a Isaac en el altar al tercer día y Dios le devuelve a Isaac en el monte Moriah,
- Ester se presentó ante el rey Asuero al tercer día y obtuvo el favor de él para poder librar al pueblo judío de Persia.
- Jonás fue vomitado del vientre de la ballena al tercer día para poder administrar el arrepentimiento y el avivamiento a toda la ciudad de Nínive.
- Realización del primer milagro terrenal de Jesús en el que Él transformó el agua en vino al tercer día en demostración de Su gloria en Caná de Galilea.
- Y la lista sigue y sigue…

Pero la mayor ocurrencia del tercer día, sin ninguna duda, fue y siempre será Jesucristo mismo resucitando de entre los muertos y conquistando a Satanás, el pecado, la muerte, el infierno y la tumba, para que Él pudiera ofrecernos la vida eterna a todos nosotros, quien elegiría ser salvo al invocar Su nombre, especialmente ahora en nuestro presente tercer día milenario.

Por lo tanto, realmente creo que estamos en el día de avivamiento histórico, profético y apostólico más grande que haya estado el Cuerpo de Cristo. De hecho, realmente creo que pronto veremos la historia hacerse para el próximo gran despertar. Nuestro tercer día está completamente aquí, y es hora de que seamos avivados con Cristo, resucitados con Cristo y estemos sentados con Cristo en los lugares celestiales según Efesios 2:4-6 y Hechos 17:28 que dicen:

⁴ Pero Dios, que es rico en misericordia, por su gran amor con que nos amó, ⁵ aun estando nosotros muertos en pecados, nos dio vida juntamente con Cristo (por gracia sois salvos). ⁶ Juntamente con él nos resucitó, y asimismo nos hizo sentar en los lugares celestiales con Cristo Jesús,

Efesios 2:4-6 RVR 1995

²⁸ "puesto que en él vivimos, nos movemos y existimos". Como algunos de sus propios poetas griegos han dicho: "De él somos descendientes".

Hechos 17:28 NVI

En estos pasajes de las Escrituras, podemos comprender plenamente que en este tercer día, el Cuerpo de Jesucristo en nuestra nación y en todo el mundo, vive en Cristo, se mueve en Cristo y tiene su ser en Cristo. Por lo tanto, creemos colectivamente que la historia se está haciendo para el próximo gran despertar, y que nunca olvidemos que lo que Dios está a punto de hacer épicamente en la tierra no se trata de ningún hombre de Dios, ministerio de Dios, ni movimiento de Dios. En cambio, ha sido y siempre será sobre el Mesías enviado por Dios, como claramente lo describe Marcos 9:1-8 que dice:

¹ También les dijo:
—De cierto os digo que algunos de los que están aquí no gustarán la muerte hasta que hayan visto que el reino de Dios ha venido con poder.
² Seis días después, Jesús tomó a Pedro, a Jacobo y a Juan, y los llevó aparte solos a un monte alto. Allí se transfiguró delante de ellos. ³ Sus vestidos se volvieron resplandecientes, muy blancos, como la nieve, tanto que ningún lavador en la tierra los puede dejar tan blancos. ⁴ Y vieron a Elías y a Moisés que hablaban con Jesús. ⁵ Entonces Pedro dijo a Jesús:
—¡Maestro, bueno es para nosotros que estemos aquí! Hagamos tres enramadas: una para ti, otra para Moisés y otra para Elías.

⁶ No sabía lo que hablaba, pues estaban asustados. ⁷ Entonces vino una nube que les hizo sombra, y desde la nube una voz que decía: «Éste es mi Hijo amado; a él oíd.» ⁸ Y luego, cuando miraron, no vieron a nadie más con ellos, sino a Jesús solo.

Marcos 9:1-8 RVR 1995

Aquí vemos que tal como sucedió en los tiempos del Nuevo Testamento, durante nuestros tiempos posmodernos actuales, Jesucristo debe ser el único a quien elevemos, para que toda la humanidad pueda ser atraída a Él, tal como Él mismo lo declaró en Juan 12:32 que dice:

³² Y yo, cuando sea levantado de la tierra, a todos atraeré a mí mismo.

Juan 12:32 RVR 1995

Por lo tanto, exaltemos a Jesucristo sobre todo y estemos preparados para ver a toda la humanidad que invoca Su nombre ser salva, liberada, sanada y mucho más por la gracia de Dios y para Su gloria a través de la fe en Cristo.

Ahora que hemos entendido las cinco razones relevantes para el avivamiento, le animo a que siga leyendo este libro y se prepare para descubrir en el próximo capítulo lo que debemos hacer para posicionarnos en Cristo para que podamos recibir un Pentecostés personal de Él. La historia se está haciendo para el próximo gran despertar, ¡y hay más que una relevante razón para que Dios desate avivamiento ahora a nosotros y a través de nosotros a todos los que nos rodean!

CAPÍTULO 6
LOS RUDIMENTOS REVERENTES

En 2010, una de las lecciones más grandes que aprendí al pasar de una temporada de depresión a una temporada de avivamiento, fue la realidad de que simplemente desear tener un avivamiento en mi vida no era suficiente. También necesitaba descubrir profundamente que hay rudimentos reverentes para el avivamiento que Dios requiere de una vida que busca ser avivada. Sin embargo, dado que las palabras reverente y rudimento no son palabras que el ser humano de promedio usa en su lengua vernácula, es posible que se esté haciendo las siguientes preguntas: "¿Qué significa la frase 'rudimentos reverentes'?" "¿Qué son los 'rudimentos reverentes' para el avivamiento según la Biblia?" "¿Por qué son tan importantes?" Para responder a estas tres preguntas, consideremos primero la palabra de Dios en Hechos 1:1-8, 12-20 y Hechos 2:1 que dicen:

> *¹ En mi primer escrito, Teófilo, me referí a todas las cosas que Jesús hizo y enseñó desde el comienzo ² hasta el día en que fue recibido arriba, después de haber dado mandamientos por el Espíritu Santo a los apóstoles que había escogido. ³ A ellos*

también, después de haber padecido, se presentó vivo con muchas pruebas indubitables, apareciéndoseles durante cuarenta días y hablándoles acerca del reino de Dios.
⁴ Y estando juntos, les ordenó:
—No salgáis de Jerusalén, sino esperad la promesa del Padre, la cual oísteis de mí, ⁵ porque Juan ciertamente bautizó con agua, pero vosotros seréis bautizados con el Espíritu Santo dentro de no muchos días.
⁶ Entonces los que se habían reunido le preguntaron, diciendo:
—Señor, ¿restaurarás el reino a Israel en este tiempo?
⁷ Les dijo:
—No os toca a vosotros saber los tiempos o las ocasiones que el Padre puso en su sola potestad; ⁸ pero recibiréis poder cuando haya venido sobre vosotros el Espíritu Santo, y me seréis testigos en Jerusalén, en toda Judea, en Samaria y hasta lo último de la tierra."

¹² Entonces volvieron a Jerusalén desde el monte que se llama del Olivar, el cual está cerca de Jerusalén, camino de un sábado. ¹³ Cuando llegaron, subieron al aposento alto, donde se alojaban Pedro y Jacobo, Juan, Andrés, Felipe, Tomás, Bartolomé, Mateo, Jacobo hijo de Alfeo, Simón el Zelote y Judas hermano de Jacobo. ¹⁴ Todos estos perseveraban unánimes en oración y ruego, con las mujeres, y con María la madre de Jesús, y con sus hermanos.
¹⁵ En aquellos días Pedro se levantó en medio de los hermanos (los reunidos eran como ciento veinte en número), y dijo:
¹⁶ —Hermanos, era necesario que se cumpliera la Escritura que el Espíritu Santo, por boca de David, había anunciado acerca de Judas, que fue guía de los que prendieron a Jesús, ¹⁷ y era contado con nosotros y tenía parte en este ministerio. ¹⁸ Éste, pues, que había adquirido un campo con el salario de su iniquidad, cayó de cabeza y se reventó por la mitad, y todas sus entrañas se derramaron. ¹⁹ Y fue notorio a todos los habitantes

de Jerusalén, de tal manera que aquel campo se llama en su propia lengua, Acéldama (que significa "Campo de sangre"), [20] porque está escrito en el libro de los Salmos:
"Sea hecha desierta su habitación
y no haya quien more en ella", y:
"Tome otro su oficio.."

Hechos 1:1-8, 12-20 RVR 1995

[1] *Cuando llegó el día de Pentecostés estaban todos unánimes juntos.*

Hechos 2:1 RVR 1995

En estos pasajes de las Escrituras, relacionados con el avivamiento que comenzó en el aposento alto y que condujo al Día de Pentecostés y más allá, podemos comenzar a descubrir los rudimentos reverentes para el avivamiento. Sin embargo, antes de identificarlos específicamente, consideremos primero las definiciones de "reverente", "reverencia" y "rudimento", para ayudarnos en nuestro descubrimiento de los rudimentos reverentes para el avivamiento:

- Reverente: sentimiento, exhibición o caracterizado por reverencia; profundamente respetuoso.
- Reverencia: sentimiento o actitud de profundo respeto teñido de asombro; veneración.
- Rudimento: los elementos o primeros principios de un tema; un mero comienzo; fundación; base.

Cuando consideramos estas definiciones de estas palabras y luego las unimos, creo que los "rudimentos reverentes" para el avivamiento son los principios elementales respetados bíblicamente y los fundamentos básicos arraigados en la Biblia que se requieren para que experimentemos el avivamiento en nuestras vidas. De hecho, estos rudimentos reverentes son tan importantes que si no los tenemos en su lugar en nuestras vidas, lamentablemente experimentaremos todo lo contrario del avivamiento, que sería la pérdida de vida o la destrucción de nuestras vidas. Esto está respaldado por las Escrituras cuando consideramos Salmo 11:3 y Mateo 7:24-29 que dicen:

> *3 Si son destruidos los fundamentos,*
> *¿qué puede hacer el justo?*
>
> *Salmo 11:3 RVR 1995*

> *24 A cualquiera, pues, que me oye estas palabras y las pone en práctica, lo compararé a un hombre prudente que edificó su casa sobre la roca. 25 Descendió la lluvia, vinieron ríos, soplaron vientos y golpearon contra aquella casa; pero no cayó, porque estaba cimentada sobre la roca. 26 Pero a cualquiera que me oye estas palabras y no las practica, lo compararé a un hombre insensato que edificó su casa sobre la arena. 27 Descendió la lluvia, vinieron ríos, soplaron vientos y dieron con ímpetu contra aquella casa; y cayó, y fue grande su ruina.*
> *28 Cuando terminó Jesús estas palabras, la gente estaba admirada de su doctrina, 29 porque les enseñaba como quien tiene autoridad y no como los escribas.*
>
> *Mateo 7:24-29 RVR 1995*

Debemos asegurarnos de tener rudimentos reverentes para el avivamiento en nuestras vidas para evitar ser destruidos y quebrantados. En cambio, debemos estar bien construidos y levantados sobre el fundamento sólido de los principios del Reino de Dios, que estaban en su lugar en el aposento alto que conducía al avivamiento en Pentecostés. Después de todo, nuestro Pentecostés tiene un costo personal. Qué significa eso? Significa que aunque nuestra salvación divina es de hecho un don gratuito que Jesucristo pagó en la cruz para cada persona que invoca Su nombre, Cristo todavía nos llama a todos nosotros como creyentes a pagar un costo personal por nuestro Pentecostés, también conocido como avivamiento. Este costo personal de Pentecostés sirve para que nos posicionemos ante Él y en Él, para que podamos recibir fácilmente el Espíritu Santo prometido que Él y nuestro Padre Celestial han puesto a nuestra disposición. De hecho, este principio de pagar el costo de nuestro Pentecostés se puede ver claramente en varios pasajes bíblicos como Lucas 9:23; 1 Corintios 15:31 y Gálatas 2:20 que dicen:

> *²³ Y decía a todos:*
> *—Si alguno quiere venir en pos de mí, niéguese a sí mismo, tome su cruz cada día y sígame."*
>
> *Lucas 9:23 RVR 1995*

> *³¹ Os aseguro, hermanos, por la gloria que de vosotros tengo en nuestro Señor Jesucristo, que cada día muero.*
>
> *1 Corintios 15:31 RVR 1995*

> *²⁰ Con Cristo estoy juntamente crucificado, y ya no vivo yo, mas vive Cristo en mí; y lo que ahora vivo en la carne, lo vivo en la fe del Hijo de Dios, el cual me amó y se entregó a sí mismo por mí.*
>
> *Gálatas 2:20 RVR 1995*

Cada uno de estos pasajes bíblicos del Nuevo Testamento nos recuerda que Jesucristo mismo y el apóstol Pablo nos llama a cada uno de nosotros a tomar espiritualmente nuestra cruz a diario, morir diariamente a nuestra vieja naturaleza y ser crucificados con Cristo. En otras palabras, en Cristo, nosotros también debemos pagar un precio. Para probar aún más el punto de que nuestro Pentecostés tiene un costo personal, debemos recordar que en los libros de Éxodo, Números y Levítico del Antiguo Testamento, Dios le reveló al Profeta Moisés que los israelitas debían cumplir con ciertos requisitos básicos, elementales y fundamentales. De hecho, había rudimentos reverentes que Dios los llamó específicamente a implementar en sus vidas en preparación para que celebraran las fiestas que Él instituyó a través de Moisés. Estos festivales incluían la Fiesta de Pentecostés, también conocida como la

Fiesta de la Cosecha o Fiesta de las Semanas, que comenzó por primera vez en el Antiguo Testamento. Por lo tanto, consideremos Éxodo 23:16, Éxodo 34:22, Números 28:26 y Levítico 23:16 que dicen:

¹⁶ También la fiesta de la Siega, los primeros frutos de tus labores, de lo que hayas sembrado en el campo;
Éxodos 23:16a RVR 1995

²² "También celebrarás la fiesta de las Semanas, la de las primicias de la cosecha del trigo,
Éxodos 34:22a RVR 1995

²⁶ Además, el día de las primicias, cuando presentéis la ofrenda de los nuevos frutos a Jehová en la fiesta de las Semanas, tendréis santa convocación: ninguna obra de siervos haréis.
Números 28:26 RVR 1995

¹⁶ Hasta el día siguiente al séptimo sábado contaréis cincuenta días; entonces ofreceréis el nuevo grano a Jehová.
Levítico 23:16 RVR 1995

Dado que la primera fiesta de Pentecostés se celebró 50 días después de la primera Pascua, durante la temporada de la cosecha del grano de trigo, que normalmente tiene lugar en el calendario gregoriano a fines de mayo o principios de junio, Dios le ordenó a Moisés que les dijera a los israelitas que prepararan una ofrenda de primicias de grano de trigo para que cada uno de ellos lo entregara en sacrificio al Señor. ¿Por qué? Porque Pentecostés requirió un costo personal de todos.

Por lo tanto, así como lo hicieron los israelitas del Antiguo Testamento y los judíos del Nuevo Testamento, en el principio bíblico, cada uno de nosotros también debemos hacer nuestra parte espiritual para nuestro Pentecostés espiritual personal. A esto lo llamo "obtener una alineación para la asignación", y la perspicacia correspondiente está directamente relacionada con que nuestros vehículos obtengan una alineación de ruedas para la asignación de transportarnos de un lugar a otro. Esto significa que antes de que podamos recibir el mover de Dios para luego movernos con Dios, primero debemos movernos a un lugar delante de Dios, para que podamos avanzar hacia los lugares y propósitos que Dios ha preparado para nosotros. La razón de esto es porque Dios requiere que lo hagamos en preparación para recibir Su poder de avivamiento de Pentecostés.

Ahora, debido a que Dios es extremadamente bueno con nosotros, también proporciona un incentivo celestial extraordinario para que apliquemos estos costos personales espirituales para un Pentecostés espiritual en nuestras vidas. Este incentivo no solo nos alinea con lo que Dios nos ha asignado que experimentemos aquí en la tierra, sino que también nos prepara para ascender espiritualmente de una experiencia en el aposento alto a un encuentro celestial en el trono de Dios. Por supuesto, este último es mucho mejor que el primero. Para ayudarnos a entender esto bíblica y espiritualmente, debemos considerar Efesios 2:4-7 y Apocalipsis 4:1-2 que dicen:

> [4] *Pero Dios, que es rico en misericordia, por su gran amor con que nos amó,* [5] *aun estando nosotros muertos en pecados, nos dio vida juntamente con Cristo (por gracia sois salvos).* [6] *Juntamente con él nos resucitó, y asimismo nos hizo sentar en los lugares celestiales con Cristo Jesús,* [7] *para mostrar en los siglos venideros las abundantes riquezas de su gracia en su bondad para con nosotros en Cristo Jesús.*
>
> *Efesios 2:4-7 RVR 1995*

> [1] *Después de esto miré, y vi que había una puerta abierta en el cielo. La primera voz que oí era como de una trompeta que, hablando conmigo, dijo: «¡Sube acá y yo te mostraré las cosas que sucederán después de éstas!»*
> [2] *Al instante, estando yo en el Espíritu, vi un trono establecido en el cielo, y en el trono, uno sentado.*
>
> *Apocalipsis 4:1-2 RVR 1995*

A partir de estos pasajes de las Escrituras, podemos descubrir que cuando pasamos de las experiencias del aposento alto a los encuentros con Dios en Su trono, entonces podemos ir más allá de recibir descargas divinas en la tierra de nuestro Señor en el cielo a participar también en cargas espirituales de la tierra a los cielos por nuestro Señor Jesucristo y su reino celestial. Por lo tanto, las cargas espirituales se vuelven accesibles para una multitud de compañeros creyentes, más allá de nosotros, que también están accediendo a los reinos celestiales en Cristo desde toda nuestra nación y en toda la tierra. Este incentivo celestial para pagar el costo de un Pentecostés personal, en principio, es especialmente evidente en la vida de los apóstoles Juan y Pablo, quienes no solo experimentaron la presencia de Dios en la tierra, sino que también encontraron la gloria de Dios en el cielo, según Apocalipsis 1:9-10 y 2 Corintios 12:1-4 que dicen:

⁹ Yo, Juan, vuestro hermano y compañero en la tribulación, en el reino y en la perseverancia de Jesucristo, estaba en la isla llamada Patmos, por causa de la palabra de Dios y del testimonio de Jesucristo. ¹⁰ Estando yo en el Espíritu en el día del Señor oí detrás de mí una gran voz, como de trompeta,

Apocalipsis 1:9-10 RVR 1995

¹ Ciertamente no me conviene gloriarme, pero me referiré a las visiones y a las revelaciones del Señor. ² Conozco a un hombre en Cristo que hace catorce años (si en el cuerpo, no lo sé; si fuera del cuerpo, no lo sé; Dios lo sabe) fue arrebatado hasta el tercer cielo. ³ Y conozco al tal hombre (si en el cuerpo, o fuera del cuerpo, no lo sé; Dios lo sabe), ⁴ que fue arrebatado al paraíso, donde oyó palabras inefables que no le es dado al hombre expresar.

2 Corintios 12:1-4 RVR 1995

Además, es sumamente importante notar que solo en Jesucristo, y solo por Su invitación a nosotros, podemos elevarnos espiritualmente por encima del tiempo y el espacio para sentarnos con Él y nuestro Padre Celestial, donde están sentados en sus tronos de gracia y gloria, gobernando y reinando en una eternidad ahora, según Apocalipsis 3:21 y Colosenses 3:1-4 que dicen:

> [21] *Al vencedor le concederé que se siente conmigo en mi trono, así como yo he vencido y me he sentado con mi Padre en su trono.*
>
> *Apocalipsis 3:21 RVR 1995*

> [1] *Si, pues, habéis resucitado con Cristo, buscad las cosas de arriba, donde está Cristo sentado a la diestra de Dios.* [2] *Poned la mira en las cosas de arriba, no en las de la tierra,* [3] *porque habéis muerto y vuestra vida está escondida con Cristo en Dios.* [4] *Cuando Cristo, vuestra vida, se manifieste, entonces vosotros también seréis manifestados con él en gloria.*
>
> *Colosenses 3:1-4 RVR 1995*

Es allí, en el trono celestial de Dios, y en Cristo Jesús, donde podemos acceder espiritualmente todo lo que Él ya ha puesto a nuestra disposición en los lugares celestiales, para que luego podamos manifestarlo y demostrarlo aquí en la tierra. De hecho, creo que Jesucristo hizo que el acceso al trono estuviera disponible para el apóstol Pedro, antes de que Cristo lo hiciera disponible para los apóstoles Juan y Pablo. Creo esto, porque Jesucristo primero entregó las llaves del reino de los cielos a Pedro, según Mateo 16: 18-19 que dice:

> [18] *Y yo también te digo que tú eres Pedro, y sobre esta roca edificaré mi iglesia, y las puertas del Hades no la dominarán.* [19] *Y a ti te daré las llaves del reino de los cielos: todo lo que ates en la tierra será atado en los cielos, y todo lo que desates en la tierra será desatado en los cielos.*

Mateo 16:18-19 RVR 1995

Con eso en mente, dado que nuestro Padre Celestial no hace acepción de personas, también creo que, solo en Cristo Jesús, Él también lo ha puesto a disposición a usted y a mí en nuestros tiempos posmodernos. Todo lo que tenemos que hacer es pagar el costo de nuestro Pentecostés personal aplicando los rudimentos reverentes para el avivamiento en nuestras vidas. Cuando lo hagamos, entonces podremos prepararnos para elevarnos espiritualmente a alturas más altas en Jesucristo y ver Su Espíritu derramado sobre y a través de nuestras vidas como nunca antes. Entonces, ¿cuáles son los rudimentos reverentes para el avivamiento de acuerdo con Hechos 1:1-8, 1:12-20 y 2:1 que leímos al comienzo de este capítulo? Los cinco rudimentos para el avivamiento son:

1. ORACIÓN
2. AYUNO
3. ADORACIÓN
4. VIVIR SEGÚN LA PALABRA DE DIOS
5. UNIDAD

Ahora, debido a que cada uno de estos rudimentos reverentes para el avivamiento merecen legítimamente nuestra atención enfocada en cada uno de ellos, en lugar de cubrirlos todos en el próximo capítulo, tomaré intencionalmente los siguientes cinco capítulos para enfocarme en cada uno de ellos individualmente. Juntos, revelarán colectivamente cómo podemos personalmente pagar el costo de nuestro Pentecostés personal, que puede resultar en un Pentecostés corporativo para todos. Por lo tanto, únase a mí en el próximo capítulo para descubrir todo sobre el primer rudimento reverente para el avivamiento, que es la oración. Se está haciendo la historia para el próximo gran despertar, ¡y es hora de que apliquemos a nuestras vidas los rudimentos reverentes del avivamiento que nos posicionarán para recibir avivamiento ahora!

CAPÍTULO 7
EL RUDIMENTO DE LA ORACIÓN

Cuando considero la palabra de Dios como se relaciona de manera relevante y reverente con el avivamiento que experimentó la iglesia primitiva en el Día de Pentecostés, junto con mi experiencia personal del avivamiento, creo que el primero de los cinco rudimentos del avivamiento es la oración. Este rudimento se basa bíblicamente en Hechos 1:12-14, además de muchos otros pasajes de las Escrituras que compartiré en este capítulo. Considera lo siguiente:

> *12 Entonces volvieron a Jerusalén desde el monte que se llama del Olivar, el cual está cerca de Jerusalén, camino de un sábado. 13 Cuando llegaron, subieron al aposento alto, donde se alojaban Pedro y Jacobo, Juan, Andrés, Felipe, Tomás, Bartolomé, Mateo, Jacobo hijo de Alfeo, Simón el Zelote y Judas hermano de Jacobo. 14 Todos estos perseveraban unánimes en oración y ruego, con las mujeres, y con María la madre de Jesús, y con sus hermanos.*
>
> *Hechos 1:12-14 RVR 1995*

En este pasaje de las Escrituras, vemos que una de las primeras cosas que Pedro y los 120 discípulos hicieron al prepararse y posicionarse para recibir un avivamiento en el Día de Pentecostés fue orar. Pasajes bíblicos adicionales prueban cuán extremadamente importante es la oración, para que haya avivamiento en nuestras vidas. Uno de ellos está registrado en Mateo 6:5-13, donde nuestro Señor Jesucristo mismo dice lo siguiente a los doce discípulos con quienes inició Su ministerio terrenal:

> [5] *Cuando ores, no seas como los hipócritas, porque ellos aman el orar de pie en las sinagogas y en las esquinas de las calles para ser vistos por los hombres; de cierto os digo que ya tienen su recompensa.* [6] *Pero tú, cuando ores, entra en tu cuarto, cierra la puerta y ora a tu Padre que está en secreto; y tu Padre, que ve en lo secreto, te recompensará en público.*
>
> [7] *Y al orar no uséis vanas repeticiones, como los gentiles, que piensan que por su palabrería serán oídos.* [8] *No os hagáis, pues, semejantes a ellos, porque vuestro Padre sabe de qué cosas tenéis necesidad antes que vosotros le pidáis.* [9] *Vosotros, pues, oraréis así:*
>
> *»"Padre nuestro que estás en los cielos,*
> *santificado sea tu nombre.*
> [10] *Venga tu Reino.*
> *Hágase tu voluntad, como en el cielo, así también en la tierra.*
> [11] *El pan nuestro de cada día, dánoslo hoy.*
> [12] *Perdónanos nuestras deudas,*
> *como también nosotros perdonamos a nuestros deudores.*
> [13] *No nos metas en tentación,*
> *sino líbranos del mal,*
> *porque tuyo es el Reino, el poder y la gloria,*
> *por todos los siglos. Amén".*
>
> *Mateo 6:5-13 RVR 1995*

Aquí, Jesucristo, cerca del comienzo de Su ministerio terrenal, les enseña a Sus doce discípulos, y ahora a nosotros como Sus seguidores, que la oración no es una cuestión de "si", sino más bien un mandato de "cuándo". De hecho, Jesucristo nos enseña que la oración no debe limitarse a unos minutos, tres veces al día antes de nuestras comidas o al principio y al final de nuestro día. Más tarde, acercándose al final de su ministerio terrenal, Cristo reitera la importancia de la oración, especialmente en la vida de sus discípulos, y ahora en la nuestra, cuando dice lo siguiente en Mateo 26:36-46 que se enfatiza nuevamente en Marcos 14:32-42:

[36]Luego fue Jesús con sus discípulos a un lugar llamado Getsemaní, y les dijo: «Siéntense aquí mientras voy más allá a orar». [37] Se llevó a Pedro y a los dos hijos de Zebedeo, y comenzó a sentirse triste y angustiado. [38] «Es tal la angustia que me invade, que me siento morir —les dijo—. Quédense aquí y manténganse despiertos conmigo».
[39] Yendo un poco más allá, se postró sobre su rostro y oró: «Padre mío, si es posible, no me hagas beber este trago amargo. Pero no sea lo que yo quiero, sino lo que quieres tú».
[40] Luego volvió adonde estaban sus discípulos y los encontró dormidos. «¿No pudieron mantenerse despiertos conmigo ni una hora? —le dijo a Pedro—. [41] Estén alerta y oren para que no caigan en tentación. El espíritu está dispuesto, pero el cuerpo es débil».
[42] Por segunda vez se retiró y oró: «Padre mío, si no es posible evitar que yo beba este trago amargo, hágase tu voluntad».
[43] Cuando volvió, otra vez los encontró dormidos, porque se les cerraban los ojos de sueño. [44] Así que los dejó y se retiró a orar por tercera vez, diciendo lo mismo.
[45] Volvió de nuevo a los discípulos y les dijo: «¿Siguen durmiendo y descansando? Miren, se acerca la hora, y el Hijo del hombre va a ser entregado en manos de

pecadores. ⁴⁶ ¡Levántense! ¡Vámonos! ¡Ahí viene el que me traiciona!

Mateo 26:36-46 NVI

³² Fueron a un lugar llamado Getsemaní, y Jesús les dijo a sus discípulos: «Siéntense aquí mientras yo oro». ³³ Se llevó a Pedro, a Jacobo y a Juan, y comenzó a sentir temor y tristeza. ³⁴ «Es tal la angustia que me invade que me siento morir —les dijo—. Quédense aquí y vigilen».
³⁵ Yendo un poco más allá, se postró en tierra y empezó a orar que, de ser posible, no tuviera él que pasar por aquella hora. ³⁶ Decía: «Abba, Padre, todo es posible para ti. No me hagas beber este trago amargo, pero no sea lo que yo quiero, sino lo que quieres tú».
³⁷ Luego volvió a sus discípulos y los encontró dormidos. «Simón —le dijo a Pedro—, ¿estás dormido? ¿No pudiste mantenerte despierto ni una hora? ³⁸ Vigilen y oren para que no caigan en tentación. El espíritu está dispuesto, pero el cuerpo es débil».
³⁹ Una vez más se retiró e hizo la misma oración. ⁴⁰ Cuando volvió, los encontró dormidos otra vez, porque se les cerraban los ojos de sueño. No sabían qué decirle. ⁴¹ Al volver por tercera vez, les dijo: «¿Siguen durmiendo y descansando? ¡Se acabó! Ha llegado la hora. Miren, el Hijo del hombre va a ser entregado en manos de pecadores. ⁴² ¡Levántense! ¡Vámonos! ¡Ahí viene el que me traiciona!"

Marcos 14:32-42 NVI

En estos pasajes de las Escrituras, nuestro Señor Jesucristo nos enseña que la oración es un rudimento que tiene el potencial de evitar que nos quedemos dormidos física y espiritualmente, y consecuentemente caer en tentaciones carnales. ¿Por qué es este el caso? La oración tiene el potencial de despertar nuestro espíritu a lo que Dios está diciendo y haciendo en los momentos más difíciles y desesperados, como la creciente pandemia mundial actual de COVID-19 y las crecientes tensiones raciales que ocurren en toda nuestra nación. Además, la oración puede administrar el poder de avivamiento en la vida de otros. Esto fue evidente en y a través de la vida del apóstol Pedro en Hechos 9:36-42 cuando Dios usó la vida de oración de Pedro para avivar la vida de Tabita, también conocida como Dorcas, en un aposento alto diferente al que Pedro y los 120 discípulos habían ido en Hechos 1. Considere Hechos 9:36-42 que dice:

> [36] Había entonces en Jope una discípula llamada Tabita, (que traducido es «Dorcas»). Ésta abundaba en buenas obras y en limosnas que hacía. [37] Aconteció que en aquellos días enfermó y murió. Después de lavada, la pusieron en una sala. [38] Como Lida estaba cerca de Jope, los discípulos, oyendo que Pedro estaba allí, le enviaron dos hombres, a rogarle: «No tardes en venir a nosotros.»
> [39] Pedro se levantó entonces y fue con ellos. Cuando llegó, lo llevaron a la sala, donde lo rodearon todas las viudas llorando y mostrando las túnicas y los vestidos que Dorcas hacía cuando estaba con ellas. [40] Entonces, sacando a todos, Pedro se puso de rodillas y oró; y volviéndose al cuerpo, dijo: «¡Tabita, levántate!»
> Ella abrió los ojos y, al ver a Pedro, se incorporó. [41] Él le dio la mano y la levantó; entonces llamó a los santos y a las viudas y la presentó viva. [42] Esto fue notorio en toda Jope, y muchos creyeron en el Señor.
>
> *Hechos 9:36-42 RVR 1995*

Este es un ejemplo tan poderoso del poder de avivamiento en la oración. Además, cuando consideramos la vida y el ministerio de los profetas Elías y Eliseo del Antiguo Testamento, podemos ver que la oración es lo que Dios usó para marcar el comienzo del avivamiento en la vida de los demás a su alrededor, basado en lo que sucedió sobrenaturalmente en las vidas de los muertos registrado en 1 Reyes 17:17-24 y 2 Reyes 4:7-37 que dicen:

[17] Después de estas cosas aconteció que cayó enfermo el hijo de la dueña de la casa. La enfermedad fue tan grave que se quedó sin aliento. [18] Entonces dijo ella a Elías:
—¿Qué tengo que ver yo contigo, varón de Dios? ¿Has venido aquí a recordarme mis pecados y a hacer morir a mi hijo?
[19] —Dame acá tu hijo —le dijo él.
Lo tomó entonces Elías de su regazo, lo llevó al aposento donde él vivía y lo puso sobre su cama. [20] Luego clamó a Jehová diciendo: «Jehová, Dios mío, ¿también a la viuda en cuya casa estoy hospedado vas a afligir, haciendo morir su hijo?»
[21] Se tendió sobre el niño tres veces y clamó a Jehová: «Jehová, Dios mío, te ruego que hagas volver el alma a este niño.»
[22] Jehová oyó la voz de Elías, el alma volvió al niño y éste revivió. [23] Tomó luego Elías al niño, lo trajo del aposento a la casa, lo entregó a su madre y le dijo:
—Mira, tu hijo vive.
[24] Entonces la mujer dijo a Elías:
—Ahora reconozco que tú eres un varón de Dios y que la palabra de Jehová es verdad en tu boca."

1 Reyes 17:17-24 RVR 1995

[27] Pero luego fue a la montaña y se abrazó a los pies del hombre de Dios. Guiezi se acercó con el propósito de apartarla, pero el hombre de Dios intervino:
—¡Déjala! Está muy angustiada, y el SEÑOR me ha ocultado lo que pasa; no me ha dicho nada.
[28] —Señor mío —le reclamó la mujer—, ¿acaso yo le pedí a usted un hijo? ¿No le rogué que no me engañara?
[29] Eliseo le ordenó a Guiezi:
—Arréglate la ropa, toma mi bastón y ponte en camino. Si te encuentras con alguien, ni lo saludes; si alguien te saluda, no le

respondas. Y, cuando llegues, coloca el bastón sobre la cara del niño.

[30] Pero la madre del niño exclamó:

—¡Le juro a usted que no lo dejaré solo! ¡Tan cierto como que el SEÑOR y usted viven!

Así que Eliseo se levantó y fue con ella. [31] Guiezi, que se había adelantado, llegó y colocó el bastón sobre la cara del niño, pero este no respondió ni dio ninguna señal de vida. Por tanto, Guiezi volvió para encontrarse con Eliseo y le dijo:

—El niño no despierta.

[32] Cuando Eliseo llegó a la casa, encontró al niño muerto, tendido sobre su cama. [33] Entró al cuarto, cerró la puerta y oró al SEÑOR. [34] Luego subió a la cama y se tendió sobre el niño boca a boca, ojos a ojos y manos a manos, hasta que el cuerpo del niño empezó a entrar en calor. [35] Eliseo se levantó y se puso a caminar de un lado a otro del cuarto, y luego volvió a tenderse sobre el niño. Esto lo hizo siete veces, al cabo de las cuales el niño estornudó y abrió los ojos. [36] Entonces Eliseo le dijo a Guiezi:

—Llama a la señora.

Guiezi así lo hizo y, cuando la mujer llegó, Eliseo le dijo:

—Puedes llevarte a tu hijo.

[37] Ella entró, se arrojó a los pies de Eliseo y se postró rostro en tierra. Entonces tomó a su hijo y salió.

2 Reyes 4:27-37 NVI

Esto es absolutamente asombroso. ¿Te puedes imaginar cómo debió haber sido esa experiencia de avivamiento para estos profetas que oraron y para los niños que fueron avivados por las oraciones de avivamiento que se hicieron? De estos pasajes de las Escrituras, especialmente de 1 Reyes 17, queda claro que el avivamiento puede venir a través del rudimento reverente de la oración. De hecho, creo que la vida de oración de Elías, que Dios usó para avivar al hijo de la viuda, nos provee con cuatro pasos espirituales hacia una experiencia sobrenatural del aposento alto para otros, cuando oramos para que ellos sean avivados espiritual y sobrenaturalmente. Estos pasos de oración son los siguientes:

1. Debemos comenzar clamando a Dios en oración por un avivamiento para todas las generaciones, especialmente para las generaciones más jóvenes.
2. Debemos llevar a las generaciones más jóvenes a nuestros aposentos altos espirituales de oración y cubrirlos continuamente por completo en oración de la cabeza a los pies.
3. Debemos orar específicamente por su avivamiento, con la expectativa de que Dios nos escuchará y nos responderá.
4. Debemos creer que Dios nos usará por su gracia para devolver una generación avivada y viva a sus padres.

Después de todo, a lo largo de la historia bíblica y la historia después de la Biblia, ha sido innegablemente notable que la oración es lo que predica, sostiene y mantiene el avivamiento. Con todo debido respeto a nosotros los predicadores, yo he aprendido en mis 23 años de ministerio que los predicadores de Dios no necesariamente traen avivamiento, tanto como lo hacen las oraciones de los predicadores de Dios y Su pueblo. De hecho, aunque en mis pastoreados anteriores, me encantaba tener oradores invitados ministrando en servicios especiales, y aunque disfruto ser un orador invitado para los pastores en sus eventos especiales, he aprendido una verdad aleccionadora. Más grande que la predicación de 30 a 60 minutos de los oradores invitados, es el gemir del espíritu de intercesores que oran por un avivamiento durante horas, días, semanas, meses e incluso años. De hecho, esto ha sido confirmado por grandes avivadores como Duncan Campbell del avivamiento de las Hébridas de 1949, quien dijo:

Una cosa es gritar al respecto, una cosa es cantarlo, una cosa es hablar sobre avivamiento, pero dame un pueblo en sus rostros, buscando estar relacionado correctamente con

Dios, y cuando eso suceda, pronto conoceremos el impacto
de la realización de Dios en nuestro país.[1]
Duncan Campbell, 1949 Avivamiento de Hébridas

Interesantemente, el avivamiento de las Hébridas fue iniciado por dos ancianas de 80 años que decidieron en su época que era el momento del avivamiento ahora. Por lo tanto, fueron sus oraciones las que predicaron, sostuvieron y causaron que el avivamiento permaneciera. Por eso, creo que Dios ahora está buscando personas piadosas de todas las edades, etnicidades y nacionalidades en Su reino que oren tal como lo hicieron en muchos de los avivamientos de los últimos 300 años. De hecho, uno de los avivamientos más grandes que contribuyó a otros avivamientos en todo el mundo fue el avivamiento Galés de 1904, que mencioné brevemente en el tercer capítulo de este libro.

Dado a que este avivamiento fue tan impactante, vale la pena repetir que fue dirigido por un joven de 26 años llamado Evan Roberts. Él, durante muchos meses antes de que comenzara el avivamiento, pasaba horas y horas cada día orando por su propio avivamiento personal. A partir de entonces, cuando fue a la universidad bíblica, comenzó a orar con un pequeño grupo de otros jóvenes adultos. Poco después, regresó a su iglesia local para tener servicios de avivamiento para los jóvenes que fueron precedidos por servicios de oración separados, y luego seguidos por servicios adicional de oración después del servicio regular. Estos servicios de oración antes y después de los servicios regulares duraban por lo menos una o dos horas y, a veces, incluso más. Fue la influencia sobrenatural de estos prolongados servicios de oración lo que marcó el comienzo de un avivamiento en las vidas de jóvenes y jóvenes adultos que eventualmente se extendió a los adultos en su congregación y luego a otras congregaciones en su ciudad, región, país y el resto del mundo. Sus oraciones fueron primordiales para concebir, cargar y dar a luz un avivamiento local que resultó en un avivamiento global.

Ahora bien, ¿qué pasaría si la generación de jóvenes y jóvenes adultos de hoy en día comenzaran a orar más de lo que juegan? Para recibir avivamiento ahora debemos ir más allá de tener una generación que juega a tener una generación que ora. De hecho, con todas las ordenes de refugio en el lugar comprensiblemente hechos en toda nuestra nación y el resto del mundo, creo que ahora no es el momento para que nuestros jóvenes pasen horas y horas, hasta el amanecer, jugando videojuegos en sus habitaciones. En cambio, creo que este podría ser uno de los mejores momentos para que ellos inviertan horas a lo largo de cada día orando en sus habitaciones hasta que experimenten un aposento alto espiritual. Además, siempre que nuestra nación y el resto del mundo regresen a una nueva normalidad en el futuro cercano, la realidad es que todas las generaciones, especialmente la generación más joven, volverán comprensiblemente a pasar mucho tiempo jugando actividades extracurriculares tanto dentro como fuera del campo. Sin embargo, aunque personalmente disfruto jugando y viendo deportes y otros tipos de juegos, también me doy cuenta de que nosotros, la Iglesia, debemos volver a orar ahora más que nunca. Si todas las generaciones no tienen cuidado, permitiremos que todos nuestros juegos divertidos interfieran con nuestra necesaria oración.

Por lo tanto, no puede haber excusas para no orar. Por el contrario, debe haber una mayor expectativa de orar, especialmente cuando consideramos la palabra de Dios en Santiago 5:17-18 que dice:

> *[17] Elías era un hombre con debilidades como las nuestras. Con fervor oró que no lloviera, y no llovió sobre la tierra durante tres años y medio. [18] Volvió a orar, y el cielo dio su lluvia y la tierra produjo sus frutos.*
>
> *Santiago 5:17-18 RVR 1995*

Aquí vemos que Elías era humano, al igual que nosotros, y lidiaba con las tentaciones como las que enfrentamos hoy. Pero debido a que oró, Dios escuchó, y porque Dios escuchó, Dios respondió con lluvias que avivaron la tierra para producir el fruto que tanto necesitaba en su tiempo. Por lo tanto, creo que es hora de que comencemos a orar como oró Elías. Sin embargo, esta vez, el fruto que tanto necesitamos producir en la tierra es para algo mucho más grande que la comida física. Lo que necesitamos en la tierra es un avivamiento espiritual para nuestra nación y el resto del mundo. De hecho, debido al nuevo pacto traído a nosotros a través de la preciosa sangre de Jesucristo, nuestras oraciones pueden producir mayores resultados debido al mejor pacto que se encuentra en la preciosa sangre de Jesús.

Cuando considero esto, me recuerda cómo la vida de oración de dos de los líderes jóvenes de Cornerstone Church, Priscilla Serrano y Lissette González, "en un entonces Navarrete", resultó en que oraran específicamente por la Escuela Secundaria Madison en San Antonio, Texas. Oraron por la continuación de un club de estudio bíblico que nuestro ministerio de jóvenes había establecido allí a través de uno de nuestros líderes anteriores, Christian Londoño. Gracias a sus oraciones colectivas, pudimos continuar con el club de estudio bíblico en la Escuela Preparatoria Madison High School. Poco después, en el semestre de otoño de 2010, durante una de las reuniones del club y los momentos de oración en el salón de orquesta de la escuela, oraron para que ocurriera un milagro creativo en la vida de una estudiante en la escuela llamada Jessica Sousa. Para abreviar la historia, oraron, con fe creyendo, que Dios hiciera que la pierna derecha de Jessica creciera dos pulgadas más para que fuera igual de larga a su pierna izquierda. Mientras oraban con varios otros jóvenes en el salón, Dios respondió y la pierna derecha de Jessica creció para ser igual de larga a su pierna izquierda. Fue un momento milagroso surrealista sobrenatural, por decir lo menos.

Interesantemente, antes de que sucediera ese milagro, en el transcurso de aproximadamente seis meses antes, durante una hora antes de nuestros servicios de jóvenes, nuestro personal y líderes de jóvenes habían estado orando por todos los estudiantes y sus escuelas en todo San Antonio. Por lo tanto, era obvio para nosotros que todas las oraciones acumuladas de nuestro personal, líderes e incluso algunos de nuestros jóvenes estaban teniendo un impacto en su generación y en sus escuelas. Después de que sucedió ese milagro, continuamos orando por más de lo que Dios tenía reservado para aquellos que orarían, no jugarían. Los resultados fueron gloriosos ya que los estudiantes de la Escuela

Secundaria Madison y otras escuelas en todo San Antonio fueron sanados, salvados y tocados por el poder de Dios a través de oraciones que marcaban el comienzo de un avivamiento en la generación más joven.

Ahora volviendo al rudimento de la oración, también creo que si comenzamos a orar, entonces comenzaremos a ver la gloria de Dios sobre esta generación como nunca antes, de acuerdo con Lucas 9:28-32 que dice:

> [28] *Como ocho días después de estas palabras, Jesús tomó a Pedro, a Juan y a Jacobo, y subió al monte a orar.* [29] *Mientras oraba, la apariencia de su rostro cambió y su vestido se volvió blanco y resplandeciente.* [30] *Y dos varones hablaban con él, los cuales eran Moisés y Elías.* [31] *Estos aparecieron rodeados de gloria; y hablaban de su partida, que Jesús iba a cumplir en Jerusalén.* [32] *Pedro y los que lo acompañaban estaban rendidos de sueño; pero, permaneciendo despiertos, vieron la gloria de Jesús y a los dos varones que estaban con él.*
>
> *Lucas 9:28-32 RVR 1995*

Cuando considero este pasaje de las Escrituras, creo que Dios quiere que contemplemos lo que ya nos ha puesto a nuestra disposición. Por lo tanto, debemos despertar espiritualmente en oración para verlo con nuestros propios ojos. Y, no podemos olvidar que el avivamiento es completamente condicional, como se explica claramente en 2 Crónicas 7:14 que dice:

> [14] *si se humilla mi pueblo, sobre el cual mi nombre es invocado, y oran, y buscan mi rostro, y se convierten de sus malos caminos; entonces yo oiré desde los cielos, perdonaré sus pecados y sanaré su tierra.*
>
> *2 Crónicas 7:14 RVR 1995*

Por consiguiente, debemos hacer nuestra parte en la oración, si esperamos que Dios haga Su parte en el poder.

Ahora, en lo que respecta en hacer nuestra parte en la oración, nuestras oraciones deben comenzar con el arrepentimiento como se indica en 2 Crónicas 7:14 y muchas otras escrituras en la Biblia como Hechos 2, 3, 11, 17, 2 Pedro 3 y Apocalipsis 3. Consideremos estos pasajes de las Escrituras en luz de la importancia de asegurarnos de que el arrepentimiento sea la parte inicial de nuestras oraciones por avivamiento.

38 Pedro les dijo:
—Arrepentíos y bautícese cada uno de vosotros en el nombre de Jesucristo para perdón de los pecados, y recibiréis el don del Espíritu Santo,

Hechos 2:38 RVR 1995

19 Así que, arrepentíos y convertíos para que sean borrados vuestros pecados; para que vengan de la presencia del Señor tiempos de consuelo, 20 y él envíe a Jesucristo, que os fue antes anunciado. 21 A éste, ciertamente, es necesario que el cielo reciba hasta los tiempos de la restauración de todas las cosas, de que habló Dios por boca de sus santos profetas que han sido desde tiempo antiguo,

Hechos 3:19-21 RVR 1995

9 El Señor no retarda su promesa, según algunos la tienen por tardanza, sino que es paciente para con nosotros, no queriendo que ninguno perezca, sino que todos procedan al arrepentimiento.

2 Pedro 3:9 RVR 1995

17 Si Dios, pues, les concedió también el mismo don que a nosotros que hemos creído en el Señor Jesucristo, ¿quién era yo que pudiera estorbar a Dios?

[18] Entonces, oídas estas cosas, callaron y glorificaron a Dios, diciendo:
—¡De manera que también a los gentiles ha dado Dios arrepentimiento para vida!

Hechos 11:17-18 RVR 1995

[30] Pero Dios, habiendo pasado por alto los tiempos de esta ignorancia, ahora manda a todos los hombres en todo lugar, que se arrepientan; [31] por cuanto ha establecido un día en el cual juzgará al mundo con justicia, por aquel varón a quien designó, acreditándolo ante todos al haberlo levantado de los muertos.

Hechos 17:30-31 RVR 1995

[19] Yo reprendo y castigo a todos los que amo; sé, pues, celoso y arrepiéntete.

Apocalipsis 3:19 RVR 1995

Basado en estos pasajes de las Escrituras, y muchos más a lo largo de toda la Biblia, creo de todo corazón que ahora más que nunca, debemos orar, y en nuestras oraciones, debemos arrepentirnos. Por lo tanto, debemos recordar que el arrepentimiento no es una maldición, sino una bendición. De hecho, el arrepentimiento es un gran privilegio que Dios nos concede para que lo hagamos para nuestro propio beneficio de acuerdo con Su voluntad para nosotros. El arrepentimiento hace que las personas regresen al Señor y se posicionen para recibir de tiempos de refrigerio del Señor. La innegable realidad bíblica es que si nos arrepentimos, Dios desatara avivamiento a nosotros. Y, nuestro arrepentimiento en oración nos posicionará para recibir el reino de Dios como se indica en Mateo 4:17 y Marcos 1:14-15 que dicen:

[17] Desde entonces comenzó Jesús a predicar y a decir: ¡Arrepentíos, porque el reino de los cielos se ha acercado!

Mateo 4:17 RVR 1995

¹⁴ Después que Juan fue encarcelado, Jesús fue a Galilea predicando el evangelio del reino de Dios. ¹⁵ Decía: El tiempo se ha cumplido y el reino de Dios se ha acercado. ¡Arrepentíos y creed en el evangelio!

Marcos 1:14-15 RVR 1995

Cuando recibimos el reino de Dios a través de nuestro arrepentimiento en oración, entonces podremos orar eficazmente por otros a través de la intercesión para que puedan recibir el mismo reino de Dios con poder de avivamiento. Sin embargo, el arrepentimiento debe comenzar con nosotros como Jesucristo enseñó en Lucas 13:1-5 que dice:

¹³ En este mismo tiempo estaban allí algunos que le contaban acerca de los galileos cuya sangre Pilato había mezclado con los sacrificios de ellos. ² Respondiendo Jesús, les dijo: —¿Pensáis que estos galileos, porque padecieron tales cosas, eran más pecadores que los demás galileos? ³ Os digo: no, antes si no os arrepentís, todos pereceréis igualmente. ⁴ O aquellos dieciocho sobre los cuales cayó la torre en Siloé y los mató, ¿pensáis que eran más culpables que todos los hombres que habitan en Jerusalén? ⁵ Os digo: no, antes si no os arrepentís, todos pereceréis igualmente.

Lucas 13:1-5 RVR 1995

En este pasaje, nuestro Señor Jesucristo deja en claro que el arrepentimiento es vital en nuestra oración por avivamiento. Por lo tanto, la pregunta vale la pena preguntarse: "¿Qué significa realmente arrepentirse?" La palabra griega para arrepentirse es "metanoeo", que literalmente significa cambiar la forma en que pensamos para poder cambiar la forma en que vivimos. Está conectado con lo que el apóstol Pablo escribió en Romanos 12:2 que dice:

² No os conforméis a este mundo, sino transformaos por medio de la renovación de vuestro entendimiento, para que comprobéis cuál es la buena voluntad de Dios, agradable y perfecta.

Romanos 12:2 RVR 1995

La palabra "arrepentirse" se puede entender por lo que revelan las dos partes, "re" y "pent" de la palabra "repent" en inglés, "re" significando de nuevo y "pent" que significa arriba. Por lo tanto, considerando las palabras griegas e inglesas para "arrepentirse", arrepentirse podría significar cambiar la forma en que una persona piensa para volver a estar en la cima. Esto se puede entender completamente cuando consideramos que la humanidad cayó en el jardín del Edén en Génesis 3. Allí, Adán y Eva permitieron que su forma de pensar y su forma de vivir fueran cambiadas por el engaño de la serpiente enemiga a pensar y vivir de manera diferente a la intención original de Dios para ellos pensar y vivir. Sin embargo, cuando comenzamos a arrepentirnos a través de nuestras oraciones basadas en la palabra de Dios, entonces un glorioso avivamiento comienza en nuestras vidas, y comenzamos a volver a la cima nuevamente a pensar y vivir de la manera en que Dios y Jesucristo nos llaman a hacerlo.

Además, cuando comenzamos a arrepentirnos en oración, entonces podemos proceder a arrepentirnos también en intercesión por otros a través de nuestras oraciones, tal como lo hizo Abraham por Lot, su familia y las dos ciudades de Sodoma y Gomorra, según Génesis 18:16- 33 que dice:

¹⁶ Los varones se levantaron de allí y miraron hacia Sodoma, y Abraham iba con ellos, acompañándolos. ¹⁷ Jehová dijo: «¿Encubriré yo a Abraham lo que voy a hacer, ¹⁸ habiendo de ser Abraham una nación grande y fuerte y habiendo de ser benditas en él todas las naciones de la tierra?, ¹⁹ pues yo sé que mandará a sus hijos, y a su casa después de sí, que guarden el camino de Jehová haciendo justicia y juicio, para que haga venir Jehová sobre Abraham lo que ha hablado acerca de él.» [20] *Entonces Jehová le dijo:*

—*Por cuanto el clamor contra Sodoma y Gomorra aumenta más y más y su pecado se ha agravado en extremo,* [21] *descenderé ahora y veré si han consumado su obra según el clamor que ha llegado hasta mí; y si no, lo sabré.*

[22] *Se apartaron de allí los varones y fueron hacia Sodoma; pero Abraham permaneció delante de Jehová.* [23] *Se acercó Abraham y le dijo:*

—*¿Destruirás también al justo con el impío?* [24] *Quizá haya cincuenta justos dentro de la ciudad: ¿destruirás y no perdonarás a aquel lugar por amor a los cincuenta justos que estén dentro de él?* [25] *Lejos de ti el hacerlo así, que hagas morir al justo con el impío y que el justo sea tratado como el impío. ¡Nunca tal hagas! El Juez de toda la tierra, ¿no ha de hacer lo que es justo?*

[26] *Entonces respondió Jehová:*

—*Si encuentro en Sodoma cincuenta justos dentro de la ciudad, perdonaré a todo este lugar por amor a ellos.*

[27] *Abraham replicó y dijo:*

—*Te ruego, mi Señor, que me escuches, aunque soy polvo y ceniza.* [28] *Quizá falten de cincuenta justos cinco: ¿destruirás por aquellos cinco toda la ciudad?*

Jehová respondió:

—*No la destruiré, si encuentro allí cuarenta y cinco.*

[29] *Volvió a hablarle Abraham:*

—*Quizá se encuentren allí cuarenta.*

—*No lo haré, por amor a los cuarenta —dijo Jehová.*

[30] *Abraham volvió a suplicar:*

—*No se enoje ahora mi Señor si le digo: quizá se encuentren allí treinta.*

—*No lo haré si encuentro allí treinta —respondió Jehová.*

[31] *Abraham insistió:*

—Soy muy atrevido al hablar así a mi Señor, pero quizá se encuentren allí veinte.

—No la destruiré —respondió—, por amor a los veinte.

³² Volvió Abraham a decir:

—No se enoje ahora mi Señor; sólo hablaré esta vez: quizá se encuentren allí diez.

—No la destruiré —respondió Jehová—, por amor a los diez.

³³ Luego que acabó de hablar a Abraham, Jehová se fue y Abraham volvió a su lugar.

Génesis 18:16-33 NVI

De este pasaje de las Escrituras, podemos concluir que si Dios estuvo dispuesto a perdonar a toda Sodoma y Gomorra en Génesis 18 debido a las vidas de diez personas justas que desafortunadamente no se pudieron encontrar en esas dos ciudades, entonces imagínate el tipo de avivamiento glorioso del reino que Dios podría traer a nuestras ciudades, regiones, estados, nuestra nación y más allá, por todas nuestras oraciones de intercesión y arrepentimiento.

Por consiguiente, mientras oramos, debemos recordar que, según Romanos 8, no estamos orando solos o solo entre nosotros. Tan poderoso como eso es, la realidad aún más poderosa es que tanto Jesucristo como el Espíritu Santo ya han estado orando e intercediendo por la Iglesia, nuestras generaciones, nuestra nación y las naciones del mundo. Ahora Dios está esperando que nos unamos a Su Espíritu y Su Hijo en oración e intercesión por otros de acuerdo con Romanos 8:26, 34 y Hebreos 7:25 que dicen:

²⁶ De igual manera, el Espíritu nos ayuda en nuestra debilidad, pues qué hemos de pedir como conviene, no lo sabemos, pero el Espíritu mismo intercede por nosotros con gemidos indecibles.

³⁴ ¿Quién es el que condenará? Cristo es el que murió; más aun, el que también resucitó, el que además está a la diestra de Dios, el que también intercede por nosotros.

Romanos 8:26, 34 RVR 1995

[25] Por eso puede también salvar perpetuamente a los que por él se acercan a Dios, viviendo siempre para interceder por ellos.
Hebreos 7:25 RVR 1995

De manera correspondiente y respetuosa, debo señalar que el lenguaje en el que Jesucristo y el Espíritu Santo están orando e intercediendo es un lenguaje celestial o espiritual, que nosotros, en nuestra humanidad, no podemos conocer ni orar humanamente. Sin embargo, la gran noticia es que la palabra de Dios nos invita a orar e interceder también en Su lenguaje celestial o espiritual de acuerdo con Efesios 6:18 y 1 Corintios 14:14,15 que dicen:

[18] Orad en todo tiempo con toda oración y súplica en el Espíritu, y velad en ello con toda perseverancia y súplica por todos los santos—
Efesios 6:18 RVR 1995

[14] Si yo oro en lengua desconocida, mi espíritu ora, pero mi entendimiento queda sin fruto. [15] ¿Qué, pues? Oraré con el espíritu, pero oraré también con el entendimiento; cantaré con el espíritu, pero cantaré también con el entendimiento
1 Corintios 14:14,15 RVR 1995

Por lo tanto, creo que ahora es el tiempo de unirnos a Jesucristo y al Espíritu Santo en oración e intercesión como nunca antes en nuestros idiomas terrenales y en Su idioma celestial. Cuando lo hagamos, creo que nos posicionaremos para recibir avivamiento para nuestras generaciones, nación y más allá. Una de las principales razones de esto se debe a la confianza divina que Dios nos ha dado a través de los escritos del apóstol Juan en 1 Juan 5:14-15 que dice:

[14] Ésta es la confianza que tenemos en él, que si pedimos alguna cosa conforme a su voluntad, él nos oye. [15] Y si sabemos que él nos oye en cualquiera cosa que pidamos, sabemos que tenemos las peticiones que le hayamos hecho.

1 Juan 5:14-15 RVR 1995

Finalmente, mientras oramos, creo que sería beneficioso para nosotros reconocer y aplicar lo que nuestro Señor Jesucristo me mostró en 2002 como los 10 pilares de la oración según Mateo 6:9-13 que dice:

[9] Vosotros, pues, oraréis así:
»"Padre nuestro que estás en los cielos,
santificado sea tu nombre.
[10] Venga tu Reino.
Hágase tu voluntad, como en el cielo, así también en la tierra.
[11] El pan nuestro de cada día, dánoslo hoy.
[12] Perdónanos nuestras deudas,
como también nosotros perdonamos a nuestros deudores.
[13] No nos metas en tentación,
sino líbranos del mal,
porque tuyo es el Reino, el poder y la gloria,
por todos los siglos. Amén".

Mateo 6:9-13 RVR 1996

En este pasaje de las Escrituras, el Padre Nuestro nos revela lo que yo llamo los 10 pilares de la oración, que son:

1. "Padre nuestro...": La persona de Dios que nos revela quién Él es.
2. "en el cielo...": El lugar de Dios que revela de dónde Él reina.
3. "Santificado sea tu nombre...": La alabanza de Dios que revela lo que Él es digno de recibir.

4. "Venga tu reino. Hágase tu voluntad...": El propósito de Dios que revela en qué Él se enfoca.
5. "En la tierra como en el cielo...": El plan de Dios que revela cómo Él obra.
6. "Danos hoy nuestro pan de cada día...": La provisión de Dios que revela lo que Él quiere darnos.
7. "Y perdónanos nuestras deudas, como nosotros perdonamos a nuestros deudores...": El perdón de Dios que revela cuán misericordioso es Él con nosotros.
8. "Y no nos metas en tentación...": La protección de Dios que revela cómo Él nos protege.
9. "Pero líbranos del maligno...": El poder de Dios que revela cómo Él nos capacita.
10. "Porque tuyo es el reino y el poder y la gloria por los siglos. Amén.": Las posesiones de Dios que revela lo que Él tiene para nosotros.

Ahora, cuando oramos con este entendimiento bíblico, junto con orar en Su Espíritu, entonces creo que podemos esperar recibir lo que el Apóstol Pedro, los otros apóstoles y el número cada vez más grande de discípulos recibieron en su tiempo de oración, según Hechos 4:23-31 que dice:

> [23] *Al ser puestos en libertad, vinieron a los suyos y contaron todo lo que los principales sacerdotes y los ancianos les habían dicho.* [24] *Ellos, al oírlo, alzaron unánimes la voz a Dios y dijeron: «Soberano Señor, tú eres el Dios que hiciste el cielo y la tierra, el mar y todo lo que en ellos hay;* [25] *que por boca de David tu siervo dijiste:*
> *"¿Por qué se amotinan las gentes*
> *y los pueblos piensan cosas vanas?*
> [26] *Se reunieron los reyes de la tierra*
> *y los príncipes se juntaron en uno*
> *contra el Señor y contra su Cristo."*

²⁷ Y verdaderamente se unieron en esta ciudad Herodes y Poncio Pilato, con los gentiles y el pueblo de Israel, contra tu santo Hijo Jesús, a quien ungiste, ²⁸ para hacer cuanto tu mano y tu consejo habían antes determinado que sucediera. ²⁹ Y ahora, Señor, mira sus amenazas y concede a tus siervos que con toda valentía hablen tu palabra, ³⁰ mientras extiendes tu mano para que se hagan sanidades, señales y prodigios mediante el nombre de tu santo Hijo Jesús.»

³¹ Cuando terminaron de orar, el lugar en que estaban congregados tembló; y todos fueron llenos del Espíritu Santo y hablaban con valentía la palabra de Dios.

Hechos 4:23-31 RVR 1995

Qué experiencia tan gloriosa debe haber sido para Pedro y los creyentes en Hechos 4, y qué experiencia gloriosa será para ti y para mí en 2020 y en adelante. Prepárense, porque creo que nuestras oraciones basadas en la Biblia, llenas de fe, centradas en Cristo, llenas del Espíritu y guiadas por el Espíritu están a punto de provocar que nuestro Dios mueva cielo y tierra para Su gloria. Oremos, "Oh Señor, sacúdenos hasta que despertemos", y que Él use nuestras oraciones para el arrepentimiento, la intercesión y el comienzo de Sus bendiciones celestiales sobre la tierra una vez más. La historia se está haciendo para el próximo gran despertar, ¡y sus oraciones y las mías están a punto de marcar el comienzo del avivamiento ahora!

CAPÍTULO 8
EL RUDIMENTO DEL AYUNO

He aprendido de la palabra de Dios y de mi experiencia personal que el segundo de los cinco rudimentos del avivamiento es el ayuno. Aunque la palabra "ayuno" no aparece en Hechos 1 o 2, en lo que respecta al relato del apóstol Pedro y los 120 discípulos, un examen detenido de lo que estaba sucediendo en la vida de Pedro y los 120 discípulos durante 9 días antes del Día de Pentecostés revelará cómo, más que probablemente, estaban llevando a cabo algún tipo de ayuno durante este período de tiempo. Por lo menos, se estaban absteniendo de ciertos privilegios humanos en preparación para recibir el Espíritu Santo prometido que Jesucristo les dijo que esperaran en Jerusalén.

Para ayudarnos a entender esto, es importante aclarar que ayunar literalmente significa taparnos la boca para evitar que comamos y / o bebamos algo, para que podamos enfocarnos en comer y beber espiritualmente de la palabra de Dios y Su Espíritu. Además, es de suma importancia para nosotros comprender que el ayuno es un rudimento espiritual que nuestro Señor Jesucristo enseñó a Sus discípulos, como se indica en Mateo 6:16-18 que dice:

[16] Cuando ayunéis, no pongáis cara triste, como los hipócritas que desfiguran sus rostros para mostrar a los hombres que ayunan; de cierto os digo que ya tienen su recompensa. [17] Pero tú, cuando ayunes, unge tu cabeza y lava tu rostro, [18] para no mostrar a los hombres que ayunas, sino a tu Padre que está en secreto; y tu Padre, que ve en lo secreto, te recompensará en público.

Mateo 6:16-18 RVR 1995

En este pasaje de las Escrituras, Jesucristo enseñó a sus discípulos que el ayuno, como la oración, no es una cuestión de "si" sino de "cuándo". Además, es primordial recordar que Jesucristo más tarde enseñó a Sus discípulos que el ayuno sería una expectativa que eventualmente tendría de ellos, especialmente después de Su ascensión a la diestra de Su Padre Celestial, como se revela en Mateo 9:14-15 que dice:

[14] Entonces se le acercaron los discípulos de Juan y le preguntaron:
—¿Por qué nosotros y los fariseos ayunamos muchas veces, y tus discípulos no ayunan?
[15] Jesús les dijo:
—¿Acaso pueden los que están de bodas tener luto entre tanto que el esposo está con ellos? Pero vendrán días cuando el esposo les será quitado, y entonces ayunarán.

Mateo 9:14-15 RVR 1995

Además, es importante observar en Lucas 22 que Jesucristo había comido su última cena pascual en el mismo aposento alto al que fueron a parar Pedro y los 120 discípulos en Hechos 1. Interesantemente, esta comida en particular de Jesús con sus doce discípulos es ampliamente conocida como la "Cena del Señor", ocurrió aproximadamente 51 días antes del Día de Pentecostés. Fue durante esta comida que Cristo les dijo a sus doce discípulos que no volvería a comerla hasta que se cumpliera en el reino de Dios. ¿Por qué es esto importante? Porque la declaración de Cristo reveló que Él ayunaría esta comida en particular durante los siguientes 2,000 años o más. Esto se puede notar claramente en Lucas 22:14-19 que dice:

> *14 Cuando era la hora se sentó a la mesa, y con él los apóstoles. 15 Y les dijo:*
> *—¡Cuánto he deseado comer con vosotros esta Pascua antes que padezca!, 16 porque os digo que no la comeré más hasta que se cumpla en el reino de Dios.*
> *17 Tomando la copa, dio gracias y dijo:*
> *—Tomad esto y repartidlo entre vosotros, 18 porque os digo que no beberé más del fruto de la vid hasta que el reino de Dios venga.*
> *19 También tomó el pan y dio gracias, y lo partió y les dio, diciendo:*
> *—Esto es mi cuerpo, que por vosotros es dado; haced esto en memoria de mí*
>
> *Lucas 22:14-19 RVR 1995*

Ahora, cuando considero todas esas observaciones muy importantes, creo que nos revela que el apóstol Pedro y los 120 discípulos estaban, en cierto sentido o tal vez incluso de hecho, ayunando durante sus 9 días en el aposento alto antes del Día de Pentecostés. Por lo tanto, fuertemente me parece que el ayuno es un rudimento reverente para el avivamiento. De hecho, creo que es un rudimento que Dios había 1) establecido originalmente para Su pueblo en el Antiguo Testamento, 2) reiterado a Su pueblo a lo largo del Nuevo Testamento, y 3) ha continuado llamando a Su pueblo a través del mundo hasta que el rapto de la Iglesia ocurra. ¿Por qué hasta que ocurra el rapto? Cuando suceda, Jesucristo interrumpirá su ayuno actual y volverá a comer la cena pascual con sus discípulos en la cena de las bodas del Cordero, como se menciona en Apocalipsis 19:6-9 que dice:

⁶ Y oí como la voz de una gran multitud, como el estruendo de muchas aguas y como la voz de grandes truenos, que decía:
«¡Aleluya!,
porque el Señor, nuestro Dios Todopoderoso, reina.
⁷ Gocémonos, alegrémonos
y démosle gloria,
porque han llegado las bodas del Cordero
y su esposa se ha preparado.
⁸ Y a ella se le ha concedido
que se vista de lino fino,
limpio y resplandeciente.»
(El lino fino representa las acciones justas de los santos.)
⁹ El ángel me dijo: «Escribe: "Bienaventurados los que son llamados a la cena de las bodas del Cordero."» Y me dijo: «Éstas son palabras verdaderas de Dios.

Apocalipsis 19:6-9 RVR 1995

Con todo esto dicho, las preguntas que ahora merecen hacerse son: "¿Qué es el ayuno?" "¿Como funciona?" y "¿Cuáles son los resultados del ayuno?" La respuesta a estas tres preguntas muy importantes se encuentra en lo que Dios me ha revelado que es el "ayuno tridimensional". Este ayuno 3D tiene que ver con las tres connotaciones distintas de la palabra y el prefijo de la palabra en inglés "fast" ("ayuno"). Además, tiene que ver con cada uno de sus diferentes significados y la percepción tridimensional que brindan colectivamente sobre qué es el ayuno, qué hace y qué podemos esperar recibir de él. Considera lo siguiente:

- Primera dimensión de un ayuno: "ayuno" (fast) puede significar "abstenerse" de comida física con el único propósito de comer comida espiritual de la palabra de Dios, como se indica en Job 23:12 que dice:

Nunca me separé del mandamiento de sus labios,
sino que guardé las palabras de su boca más que mi
comida.

Job 23:12 RVR 1995

- Segunda dimensión de un ayuno: "abrochar, fijar" (fasten) puede significar "unirnos o conectarnos" a Dios con el único propósito de conocerlo más íntima y afectuosamente, como se indica en Isaías 55:6 y Santiago 4:8 que dicen:

⁶ ¡Buscad a Jehová mientras puede ser hallado,
llamadle en tanto que está cercano!

Isaías 55:6 RVR 1995

⁸ Acercaos a Dios, y él se acercará a vosotros.
Pecadores, limpiad las manos; y vosotros los de doble
ánimo, purificad vuestros corazones.

Santiago 4:8 RVR 1995

- Tercera dimensión de un ayuno: "más rápido" (faster) puede significar "acelerar" la obra de Dios con el único propósito de que Su reino venga y Su voluntad se haga aquí en la tierra como en el cielo, como se indica en Isaías 58:6-8 que dice:

⁶ El ayuno que yo escogí,
¿no es más bien desatar las ligaduras de impiedad,
soltar las cargas de opresión,
dejar ir libres a los quebrantados
y romper todo yugo?
⁷ ¿No es que compartas tu pan con el hambriento,
que a los pobres errantes albergues en casa,
que cuando veas al desnudo lo cubras
y que no te escondas de tu hermano?
⁸ Entonces nacerá tu luz como el alba

y tu sanidad se dejará ver en seguida;
tu justicia irá delante de ti
y la gloria de Jehová será tu retaguardia.
Isaías 58:6-8 RVR 1995

Por consiguiente, este ayuno 3D es algo que he experimentado de primera mano en mi vida durante los últimos 25 años, especialmente cuando el Señor me ha guiado a realizar ayunos de varios períodos de tiempo, como 3 días, 7 días, 21 días e incluso 40 días. Menciono esto, no para jactarme de ninguna manera, sino para compartir con ustedes que el ayuno es un rudimento que personalmente he aplicado a mi vida y del que he visto grandes resultados. De hecho, mis experiencias personales del ayuno 3D en los años 2004, 2008, 2010, 2011, 2013 y hasta este año 2020 han sido una parte importante de lo que Dios ha usado para prepararme y posicionarme en Su Reino. En conjunto, estos ayunos me han ayudado mucho a avanzar en las cosas sobrenaturales y las asignaciones divinas que Dios ya ha preparado de antemano para que yo me prepare para avanzar.

Posteriormente, el resultado de mi obediencia al llamado de Dios de ayunar durante esos momentos impacto directamente mi vida, matrimonio, hijos, ministerio y mucho más. En cada uno de estos períodos de ayuno, puedo dar testimonio a Dios del hecho que me llevo a abstenerme de las cosas de este mundo, a fin de unirme aún más al Señor, para que también pudiera experimentar Su obra acelerada. Todos estos ayunos dieron como resultado que Dios, no solo se moviera de una manera sobrenatural acelerada en mi vida, familia y ministerio, sino que hubo momentos específicos en los que ciertos ayunos dieron como resultado los movimientos sobrenaturales acelerados de Dios en las vidas de otras personas como mi querido amigo, Andrew Cabasa. Para honrarlo, permítanme mencionar que Andrew es actualmente un Ministro Asociado de los Ministerios de la Próxima Generación en Cornerstone Church dirigido por nuestro gran amigo mutuo, el Pastor Michael Fernández, Director de la Próxima Generación.

En cuanto a Andrew, recuerdo vívidamente poco después de que el Señor me dio la gracia de poder completar un ayuno líquido de 40 días desde el 25 de agosto hasta el 3 de octubre de 2011, que Andrew fue milagrosamente sanado de una fractura en el pie el miércoles 2 de noviembre de 2011. Esta sanidad milagrosa ocurrió durante uno de los servicios de jóvenes adultos para toda la ciudad que dirigí en ese momento, junto con mi equipo, de Cornerstone Church. Esa noche, el Pastor Asociado Frank Hechavarria del Ministerio Rey Jesús en Miami, Florida, dirigido por el apóstol Guillermo Maldonado, fue nuestro orador invitado. Mientras el pastor Frank ministraba junto a nuestro equipo de adoración durante un poderoso tiempo de ministerio cerca del final de nuestro servicio, el pie fracturado de Andrew, que según su médico se suponía que tardaría al menos seis semanas en sanar, se sano instantáneamente durante el servicio de adoración. Interesantemente Andrew solo había estado usando un yeso en el pie durante solo dos semanas. Durante el servicio, nadie fue a poner las manos en oración sobre el pie de Andrew, ni el Pastor Frank ni yo oramos personalmente por Andrew desde la distancia. Sin embargo, Andrew fue sanado milagrosamente.

¿Por qué pasó esto? Creo sinceramente que una de las principales razones por las que Andrew fue sanado se debió al ayuno de 40 días que el Señor me había guiado y me dio la gracia para completar. Creo esto porque cuando nuestro Señor Jesucristo terminó Su propio ayuno de 40 días en Mateo 4, salió del desierto lleno del poder del Espíritu Santo. Por consiguiente, y poco después, Cristo comenzó a ministrar con autoridad divina y poder sobrenatural, lo que resultó en milagros, señales y maravillas que produjeron sanidades físicas, liberaciones espirituales y mucho más. Por lo tanto, creo que Dios utilizó mi ayuno líquido de 40 días para prepararnos, posicionarnos y colocarnos ante Él y en Su presencia, para que pudiéramos acceder el poder de Su Espíritu Santo para desatar el poder del avivamiento en y a través de nuestras vidas de una manera acelerada.

Ahora, con eso en mente, debo enfatizar que realmente creo que el ayuno es un rudimento para el avivamiento que puede acelerar el movimiento sobrenatural de Dios en nuestras vidas más allá de todo lo que podemos pedir o pensar. De hecho, mi vida fue profundamente impactada por un ayuno de 31 días que Dios llevó al Pastor Matthew Hagee de Cornerstone Church a continuar desde el 1 de enero hasta el 31 de enero de 2008. Aproximadamente un año después de su ayuno, el Pastor Matthew compartió conmigo que durante su ayuno, que fue aproximadamente cinco meses antes de que él y yo nos conociéramos, oró específicamente para que Dios le trajera los nuevos líderes que Dios quería agregar al equipo pastoral de la Generación de Josué del Pastor Matthew. Para resumir la historia, casi cuatro meses después de completar su ayuno, el domingo por la noche, 25 de mayo de 2008, Dios respondió la oración del Pastor Matthew utilizando al Dr. Chris Hill para llevarme literalmente al salón verde del Pastor Matthew y el Pastor Hagee antes que el Dr. Hill ministró esa noche en su servicio. Muchos meses después, el Pastor Matthew me contó cómo el hecho de que me uniera a su equipo pastoral fue un resultado directo de su propio ayuno de 31 días.

Ahora bien, si tuviera más tiempo y espacio, compartiría con ustedes muchos otros testimonios de cómo los ayunos prolongados pueden causar que los efectos del ayuno 3D se produzcan en todas nuestras vidas. Sin embargo, debo continuar con el resto de este capítulo y compartir con ustedes lo que Dios me ha revelado como los Diez Propósitos Poderosos del Ayuno. Sí, hay al menos diez propósitos poderosos para el ayuno que pueden grandemente impactar nuestras vidas y a los que nos rodean, si decidimos practicar este rudimento reverente para el avivamiento.

Permíteme explicarte. Los dos primeros propósitos, que se basan bíblicamente en Deuteronomio 9, son 1) que recibamos la palabra de Dios en tiempos de grandes transiciones en la vida de su pueblo, incluyendo la nuestra, y 2) que intercedamos para que la misericordia de Dios se haga disponible para su pueblo, incluyendo los miembros de nuestra propia familia. Estos dos propósitos son evidentes en la experiencia que Moisés tuvo con Dios, el pueblo de Israel y su hermano biológico Aarón, como se puede observar en Deuteronomio 9:7-29 que dice:

[7] Recuerda esto, y nunca olvides cómo provocaste la ira
del SEÑOR tu Dios en el desierto. Desde el día en que saliste de
Egipto hasta tu llegada aquí, has sido rebelde contra
el SEÑOR. [8] A tal grado provocaste su enojo en Horeb, que estuvo
a punto de destruirte. [9] Cuando subí a la montaña para recibir
las tablas de piedra, es decir, las tablas del pacto que
el SEÑOR había hecho contigo, me quedé en la montaña cuarenta
días y cuarenta noches, y no comí pan ni bebí agua. [10] Allí
el SEÑOR me dio dos tablas de piedra, en las que él mismo
escribió todas las palabras que proclamó desde la montaña, de
en medio del fuego, el día de la asamblea.
[11] Pasados los cuarenta días y las cuarenta noches, el SEÑOR me
dio las dos tablas de piedra, es decir, las tablas del pacto, [12] y me
dijo: "Levántate y baja de aquí en seguida, porque ese pueblo
tuyo, que sacaste de Egipto, se ha descarriado. Bien pronto se
han apartado del camino que les mandé seguir, y se han
fabricado un ídolo de metal fundido".
[13] También me dijo: "He visto a este pueblo, y ¡realmente es un
pueblo terco! [14] Déjame que lo destruya y borre hasta el
recuerdo de su nombre. De ti, en cambio, haré una nación más
fuerte y numerosa que la de ellos".
[15] Luego me di vuelta y bajé de la montaña que ardía en llamas.
En las manos traía yo las dos tablas del pacto. [16] Entonces vi que
ustedes habían pecado contra el SEÑOR su Dios, pues se habían
fabricado un ídolo fundido con forma de becerro. ¡Bien pronto
se habían apartado del camino que el SEÑOR les había
trazado! [17] Así que tomé las dos tablas que traía en las manos y
las arrojé al suelo, haciéndolas pedazos delante de ustedes.
[18] Nuevamente me postré delante del SEÑOR cuarenta días y
cuarenta noches, y no comí pan ni bebí agua. Lo hice por el
gran pecado que ustedes habían cometido al hacer lo malo a los

ojos del SEÑOR, provocando así su ira. ¹⁹ Tuve verdadero miedo del enojo y de la ira del SEÑOR, pues a tal grado se indignó contra ustedes, que quiso destruirlos. Sin embargo, el SEÑOR me escuchó una vez más. ²⁰ Así mismo, tan enojado estaba el SEÑOR contra Aarón que quería destruirlo, y también en esa ocasión intercedí por él. ²¹ Luego agarré el becerro que ustedes se fabricaron, ese ídolo que los hizo pecar, y lo quemé en el fuego; lo desmenucé y lo reduje a polvo fino, y arrojé el polvo al arroyo que baja de la montaña.

²² En Taberá, en Masá y en Quibrot Hatavá ustedes provocaron también la indignación del SEÑOR, ²³ lo mismo que cuando el SEÑOR los envió desde Cades Barnea y les dijo: "Vayan y tomen posesión de la tierra que les he dado". Ustedes se rebelaron contra la orden del SEÑOR su Dios; no confiaron en él ni le obedecieron. ²⁴ ¡Desde que los conozco han sido rebeldes al SEÑOR!

²⁵ Como el SEÑOR había dicho que los destruiría, yo me quedé postrado ante él esos cuarenta días y cuarenta noches. ²⁶ Oré al SEÑOR y le dije: "SEÑOR y Dios, ¡no destruyas tu propia heredad, el pueblo que por tu grandeza redimiste y sacaste de Egipto con gran despliegue de fuerza! ²⁷ ¡Acuérdate de tus siervos Abraham, Isaac y Jacob! Pasa por alto la terquedad de este pueblo, y su maldad y su pecado, ²⁸ no sea que allá, en el país de donde nos sacaste, digan: 'El SEÑOR no pudo llevarlos a la tierra que les había prometido. Y, como los aborrecía, los sacó para que murieran en el desierto'. ²⁹ Después de todo, ellos son tu propia heredad; son el pueblo que sacaste con gran despliegue de fuerza y de poder.

Deuteronomio 9:7-29 NVI

En adición, el tercer propósito del ayuno, que se basa bíblicamente en 1 Reyes 19, es 3) que le pasemos a nuestros sucesores lo que Dios nos dio primero. Este propósito del ayuno puede notarse en el plan de sucesión soberano de Dios y en la transición de los profetas Elías y Eliseo, como se puede observar en 1 Reyes 19:1-21 que dice:

[1] Acab le contó a Jezabel todo lo que Elías había hecho, y cómo había matado a todos los profetas a filo de espada. [2] Entonces Jezabel envió un mensajero a Elías para decirle: «¡Que los dioses me castiguen sin piedad si mañana a esta hora no te he quitado la vida como tú se la quitaste a ellos!»

[3] Elías se asustó y huyó para ponerse a salvo. Cuando llegó a Berseba de Judá, dejó allí a su criado [4] y caminó todo un día por el desierto. Llegó adonde había un arbusto, y se sentó a su sombra con ganas de morirse. «¡Estoy harto, SEÑOR! — protestó—. Quítame la vida, pues no soy mejor que mis antepasados». [5] Luego se acostó debajo del arbusto y se quedó dormido.

De repente, un ángel lo tocó y le dijo: «Levántate y come». [6] Elías miró a su alrededor y vio a su cabecera un panecillo cocido sobre carbones calientes y un jarro de agua. Comió y bebió, y volvió a acostarse.

[7] El ángel del SEÑOR regresó y, tocándolo, le dijo: «Levántate y come, porque te espera un largo viaje». [8] Elías se levantó, y comió y bebió. Una vez fortalecido por aquella comida, viajó cuarenta días y cuarenta noches hasta que llegó a Horeb, el monte de Dios. [9] Allí pasó la noche en una cueva. Más tarde, la palabra del SEÑOR vino a él.

—¿Qué haces aquí, Elías? —le preguntó.

[10] —Me consume mi amor por ti, SEÑOR Dios Todopoderoso — respondió él—. Los israelitas han rechazado tu pacto, han derribado tus altares, y a tus profetas los han matado a filo de espada. Yo soy el único que ha quedado con vida, ¡y ahora quieren matarme a mí también!

[11] El SEÑOR le ordenó:

—Sal y preséntate ante mí en la montaña, porque estoy a punto de pasar por allí.

Como heraldo del SEÑOR *vino un viento recio, tan violento que partió las montañas e hizo añicos las rocas; pero el* SEÑOR *no estaba en el viento. Después del viento hubo un terremoto, pero el* SEÑOR *tampoco estaba en el terremoto.* ¹² *Tras el terremoto vino un fuego, pero el* SEÑOR *tampoco estaba en el fuego. Y después del fuego vino un suave murmullo.* ¹³ *Cuando Elías lo oyó, se cubrió el rostro con el manto y, saliendo, se puso a la entrada de la cueva.*

Entonces oyó una voz que le dijo:

—¿Qué haces aquí, Elías?

¹⁴ *Él respondió:*

—Me consume mi amor por ti, SEÑOR *Dios Todopoderoso. Los israelitas han rechazado tu pacto, han derribado tus altares, y a tus profetas los han matado a filo de espada. Yo soy el único que ha quedado con vida, ¡y ahora quieren matarme a mí también!*

¹⁵ *El* SEÑOR *le dijo:*

—Regresa por el mismo camino y ve al desierto de Damasco. Cuando llegues allá, unge a Jazael como rey de Siria, ¹⁶ *y a Jehú hijo de Nimsi como rey de Israel; unge también a Eliseo hijo de Safat, de Abel Mejolá, para que te suceda como profeta.* ¹⁷ *Jehú dará muerte a cualquiera que escape de la espada de Jazael, y Eliseo dará muerte a cualquiera que escape de la espada de Jehú.* ¹⁸ *Sin embargo, yo preservaré a siete mil israelitas que no se han arrodillado ante Baal ni lo han besado.*

¹⁹ *Elías salió de allí y encontró a Eliseo hijo de Safat, que estaba arando. Había doce yuntas de bueyes en fila, y él mismo conducía la última. Elías pasó junto a Eliseo y arrojó su manto sobre él.* ²⁰ *Entonces Eliseo dejó sus bueyes y corrió tras Elías.*

—Permítame usted despedirme de mi padre y de mi madre con un beso —dijo él—, y luego lo seguiré.

—Anda, ve —respondió Elías—. Yo no te lo voy a impedir.[d]

²¹ *Eliseo lo dejó y regresó. Tomó su yunta de bueyes y los sacrificó. Quemando la madera de la yunta, asó la carne y se la*

dio al pueblo, y ellos comieron. Luego partió para seguir a Elías
y se puso a su servicio.

1 Reyes 19:1-21 NVI

Asimismo, el cuarto, quinto y sexto propósito del ayuno, que se basan bíblicamente en Daniel 1 y Ester 4 y 5, son 4) que obtengamos favor con Dios y con la humanidad, 5) accedamos inteligencia y sabiduría celestial, y 6) recibamos una unción sobrenatural que nos autoriza y nos da poder para combatir el ataque de los enemigos de Dios contra su pueblo, a fin de liberar al pueblo de Dios de los malvados complots. Estos propósitos del ayuno se pueden ver en la intervención del profeta Daniel y la reina Ester durante cada uno de los momentos cruciales en los que vivieron, como se puede observar en Daniel 1:1-21 y Ester 4:1-17; 5:1-5 que dicen:

[1] En el año tercero del reinado del rey Joacim de Judá, el rey Nabucodonosor de Babilonia vino a Jerusalén y la sitió. [2] El Señor permitió que Joacim cayera en manos de Nabucodonosor. Junto con él, cayeron en sus manos algunos de los utensilios del templo de Dios, los cuales Nabucodonosor se llevó a Babilonia y puso en el tesoro del templo de sus dioses. [3] Además, el rey le ordenó a Aspenaz, jefe de los oficiales de su corte, que llevara a su presencia a algunos de los israelitas pertenecientes a la familia real y a la nobleza. [4] Debían ser jóvenes apuestos y sin ningún defecto físico, que tuvieran aptitudes para aprender de todo y que actuaran con sensatez; jóvenes sabios y aptos para el servicio en el palacio real, a los cuales Aspenaz debía enseñarles la lengua y la literatura de los babilonios. [5] El rey les asignó raciones diarias de la comida y del vino que se servía en la mesa real. Su preparación habría de durar tres años, después de lo cual entrarían al servicio del rey.
[6] Entre estos jóvenes se encontraban Daniel, Ananías, Misael y Azarías, que eran de Judá, [7] y a los cuales el jefe de oficiales les

cambió el nombre: a Daniel lo llamó Beltsasar; a Ananías, Sadrac; a Misael, Mesac; y a Azarías, Abednego.

[8] Pero Daniel se propuso no contaminarse con la comida y el vino del rey, así que le pidió al jefe de oficiales que no lo obligara a contaminarse. [9] Y aunque Dios había hecho que Daniel se ganara el afecto y la simpatía del jefe de oficiales, [10] este se vio obligado a responderle a Daniel: «Tengo miedo de mi señor el rey, pues fue él quien te asignó la comida y el vino. Si el rey llega a verte más flaco y demacrado que los otros jóvenes de tu edad, por culpa tuya me cortará la cabeza».

[11] El jefe de oficiales le ordenó a un guardia atender a Daniel, Ananías, Misael y Azarías. Por su parte, Daniel habló con ese guardia y le dijo: [12] «Por favor, haz con tus siervos una prueba de diez días. Danos de comer solo verduras, y de beber solo agua. [13] Pasado ese tiempo, compara nuestro semblante con el de los jóvenes que se alimentan con la comida real, y procede de acuerdo con lo que veas en nosotros».

[14] El guardia aceptó la propuesta, y los sometió a una prueba de diez días. [15] Al cumplirse el plazo, estos jóvenes se veían más sanos y mejor alimentados que cualquiera de los que participaban de la comida real. [16] Así que el guardia les retiró la comida y el vino del rey, y en su lugar siguió alimentándolos con verduras.

[17] A estos cuatro jóvenes Dios los dotó de sabiduría e inteligencia para entender toda clase de literatura y ciencia. Además, Daniel podía entender toda visión y todo sueño.

[18] Cumplido el plazo fijado por el rey Nabucodonosor, y conforme a sus instrucciones, el jefe de oficiales los llevó ante su presencia. [19] Luego de hablar el rey con Daniel, Ananías, Misael y Azarías, no encontró a nadie que los igualara, de modo que los cuatro entraron a su servicio. [20] El rey los interrogó, y en todos los temas que requerían de sabiduría y discernimiento los halló diez veces más inteligentes que todos los magos y hechiceros de

su reino. ²¹ Fue así como Daniel se quedó en Babilonia hasta el primer año del rey Ciro.

Daniel 1:1-21 NVI

¹ Cuando Mardoqueo se enteró de todo lo que se había hecho, se rasgó las vestiduras, se vistió de luto, se cubrió de ceniza y salió por la ciudad dando gritos de amargura. ² Pero, como a nadie se le permitía entrar a palacio vestido de luto, solo pudo llegar hasta la puerta del rey. ³ En cada provincia adonde llegaban el edicto y la orden del rey, había gran duelo entre los judíos, con ayuno, llanto y lamentos. Muchos de ellos, vestidos de luto, se tendían sobre la ceniza.

⁴ Cuando las criadas y los eunucos de la reina Ester llegaron y le contaron lo que pasaba, ella se angustió mucho y le envió ropa a Mardoqueo para que se la pusiera en lugar de la ropa de luto; pero él no la aceptó. ⁵ Entonces Ester mandó llamar a Hatac, uno de los eunucos del rey puesto al servicio de ella, y le ordenó que averiguara qué preocupaba a Mardoqueo y por qué actuaba de esa manera.

⁶ Así que Hatac salió a ver a Mardoqueo, que estaba en la plaza de la ciudad, frente a la puerta del rey. ⁷ Mardoqueo le contó todo lo que le había sucedido, mencionándole incluso la cantidad exacta de dinero que Amán había prometido pagar al tesoro real por la aniquilación de los judíos. ⁸ También le dio una copia del texto del edicto promulgado en Susa, el cual ordenaba el exterminio, para que se lo mostrara a Ester, se lo explicara, y le ordenara que se presentara ante el rey para implorar clemencia e interceder en favor de su pueblo.

⁹ Hatac regresó y le informó a Ester lo que Mardoqueo había dicho. ¹⁰ Entonces ella ordenó a Hatac que le dijera a Mardoqueo: ¹¹ «Todos los servidores del rey y el pueblo de las provincias del reino saben que, para cualquier hombre o mujer que, sin ser invitado por el rey, se acerque a él en el patio interior, hay una sola ley: la pena de muerte. La única excepción es que el rey, extendiendo su cetro de oro, le perdone la vida. En cuanto a mí, hace ya treinta días que el rey no me ha pedido presentarme ante él».

[12] Cuando Mardoqueo se enteró de lo que había dicho Ester, [13] mandó a decirle: «No te imagines que por estar en la casa del rey serás la única que escape con vida de entre todos los judíos. [14] Si ahora te quedas absolutamente callada, de otra parte vendrán el alivio y la liberación para los judíos, pero tú y la familia de tu padre perecerán. ¡Quién sabe si no has llegado al trono precisamente para un momento como este!»

[15] Ester le envió a Mardoqueo esta respuesta: [16] «Ve y reúne a todos los judíos que están en Susa, para que ayunen por mí. Durante tres días no coman ni beban, ni de día ni de noche. Yo, por mi parte, ayunaré con mis doncellas al igual que ustedes. Cuando cumpla con esto, me presentaré ante el rey, por más que vaya en contra de la ley. ¡Y, si perezco, que perezca!»

[17] Entonces Mardoqueo fue y cumplió con todas las instrucciones de Ester.

Ester 4:1-17 NVI

[1] Al tercer día, Ester se puso sus vestiduras reales y fue a pararse en el patio interior del palacio, frente a la sala del rey. El rey estaba sentado allí en su trono real, frente a la puerta de entrada. [2] Cuando vio a la reina Ester de pie en el patio, se mostró complacido con ella y le extendió el cetro de oro que tenía en la mano. Entonces Ester se acercó y tocó la punta del cetro.

[3] El rey le preguntó:

—¿Qué te pasa, reina Ester? ¿Cuál es tu petición? ¡Aun cuando fuera la mitad del reino, te lo concedería!

[4] —Si le parece bien a Su Majestad —respondió Ester—, venga hoy al banquete que ofrezco en su honor, y traiga también a Amán.

⁵ —Vayan de inmediato por Amán, para que podamos cumplir con el deseo de Ester —ordenó el rey.

Así que el rey y Amán fueron al banquete que ofrecía Ester.

Ester 5:1-5 NVI

El séptimo propósito del ayuno, que se basa bíblicamente en Joel 1 y 2, es 7) que el pueblo de Dios, comenzando por los líderes espirituales, reciban Su llamado a humillarse ante Dios, a fin de reemplazar su juicio merecido con Sus bendiciones misericordiosamente llenas de gracia y el derramamiento del Espíritu Santo. Este propósito se puede observar en el ministerio del profeta Joel, como se puede observar en Joel 1:13-15 y Joel 2:12-19, 28 que dicen:

¹³ Vístanse de duelo y giman, sacerdotes;
*   laméntense, ministros del altar.*
Vengan, ministros de mi Dios,
*   y pasen la noche vestidos de luto,*
porque las ofrendas de cereales y las libaciones
*   han sido suspendidas en la casa de su Dios.*
¹⁴ Entréguense al ayuno,
*   convoquen a una asamblea solemne.*
Reúnan a los ancianos del pueblo
*   en la casa del SEÑOR su Dios;*
reúnan a todos los habitantes del país,
*   y clamen al SEÑOR.*
¹⁵ ¡Ay de aquel día, el día del SEÑOR, que ya se aproxima!
*   Vendrá como devastación de parte del Todopoderoso.*

Joel 1:13-15 NVI

¹² «Ahora bien —afirma el SEÑOR—,
*   vuélvanse a mí de todo corazón,*
*   con ayuno, llantos y lamentos».*
¹³ Rásguense el corazón
*   y no las vestiduras.*

Vuélvanse al SEÑOR su Dios,
    porque él es bondadoso y compasivo,
lento para la ira y lleno de amor,
    cambia de parecer y no castiga.
[14] *Tal vez Dios reconsidere y cambie de parecer,*
    y deje tras de sí una bendición.
Las ofrendas de cereales y las libaciones
    son del SEÑOR su Dios.
[15] *Toquen la trompeta en Sion,*
    proclamen el ayuno,
convoquen a una asamblea solemne.
[16] *Congreguen al pueblo,*
    purifiquen la asamblea;
junten a los ancianos del pueblo,
    reúnan a los pequeños
    y a los niños de pecho.
Que salga de su alcoba el recién casado,
    y la recién casada de su cámara nupcial.
[17] *Lloren, sacerdotes, ministros del SEÑOR,*
    entre el pórtico y el altar;
y digan: «Compadécete, SEÑOR, de tu pueblo.
    No entregues tu propiedad al oprobio,
    para que las naciones no se burlen de ella.
¿Por qué habrán de decir entre los pueblos:
    "Dónde está su Dios?"»
[18] *Entonces el SEÑOR mostró amor por su tierra*
    y perdonó a su pueblo.
[19] *Y les respondió el SEÑOR:*
«Miren, les enviaré cereales, vino nuevo y aceite,
    hasta dejarlos plenamente satisfechos;
y no volveré a entregarlos
    al oprobio entre las naciones.

^{28} *Después de esto,*
derramaré mi Espíritu sobre todo el género humano.
Los hijos y las hijas de ustedes profetizarán,
tendrán sueños los ancianos
y visiones los jóvenes.

Joel 2:12-19, 28 NVI

Adicionalmente, el octavo propósito del ayuno, que se basa bíblicamente en Jonás 3, es 8) para marcar el comienzo de un avivamiento para las autoridades gobernantes y las personas que dirigen en sus ciudades y más allá. Esto es evidente en el testimonio del ministerio del profeta Jonás en la ciudad de Nínive, como se puede observar en Jonás 3:1-10 que dice:

> ^{1} *La palabra del SEÑOR vino por segunda vez a Jonás:* ^{2} *«Anda, ve a la gran ciudad de Nínive y proclámale el mensaje que te voy a dar».*
> ^{3} *Jonás se fue hacia Nínive, conforme al mandato del SEÑOR. Ahora bien, Nínive era una ciudad grande y de mucha importancia.* ^{4} *Jonás se fue internando en la ciudad, y la recorrió todo un día, mientras proclamaba: «¡Dentro de cuarenta días Nínive será destruida!»* ^{5} *Y los ninivitas le creyeron a Dios, proclamaron ayuno y, desde el mayor hasta el menor, se vistieron de luto en señal de arrepentimiento.*
> ^{6} *Cuando el rey de Nínive se enteró del mensaje, se levantó de su trono, se quitó su manto real, hizo duelo y se cubrió de ceniza.* ^{7} *Luego mandó que se pregonara en Nínive:*
> *«Por decreto del rey y de su corte:*
> *»Ninguna persona o animal, ni ganado lanar o vacuno, probará alimento alguno, ni tampoco pastará ni beberá agua.* ^{8} *Al contrario, el rey ordena que toda persona, junto con sus animales, haga duelo y clame a Dios con todas sus fuerzas. Ordena así mismo que cada uno se convierta de su mal camino y*

de sus hechos violentos. ⁹ ¡Quién sabe! Tal vez Dios cambie de parecer, y aplaque el ardor de su ira, y no perezcamos».
¹⁰ Al ver Dios lo que hicieron, es decir, que se habían convertido de su mal camino, cambió de parecer y no llevó a cabo la destrucción que les había anunciado.

Jonás 3:1-10 NVI

Penúltimo, el noveno propósito del ayuno, que se basa bíblicamente en Lucas 4, es 9) para lanzarnos al ministerio del reino de Cristo a fin de cumplir Su Gran Comisión para nosotros, que puede resultar en la mayor cosecha de almas salvadas y sanadas, liberadas, prosperadas y mucho más en todo el mundo. Por supuesto, creo que estamos a punto de experimentar eso en este año 2020 y en la década siguiente a un nivel, dimensión y medida más grande que jamás se haya experimentado en la historia de la humanidad. Este propósito del ayuno se ejemplifica mejor en la vida y ministerio de nuestro Señor Jesucristo, como se puede observar en Lucas 4:1-2, 14-21 que dice:

¹ Jesús, lleno del Espíritu Santo, volvió del Jordán y fue llevado por el Espíritu al desierto. ² Allí estuvo cuarenta días y fue tentado por el diablo. No comió nada durante esos días, pasados los cuales tuvo hambre.

¹⁴ Jesús regresó a Galilea en el poder del Espíritu, y se extendió su fama por toda aquella región. ¹⁵ Enseñaba en las sinagogas, y todos lo admiraban.
¹⁶ Fue a Nazaret, donde se había criado, y un sábado entró en la sinagoga, como era su costumbre. Se levantó para hacer la lectura, ¹⁷ y le entregaron el libro del profeta Isaías. Al desenrollarlo, encontró el lugar donde está escrito:
¹⁸ «El Espíritu del Señor está sobre mí,
*   por cuanto me ha ungido*
*   para anunciar buenas nuevas a los pobres.*
Me ha enviado a proclamar libertad a los cautivos

y dar vista a los ciegos,
a poner en libertad a los oprimidos,
[19] a pregonar el año del favor del Señor».
[20] Luego enrolló el libro, se lo devolvió al ayudante y se sentó.
Todos los que estaban en la sinagoga lo miraban
detenidamente, [21] y él comenzó a hablarles: «Hoy se cumple esta
Escritura en presencia de ustedes.

Lucas 4:1-2, 14-21 NVI

Por último, el décimo propósito del ayuno, que se basa bíblicamente en Marcos 9, es 10) para que administremos eficazmente la autoridad y el poder de Jesucristo y el Espíritu Santo para que podamos echar fuera los espíritus malignos de las vidas y familias de las personas que ellos han estado atormentando y tratando de matarlos, como se puede observar en Marcos 9:14-29 que dice:

[14] Cuando llegó a donde estaban los discípulos, vio una gran multitud alrededor de ellos, y escribas que discutían con ellos. [15] En seguida toda la gente, viéndolo, se asombró; y corriendo a él, lo saludaron. [16] Él les preguntó:
—¿Qué discutís con ellos?
[17] Respondiendo uno de la multitud, dijo:
—Maestro, traje a ti mi hijo, que tiene un espíritu mudo, [18] el cual, dondequiera que lo toma, lo sacude; echa espumarajos, cruje los dientes y se va secando. Dije a tus discípulos que lo echaran fuera, pero no pudieron.
[19] Respondiendo él, les dijo:
—¡Generación incrédula! ¿Hasta cuándo he de estar con vosotros? ¿Hasta cuándo os he de soportar? Traédmelo.
[20] Se lo trajeron, y cuando el espíritu vio a Jesús, sacudió con violencia al muchacho, que cayó al suelo revolcándose y echando espumarajos. [21] Jesús preguntó al padre:
—¿Cuánto tiempo hace que le sucede esto?
Él dijo:

—Desde niño. 22 Y muchas veces lo arroja al fuego o al agua, para matarlo; pero si puedes hacer algo, ten misericordia de nosotros y ayúdanos.

23 Jesús le dijo:

—Si puedes creer, al que cree todo le es posible.

24 Inmediatamente el padre del muchacho clamó y dijo:

—Creo; ayuda mi incredulidad.

25 Cuando Jesús vio que la multitud se agolpaba, reprendió al espíritu impuro, diciéndole:

—Espíritu mudo y sordo, yo te mando que salgas de él y no entres más en él.

26 Entonces el espíritu, clamando y sacudiéndolo con violencia, salió; y él quedó como muerto, de modo que muchos decían: «Está muerto.»

27 Pero Jesús, tomándolo de la mano, lo enderezó; y se levantó. 28 Cuando él entró en casa, sus discípulos le preguntaron aparte:

—¿Por qué nosotros no pudimos echarlo fuera?

29 Y les dijo:

—Este género con nada puede salir, sino con oración y ayuno.

Marcos 9:14-29 RVR 1995

Ahora, con estos diez propósitos poderosos del ayuno en mente, podemos ver cuán extremadamente poderoso es y puede ser el rudimento reverente del ayuno en nuestras vidas y en la vida de muchos otros. Por lo tanto, creo que, ahora más que nunca, necesitamos practicar este rudimento de avivamiento. Cuando lo hagamos, Dios utilizará nuestro ayuno para lanzar avivadores en el mundo de acuerdo con Hechos 13:1-3 que dice:

1 Había entonces en la iglesia que estaba en Antioquía, profetas y maestros: Bernabé, Simón el que se llamaba Níger, Lucio de Cirene, Manaén el que se había criado junto con Herodes el tetrarca, y Saulo. 2 Ministrando estos al Señor y ayunando, dijo

el Espíritu Santo: «Apartadme a Bernabé y a Saulo para la obra a que los he llamado.»
³ Entonces, habiendo ayunado y orado, les impusieron las manos y los despidieron.

Hechos 13:1-3 RVR 1995

A partir de este pasaje de las Escrituras y de todas las demás escrituras que hemos considerado en este capítulo, es innegablemente evidente que es la voluntad de Dios para nosotros y el llamado de Cristo que nos aseguremos de aplicar este rudimento reverente del ayuno a nuestras vidas y a nuestro servicio en el reino de Dios en la tierra. Cuando lo hagamos, Dios liberará más de Su autoridad y poder sobre nosotros, como Su iglesia, para que podamos avanzar en lo que Él ya ha preparado de antemano para nosotros. Por eso, ahora más que nunca debemos hacer más ayunos y menos festejos, porque de ello depende nuestro bienestar y el bienestar de los demás. Se está haciendo la historia para el próximo gran despertar, y nuestro ayuno en obediencia a la palabra de Dios acelerará Su obra poderosa para que podamos recibir y desatar avivamiento ahora.

CAPÍTULO 9
EL RUDIMENTO DE LA ADORACIÓN

El tercero de los cinco rudimentos reverentes para el avivamiento ahora es la adoración. Aunque la palabra "adoración", como "ayuno", no aparece en Hechos 1 o 2, en lo que respecta al relato del apóstol Pedro y los 120 discípulos, una mirada más cercana a la fiesta judía de Pentecostés puede revelar cómo la adoración está muy relacionada con el avivamiento. La base bíblica para esta conexión está registrada en Levítico 23:15-22 y apoyada en Éxodo 34, Deuteronomio 16 y Números 28. En estos pasajes de las Escrituras, la Fiesta de Pentecostés, también conocida como la Fiesta de las Semanas o Shavuot, que se refiere a siete semanas después de la primera fiesta de Pascua, se señala como una fiesta durante la cual se requería que los judíos ascendieran al templo de Dios en Jerusalén. A su llegada de todas las regiones circundantes, debían llevar su cosecha de primavera, la primicia de su ofrenda de grano de trigo, junto con ofrendas mecidas de pan leudado con trigo, al Dios de Israel. Esto se hizo como un acto de adoración. Por lo tanto, esto revela la conexión de la adoración con la Fiesta de Pentecostés y con el avivamiento que ocurrió en Hechos 2. Esto se puede entender mejor si consideramos las siguientes escrituras de

159

Levítico 23:15-22, Éxodo 34:22, Deuteronomio 16:9-10, y Números 28:26 que dicen:

15 Contaréis siete semanas cumplidas desde el día que sigue al sábado, desde el día en que ofrecisteis la gavilla de la ofrenda mecida. 16 Hasta el día siguiente al séptimo sábado contaréis cincuenta días; entonces ofreceréis el nuevo grano a Jehová. 17 De vuestras habitaciones llevaréis dos panes como ofrenda mecida, que serán de dos décimas de efa de flor de harina, cocidos con levadura, como primicias para Jehová. 18 Junto con el pan ofreceréis siete corderos de un año, sin defecto, un becerro de la vacada y dos carneros: serán el holocausto para Jehová, además de su ofrenda y sus libaciones, ofrenda de olor grato que se quema a Jehová.

19 Ofreceréis además un macho cabrío como expiación, y dos corderos de un año en sacrificio de ofrenda de paz. 20 El sacerdote los presentará como ofrenda mecida delante de Jehová, con el pan de las primicias y los dos corderos; serán cosa consagrada a Jehová para el sacerdote.

21 En este mismo día convocaréis una reunión santa; ningún trabajo de siervos haréis. Estatuto perpetuo os será, dondequiera que habitéis, por vuestras generaciones.

22 Cuando seguéis la mies de vuestra tierra, no segaréis hasta el último rincón de ella, ni espigarás tu siega; para el pobre y para el extranjero la dejarás. Yo, Jehová, vuestro Dios.

Levítico 23:15-22 RVR 1995

22 También celebrarás la fiesta de las Semanas, la de las primicias de la cosecha del trigo y la fiesta de la Cosecha a la salida del año.

Éxodo 34:22 RVR 1995

9 Siete semanas contarás; desde que comience a meterse la hoz en las mieses comenzarás a contar las siete semanas. 10 Y

celebrarás la fiesta solemne de las Semanas en honor de Jehová,
tu Dios, presentando tus ofrendas voluntarias según lo
abundantes que hayan sido las bendiciones de Jehová, tu Dios.
Deuteronomio 16:9-10 RVR 1995

[26] Además, el día de las primicias, cuando presentéis la ofrenda
de los nuevos frutos a Jehová en la fiesta de las Semanas,
tendréis santa convocación: ninguna obra de siervos haréis
Números 28:26 RVR 1995

Por consiguiente, el apóstol Pedro y los 120 discípulos, todos judíos, habrían estado observando esta fiesta y trayendo el mismo tipo de ofrendas o adoración establecida en la Fiesta original de Pentecostés en el Antiguo Testamento. Por lo tanto, la entrega de ofrendas, también conocida como una forma de adoración, habría sido un rudimento reverente requerido para el avivamiento que experimentaron en el Día de Pentecostés en el Nuevo Testamento. Sin embargo, antes de asumir lo que es la adoración y, comprensiblemente, asociarlo con las grandes canciones, música, melodías, armonías y listas de canciones que amamos y tenemos en nuestros diversos dispositivos electrónicos, es muy importante que consideremos la primera vez la palabra "adoración" aparece en la palabra de Dios. Al hacerlo, podemos descubrir qué nos revela su primera mención sobre la adoración. Con eso en mente, consideremos Génesis 22:1-19 donde la adoración se menciona por primera vez en la Biblia.

[1] Aconteció después de estas cosas, que Dios probó a Abraham.
Le dijo:
—Abraham.
Éste respondió:
—Aquí estoy.
[2] Y Dios le dijo:

—*Toma ahora a tu hijo, tu único, Isaac, a quien amas, vete a tierra de Moriah y ofrécelo allí en holocausto sobre uno de los montes que yo te diré.*

³ Abraham se levantó muy de mañana, ensilló su asno, tomó consigo a dos de sus siervos y a Isaac, su hijo. Después cortó leña para el holocausto, se levantó y fue al lugar que Dios le había dicho. ⁴ Al tercer día alzó Abraham sus ojos y vio de lejos el lugar. ⁵ Entonces dijo Abraham a sus siervos:

—*Esperad aquí con el asno. Yo y el muchacho iremos hasta allá, adoraremos y volveremos a vosotros.*

⁶ Tomó Abraham la leña del holocausto y la puso sobre Isaac, su hijo; luego tomó en su mano el fuego y el cuchillo y se fueron los dos juntos. ⁷ Después dijo Isaac a Abraham, su padre:

—*Padre mío.*

Él respondió:

—*Aquí estoy, hijo mío.*

Isaac le dijo:

—*Tenemos el fuego y la leña, pero ¿dónde está el cordero para el holocausto?*

⁸ Abraham respondió:

—*Dios proveerá el cordero para el holocausto, hijo mío.*

E iban juntos.

⁹ Cuando llegaron al lugar que Dios le había dicho, edificó allí Abraham un altar, compuso la leña, ató a Isaac, su hijo, y lo puso en el altar sobre la leña. ¹⁰ Extendió luego Abraham su mano y tomó el cuchillo para degollar a su hijo. ¹¹ Entonces el ángel de Jehová lo llamó desde el cielo:

—*¡Abraham, Abraham!*

Él respondió:

—*Aquí estoy.*

¹² El ángel le dijo:

—*No extiendas tu mano sobre el muchacho ni le hagas nada, pues ya sé que temes a Dios, por cuanto no me rehusaste a tu hijo, tu único hijo.*

¹³ Entonces alzó Abraham sus ojos y vio a sus espaldas un carnero trabado por los cuernos en un zarzal; fue Abraham, tomó el carnero y lo ofreció en holocausto en lugar de su hijo. ¹⁴ Y llamó Abraham a aquel lugar «Jehová proveerá.» Por tanto se dice hoy: «En el monte de Jehová será provisto.» ¹⁵ Llamó el ángel de Jehová a Abraham por segunda vez desde el cielo, ¹⁶ y le dijo:

—Por mí mismo he jurado, dice Jehová, que por cuanto has hecho esto y no me has rehusado a tu hijo, tu único hijo, ¹⁷ de cierto te bendeciré y multiplicaré tu descendencia como las estrellas del cielo y como la arena que está a la orilla del mar; tu descendencia se adueñará de las puertas de sus enemigos. ¹⁸ En tu simiente serán benditas todas las naciones de la tierra, por cuanto obedeciste a mi voz.

¹⁹ Regresó Abraham adonde estaban sus siervos, y juntos se levantaron y se fueron a Beerseba. Y habitó Abraham en Beerseba.

Génesis 22:1-19 RVR 1995

En este pasaje, encontramos la primera aparición de adoración en las Escrituras y, sorprendentemente, no hay canto, instrumentos, equipos de adoración o participación en coros. En cambio, lo que encontramos es que Dios llama a Abraham a que lleve su hijo prometido, Isaac, a un altar de obediencia sacrificial. Este, por lo tanto, es el acto de adoración original e inicial registrado en la Biblia. Por consiguiente, el resultado final de la adoración de Abraham fue que Dios figurativamente avivo o restauró la vida de Isaac, por el estilo de vida de adoración genuina y original de Abraham.

En cuanto a este tipo de adoración auténtica e inicial, es interesante señalar que el origen de la palabra en inglés "worship" ("adoración") proviene de dos palabras que son "worth" ("valor") y "ship" ("barco"). Mientras que la palabra "worth" ("valor") habla de la importancia del gran valor de algo, la palabra "ship" ("barco") habla del gran tamaño de algo. Además, cuando estas dos palabras se unen para formar "worth-ship" ("adora-cion") o "worship" ("adoración"), estas palabras revelan que la adoración auténtica es en realidad el acto de ofrecer a Dios algo que es de gran valor y tamaño en nuestras vidas. Entonces, ¿por qué debemos adorar, además de saber que nuestro Dios es grande y digno de alabanza en gran medida, según el Salmo 145:3 que dice?

> *³ Grande es Jehová y digno de suprema alabanza;*
> *su grandeza es insondable.*
>
> *Salmo 145:3 RVR 1995*

Según 2 Crónicas 5 y 7, la adoración atrae la presencia y la gloria de Dios a quienes lo adoran. Esto se puede ver claramente en 2 Crónicas, cuando el primer templo de Dios está dedicado a Él en adoración, y posteriormente Él responde a la adoración con Su presencia y gloria manifestándose como una nube de día y una columna de fuego de noche, como se describe en 2 Crónicas 5:13-14 y 7:1-5 que dicen:

> *¹³ Hacían sonar, pues, las trompetas y cantaban al unísono, alabando y dando gracias a Jehová. Y sucedió que mientras ellos alzaban la voz al son de las trompetas, de los címbalos y de los otros instrumentos de música, y alababan a Jehová diciendo: «Porque él es bueno, porque su misericordia es para siempre», una nube llenó la Casa, la casa de Jehová. ¹⁴ Y no podían los sacerdotes estar allí para ministrar, por causa de la nube; porque la gloria de Jehová había llenado la casa de Dios.*
>
> *2 Crónicas 5:13-14 RVR 1995*

> *¹ Cuando Salomón acabó de orar, descendió fuego de los cielos y consumió el holocausto y los sacrificios; y la gloria de Jehová llenó la Casa. ² Y no podían entrar los sacerdotes en la casa de Jehová, porque la gloria de Jehová la había llenado. ³ Cuando vieron todos los hijos de Israel descender el fuego y la gloria de Jehová sobre la Casa, se postraron sobre sus rostros en el*

pavimento y adoraron, y alabaron a Jehová, diciendo: «Porque él es bueno, y su misericordia es para siempre.»
⁴ Entonces el rey y todo el pueblo sacrificaron víctimas delante de Jehová. ⁵ Y ofreció el rey Salomón en sacrificio veintidós mil bueyes y ciento veinte mil ovejas. Así, el rey y todo el pueblo dedicaron la casa de Dios.

2 Crónicas 7:1-5 RVR 1995

Ahora, cuando consideramos estos pasajes de las Escrituras, podemos entender mejor porqué, en el Nuevo Testamento, Dios llama a su pueblo a través del apóstol Pablo a vivir sus vidas como un sacrificio vivo, que es su verdadero y apropiado acto de adoración al Señor, según Romanos 12:1 que dice:

¹ Por lo tanto, hermanos, os ruego por las misericordias de Dios que presentéis vuestros cuerpos como sacrificio vivo, santo, agradable a Dios, que es vuestro verdadero culto.

Romanos 12:1 RVR 1995

En adición, podemos ver cómo nuestro Señor Jesucristo compartió este llamado divino a adorar con la mujer samaritana en Juan 4, y María, la hermana de Lázaro, en Juan 11. En Juan 4:23-24, Jesús le dice a la mujer samaritana lo siguiente:

²³ Pero la hora viene, y ahora es, cuando los verdaderos adoradores adorarán al Padre en espíritu y en verdad, porque también el Padre tales adoradores busca que lo adoren. ²⁴ Dios es Espíritu, y los que lo adoran, en espíritu y en verdad es necesario que lo adoren.

Juan 4:23-24 RVR 1995

La mujer samaritana, que reveló su deseo de adorar a Dios en su conversación con Jesucristo, a partir de ese momento, experimentó su avivamiento personal que luego resultó en el avivamiento colectivo de la gente de su ciudad.

Por consiguiente, cuando observamos el estilo de vida de adoración en la vida de María, la hermana de Lázaro, vemos algo igual de poderoso, si no aún más poderoso. Para entender mejor esto, consideremos Juan 11:1-5, 38-45 que dice:

¹ Había un hombre enfermo llamado Lázaro, que era de Betania, el pueblo de María y Marta, sus hermanas. ² María era la misma que ungió con perfume al Señor, y le secó los pies con sus cabellos. ³ Las dos hermanas mandaron a decirle a Jesús: «Señor, tu amigo querido está enfermo».
⁴ Cuando Jesús oyó esto, dijo: «Esta enfermedad no terminará en muerte, sino que es para la gloria de Dios, para que por ella el Hijo de Dios sea glorificado».
⁵ Jesús amaba a Marta, a su hermana y a Lázaro.

³⁸ Conmovido una vez más, Jesús se acercó al sepulcro. Era una cueva cuya entrada estaba tapada con una piedra.
³⁹ —Quiten la piedra —ordenó Jesús.
Marta, la hermana del difunto, objetó:
—Señor, ya debe oler mal, pues lleva cuatro días allí.
⁴⁰ —¿No te dije que si crees verás la gloria de Dios? —le contestó Jesús.
⁴¹ Entonces quitaron la piedra. Jesús, alzando la vista, dijo:
—Padre, te doy gracias porque me has escuchado. ⁴² Ya sabía yo que siempre me escuchas, pero lo dije por la gente que está aquí presente, para que crean que tú me enviaste.
⁴³ Dicho esto, gritó con todas sus fuerzas:
—¡Lázaro, sal fuera!
⁴⁴ El muerto salió, con vendas en las manos y en los pies, y el rostro cubierto con un sudario.
—Quítenle las vendas y dejen que se vaya —les dijo Jesús.

45 Muchos de los judíos que habían ido a ver a María y que habían presenciado lo hecho por Jesús creyeron en él.

Juan 11:1-5, 38-45 NVI

A través de este pasaje de las Escrituras, podemos ver que María, la hermana de Lázaro, quien era una verdadera adoradora, provocó a Jesucristo, a través de su adoración, para literalmente avivar a su hermano Lázaro de entre los muertos incluso después de que su hermano había estado muerto durante cuatro días. Ahora, para enfatizar aún más y comprender mejor este punto, creo que sería muy útil para nosotros observar la diferencia entre María y su hermana Marta, como se registra en Juan 11:17-37 que dice:

17 Llegó, pues, Jesús y halló que hacía ya cuatro días que Lázaro estaba en el sepulcro. 18 Betania estaba cerca de Jerusalén, como a quince estadios, 19 y muchos de los judíos habían venido a Marta y a María, para consolarlas por su hermano. 20 Entonces Marta, cuando oyó que Jesús llegaba, salió a encontrarlo, pero María se quedó en casa. 21 Marta dijo a Jesús:

—Señor, si hubieras estado aquí, mi hermano no habría muerto. 22 Pero también sé ahora que todo lo que pidas a Dios, Dios te lo dará.

23 Jesús le dijo:

—Tu hermano resucitará.

24 Marta le dijo:

—Yo sé que resucitará en la resurrección, en el día final.

25 Le dijo Jesús:

—Yo soy la resurrección y la vida; el que cree en mí, aunque esté muerto, vivirá. 26 Y todo aquel que vive y cree en mí, no morirá eternamente. ¿Crees esto?

27 Le dijo:

—Sí, Señor; yo he creído que tú eres el Cristo, el Hijo de Dios, que has venido al mundo.

²⁸ Habiendo dicho esto, fue y llamó a María su hermana, diciéndole en secreto:
—El Maestro está aquí, y te llama.
²⁹ Ella, cuando lo oyó, se levantó de prisa y fue a él. ³⁰ Jesús todavía no había entrado en la aldea, sino que estaba en el lugar donde Marta lo había encontrado. ³¹ Entonces los judíos que estaban en casa con ella y la consolaban, cuando vieron que María se había levantado de prisa y había salido, la siguieron, diciendo:
—Va al sepulcro, a llorar allí.
³² María, cuando llegó a donde estaba Jesús, al verlo, se postró a sus pies, diciéndole:
—Señor, si hubieras estado aquí, no habría muerto mi hermano.
³³ Jesús entonces, al verla llorando y a los judíos que la acompañaban, también llorando, se estremeció en espíritu y se conmovió, ³⁴ y preguntó:
—¿Dónde lo pusisteis?
Le dijeron:
—Señor, ven y ve.
³⁵ Jesús lloró. ³⁶ Dijeron entonces los judíos:
—¡Mirad cuánto lo amaba!
³⁷ Y algunos de ellos dijeron:
—¿No podía éste, que abrió los ojos al ciego, haber hecho también que Lázaro no muriera?

Juan 11:17-37 RVR 1995

Este es verdaderamente un pasaje de las Escrituras revelador. ¿Por qué? El nombre de Marta significa "como una dama", mientras que el nombre de María significa "rebelde". Sin embargo, el encuentro de Marta con Jesucristo fue más sobre su conocimiento de teología y escatología que cualquier otra cosa. Mientras tanto, el encuentro de María con Jesucristo fue más sobre su conocimiento relacional y el acceso al poder del cielo en su tiempo presente, en lugar de hacerlo sólo en el lejano futuro del tiempo final.

Además, aunque en una ocasión anterior en Lucas 10, Marta había mostrado el gran acto de darle la bienvenida a Jesucristo en su hogar, rápidamente se distrajo y se preocupó por las tareas de la casa y se quejó con Jesús porque su hermana María no la estaba ayudando en los quehaceres de la casa. Mientras tanto, después de que Jesús fue recibido en su hogar, María, en cambio, 1) fue directamente hacia Él, 2) se sentó a sus pies, 3) lo escuchó y 4) invirtió su tiempo en estar con Jesús, sin dejar que su hermana la distraiga. Esto es claramente evidente en Lucas 10:32-42 que dice:

> [38] *Aconteció que, yendo de camino, entró en una aldea, y una mujer llamada Marta lo recibió en su casa.* [39] *Ésta tenía una hermana que se llamaba María, la cual, sentándose a los pies de Jesús, oía su palabra.* [40] *Marta, en cambio, se preocupaba con muchos quehaceres y, acercándose, dijo:*
> *—Señor, ¿no te da cuidado que mi hermana me deje servir sola? Dile, pues, que me ayude.*
> [41] *Respondiendo Jesús, le dijo:*
> *—Marta, Marta, afanada y turbada estás con muchas cosas.* [42] *Pero sólo una cosa es necesaria, y María ha escogido la buena parte, la cual no le será quitada.*
>
> *Lucas 10:38-42 RVR 1995*

Ahora, cuando conectamos esta distinción entre María y Marta con Juan 11, podemos recordar que Marta y María se habían encontrado con Jesucristo en momentos separados, pero en el mismo lugar donde le dijeron la misma declaración sobre su hermano Lázaro que había muerto. Sin embargo, Cristo respondió de manera diferente a cada una de ellas. De hecho, favoreció el acercamiento de adoración y relación de María hacia Él, mucho más que el lloriqueo y religión de Marta. ¿Por qué? Si bien Marta tenía mucho conocimiento intelectual teológicamente informado acerca de Jesucristo, el reino de Dios y los estudios de los últimos tiempos, María tenía una búsqueda íntima de todo corazón de conocer a Jesucristo personalmente, entrar en Su reino relacionalmente y confiar fielmente en Él. De hecho, la expresión de adoración íntima de María demostró que ella creía que si Jesucristo podía resucitar a los creyentes en los últimos tiempos, también podría resucitar a su hermano Lázaro en su tiempo presente.

De las dos hermanas, solo María está registrada en Juan 11 y 12, como la que ungió los pies de Jesucristo con un aceite fragante muy caro que los eruditos de la Biblia estiman que se valoraba en el salario de un año durante la época de Lázaro. Además, María incluso limpió los pies de Jesús con su propio cabello. ¿Por qué es tan importante tomar nota de esto? La respuesta es porque fue el estilo de vida de adoración extravagante de María lo que provocó que Jesucristo resucitara y avivara a su hermano muerto Lázaro.

La evidencia de esto se puede encontrar en Juan 11:41-43, cuando Jesucristo mismo, antes de resucitar a Lázaro, toma tiempo para mirar a Su Padre Celestial y darle gracias. Cuando Jesús lo hace, a partir de ese momento, menciona que estaba dando gracias a Su Padre Celestial para que aquellos que estaban observando la situación pudieran notar lo que estaba haciendo. Creo que la razón de esto fue porque Jesús quería que todos en la escena se dieran cuenta de cómo este acto de gratitud, que de hecho fue un acto de adoración de Su parte, podría provocar que el poder de avivamiento de Dios se desatara en cualquier situación, incluida la de un hombre muerto que necesita ser avivado.

Esto me recuerda una experiencia similar de la que tuve el honor de ser parte en octubre de 2013 con respecto a uno de mis queridos amigos, el Pastor Josué Holguín, quien también es miembro de la junta de Ministerios De Jesus, junto con su querida esposa, Benita Holguín. Estaba viviendo en San Antonio, Texas en ese momento, el viernes 11 de octubre hasta el domingo 13 de octubre, estaba ministrando como evangelista en Phoenix, Arizona. Mientras estaba allí, me enteré de que Josué, debido a una enfermedad grave, había sido ingresado en la UCI del Centro Médico Laredo en Laredo, Texas, el domingo 13 de octubre. Mientras estaba en el hospital, a Josué le diagnosticaron pancreatitis. Por esta grave enfermedad, tuvo múltiples complicaciones que incluyeron insuficiencia renal, neumonía, taquicardia y diabetes. En un momento, solo se le dio una tasa de supervivencia del 2%. Obviamente, su situación era muy grave, por decir lo mínimo. Mientras tanto, estaba en Phoenix predicando mensajes de avivamiento, incluido uno basado en la resurrección de Lázaro y su conexión con un estilo de vida de adoración. Cuando llegó el momento de regresar a casa el martes 15 de octubre, el Señor le habló a mi espíritu durante mi vuelo de regreso a San Antonio e impresiono en mi corazón una asignación divina. Me hizo saber que cuando aterricé, tenía que pasar la salida de la autopista hacia mi casa y seguir manejando directamente a Laredo. Mi tarea era llegar a Josué y simplemente agradecerle a Dios, como lo hizo Jesús, y orar por la recuperación física de Josué.

Así que le hice saber a Mildred, recibí su bendición para ir, obedecí a nuestro Señor e hice mi parte. Para resumir, llegué al hospital, fui con Benita a ver a Josué en la sala de la UCI, leí en voz alta partes de Juan 11 sobre la vida de Josué mientras estaba sedado y oré con acción de gracias y adoración, junto con Benita. En última instancia, simplemente uní mi adoración y oración con ella, sus familias, amigos y otros ministros. Nuestro Padre Celestial fue más que fiel al hacer Su parte por Josué. En cuatro días, Josué fue sacado de la UCI. En nueve días, estaba de regreso a casa camino a una recuperación completa. Para la gloria de Dios, fue un milagro de avivamiento.

Avanzando hacia este año 2020, Josué ya no tiene ninguno de esos problemas de salud que le diagnosticaron hace siete años. De hecho, ni siquiera necesita tomar ninguno de los medicamentos que tenía que tomar para su condición médica. ¿Qué pasó? Josué experimentó un avivamiento milagroso y la restauración de la salud que nuestro Padre Celestial desato sobre él, porque la adoración puede provocar que la mayor gloria de Dios se manifieste y levante a Su pueblo de una terrible situación de enfermedad a un estado de estar milagrosamente sano.

Por lo tanto, debido a que nuestro Dios no hace acepción de personas, creo de todo corazón que su adoración también puede provocar que Su poder de avivamiento sea desatado a usted y a través de usted a quienes lo rodean. Todo lo que tiene que hacer es decidir diariamente adorar íntimamente a Jesucristo en espíritu y en verdad, independientemente de las circunstancias, situaciones y condiciones de enfermedad o muerte que usted o sus seres queridos puedan estar enfrentando en este momento. La historia se está haciendo para el próximo gran despertar, ¡y Dios quiere utilizar nuestra adoración íntima para provocar Su poder restaurador que desate en otros un avivamiento ahora!

CAPÍTULO 10
EL RUDIMENTO DE VIVIR
SEGÚN LA PALABRA DE DIOS

El cuarto de los cinco rudimentos reverentes para el avivamiento ahora es vivir según la palabra de Dios. Este rudimento se basa bíblicamente en Hechos 1:15-20 y Hechos 2:16-21, además de muchos otros pasajes de las Escrituras que compartiré en este capítulo. Considera lo siguiente:

> *[15] En aquellos días Pedro se levantó en medio de los hermanos (los reunidos eran como ciento veinte en número), y dijo:*
> *[16] —Hermanos, era necesario que se cumpliera la Escritura que el Espíritu Santo, por boca de David, había anunciado acerca de Judas, que fue guía de los que prendieron a Jesús, [17] y era contado con nosotros y tenía parte en este ministerio. [18] Éste, pues, que había adquirido un campo con el salario de su iniquidad, cayó de cabeza y se reventó por la mitad, y todas sus entrañas se derramaron. [19] Y fue notorio a todos los habitantes de Jerusalén, de tal manera que aquel campo se llama en su*

propia lengua, Acéldama (que significa "Campo de
sangre"), 20 porque está escrito en el libro de los Salmos:
"Sea hecha desierta su habitación
y no haya quien more en ella",
y: "Tome otro su oficio"

Hechos 1:15-20 RVR 1995

16 Pero esto es lo dicho por el profeta Joel:
17 »"En los postreros días —dice Dios—,
derramaré de mi Espíritu sobre toda carne,
y vuestros hijos y vuestras hijas profetizarán;
vuestros jóvenes verán visiones
y vuestros ancianos soñarán sueños;
18 y de cierto sobre mis siervos y sobre mis siervas, en aquellos
días
derramaré de mi Espíritu, y profetizarán.
19 Y daré prodigios arriba en el cielo
y señales abajo en la tierra,
sangre, fuego y vapor de humo;
20 el sol se convertirá en tinieblas
y la luna en sangre,
antes que venga el día del Señor,
grande y glorioso.
21 Y todo aquel que invoque el nombre del Señor, será salvo".

Hechos 2:16-21 RVR 1995

En estos pasajes de las Escrituras, podemos descubrir que el apóstol Pedro, junto con los 120 discípulos que lo acompañaron al aposento alto, se aseguraron de que vivir según la palabra de Dios y tomar decisiones basadas en la palabra de Dios era una prioridad para ellos. De hecho, lo hicieron en los días previos al Día de Pentecostés y en el mismo Día de Pentecostés. Pedro y los otros once apóstoles se levantaron el día de Pentecostés y utilizaron la palabra de Dios en Joel 2 para explicar lo que estaba sucediendo ese día. ¿Por qué pasó esto? Creo

de todo corazón que fue porque entendieron completamente que vivir según la palabra de Dios es un rudimento reverente requerido para el avivamiento. Además, si consideramos el resto de Hechos 2 y sus capítulos subsiguientes, podemos ver cómo Pedro y los otros apóstoles citaron o hicieron referencia regularmente a las escrituras del Antiguo Testamento, de una manera muy similar a lo que hizo Jesucristo durante Su ministerio terrenal.

Otros pasajes de la palabra de Dios demuestran cuán extremadamente importante es vivir según la palabra de Dios para que haya avivamiento en nuestras vidas. El hecho es que la palabra de Dios tiene vida y puede avivar, como se registra en el Salmo 119:29, 107 que dice:

> *²⁵ Abatida hasta el polvo está mi alma;*
> *¡vivifícame según tu palabra!*
>
> *¹⁰⁷ ¡Afligido estoy en gran manera!*
> *¡Vivifícame, Jehová, conforme a tu palabra!*
> *Salmo 119:25, 107 RVR 1995*

Por consiguiente, este es de hecho el caso porque la palabra de Dios misma es espíritu y vida, según las mismas palabras de nuestro Señor Jesucristo, quien en Juan 6:63 dijo lo siguiente:

> *⁶³ El espíritu es el que da vida; la carne para nada aprovecha. Las palabras que yo os he hablado son espíritu y son vida.*
> *Juan 6:63 RVR 1995*

Además, Jesucristo nos revela que la palabra de Dios es aquello por lo que debemos vivir y ser sostenidos, según Mateo 4:4 que dice:

> *⁴ Él respondió y dijo:*
> *—Escrito está: "No sólo de pan vivirá el hombre, sino de toda palabra que sale de la boca de Dios."*

Mateo 4:4 RVR 1995

Una de las muchas razones por las que esto es claramente el caso es porque la palabra de Dios es viva y activa (eficaz), según Hebreos 4:12, y es inspirada por Dios, según 2 Timoteo 3:16-17, que respectivamente dicen:

[12] La palabra de Dios es viva, eficaz y más cortante que toda espada de dos filos: penetra hasta partir el alma y el espíritu, las coyunturas y los tuétanos, y discierne los pensamientos y las intenciones del corazón.

Hebreos 4:12 RVR 1995

[16] Toda la Escritura es inspirada por Dios y útil para enseñar, para redargüir, para corregir, para instruir en justicia, [17] a fin de que el hombre de Dios sea perfecto, enteramente preparado para toda buena obra.

2 Timoteo 3:16-17 RVR 1995

Como resultado, la palabra de Dios está tan viva, llena del Espíritu y es tan poderosa que incluso puede avivar situaciones muertas en nuestras vidas como se revela en Hechos 20:7-12 que dice:

[7] El primer día de la semana, reunidos los discípulos para partir el pan, Pablo que tenía que salir al día siguiente, les enseñaba, y alargó el discurso hasta la medianoche. [8] Había muchas lámparas en el aposento alto donde se hallaban reunidos. [9] Un joven llamado Eutico estaba sentado en la ventana, y rendido de un sueño profundo por cuanto Pablo disertaba largamente, vencido del sueño cayó del tercer piso abajo, y fue levantado muerto. [10] Entonces descendió Pablo y se echó sobre él, y abrazándolo, dijo:
—No os alarméis, pues está vivo.

[11] Después de haber subido, partió el pan, lo comió y siguió hablando hasta el alba; y luego se fue. [12] Llevaron vivo al joven, y fueron grandemente consolados.

Hechos 20:7-12 RVR 1995

En este pasaje en particular, vemos que el apóstol Pablo estaba tan dedicado a la palabra de Dios, a pesar de que un joven 1) se durmió durante el mensaje de Pablo, 2) se cayó del tercer piso del edificio en el que estaba y 3) cayó a su muerte. Sin embargo, en lugar de desviarse de su enfoque en la palabra de Dios, Pablo, quien vivió según la palabra de Dios y comprendió el poder avivador de Su palabra, usó su fe en Dios y en Su palabra para 1) avivar al joven muerto, 2) resucitarlo de nuevo y 3) devolverlo a su familia y amigos. Esto sí que fue una predicación de verdadero avivamiento y un mensaje ilustrado del poder de avivamiento. Por lo tanto, creo que Dios quiere que seamos un pueblo avivado por Su palabra, para que seamos en un pueblo lleno de Su Espíritu y conocidos por ser una expresión de la palabra viva, activa y vivificante de Dios. Esta es una de las muchas razones por las que Dios inspiró al apóstol Pablo a escribir lo que compartió en 2 Corintios 3:1-3 que dice:

[1] ¿Comenzamos otra vez a recomendarnos a nosotros mismos? ¿O tenemos necesidad, como algunos, de cartas de recomendación para vosotros o de recomendación de vosotros? [2] Nuestras cartas sois vosotros, escritas en nuestros corazones, conocidas y leídas por todos los hombres. [3] Y es manifiesto que sois carta de Cristo expedida por nosotros, escrita no con tinta, sino con el Espíritu del Dios vivo; no en tablas de piedra, sino en tablas de carne del corazón.

2 Corintios 3:1-3 RVR 1995

De hecho, creo que Dios desea que seamos epístolas avivadas y vivas para que seamos conocidas y leídas por todos, para que podamos testificar, aún más, acerca de quién es Jesucristo en nuestras vidas de acuerdo con Su palabra en nosotros. Por lo tanto, la pregunta es, en este año 2020 de visión 20/20, ¿cómo vemos realmente la palabra de Dios en nuestra vida personal y, en consecuencia, cómo trataremos la palabra de Dios en este año y en la nueva década?

Esto me recuerda a una experiencia personal que tuve la noche del viernes 16 de mayo de 2014 en Houston, TX, antes de predicar para mi querido amigo, el Pastor Matthew Bismark, del Ministerio de Jóvenes Adultos de Global Force en Tabernáculo Cristiano dirigido por el Obispo Richard Heard. Mientras salía del hotel con mi querido hermano y líder del ministerio de jóvenes adultos en ese momento, César Navarrete, el Espíritu del Señor habló internamente a mi espíritu. Me dijo: "Mi gente cree, hablando bíblicamente, que yo soy la 'Palabra de Dios'. Sin embargo, no tratan a Mi palabra como a su Dios". Cuando escuché esto en mi espíritu, debo admitir que me tomó fuera de guardia hasta cierto punto. Aunque estaba saliendo de un tiempo de oración en preparación para ministrar esa noche, no esperaba que el Señor me dijera esas palabras. Pero estoy feliz de que lo haya hecho. De repente, para ayudarme a entender lo que el Señor me dijo, sentí que Él descargaba en mi mente, corazón, alma y espíritu un entendimiento divino de varios pasajes de la Biblia con los que ya estaba familiarizado, pero que no había visto antes en la forma en que el Señor me las reveló en ese momento. El Señor me recordó de Juan 1:1, Apocalipsis 19:13 y Lucas 8:4-15 que dicen:

> [1] *En el principio era el Verbo, el Verbo estaba con Dios y el Verbo era Dios.*
>
> *Juan 1:1 RVR 1995*

> [13] *Estaba vestido de una ropa teñida en sangre y su nombre es: La Palabra de Dios.*
>
> *Apocalipsis 19:13 RVR 1995*

> [4] *Juntándose una gran multitud y los que de cada ciudad venían a él, les dijo por parábola:*

*⁵ «El sembrador salió a sembrar su semilla; y mientras
sembraba, una parte cayó junto al camino, fue pisoteada y las
aves del cielo se la comieron. ⁶ Otra parte cayó sobre la piedra
y, después de nacer, se secó, porque no tenía humedad. ⁷ Otra
parte cayó entre espinos, y los espinos que nacieron juntamente
con ella la ahogaron. ⁸ Y otra parte cayó en buena tierra, nació y
llevó fruto a ciento por uno.»*

*Hablando estas cosas, decía con fuerte voz: «El que tiene oídos
para oír, oiga.»*

⁹ Sus discípulos le preguntaron:

—¿Qué significa esta parábola?

¹⁰ Él dijo:

*—A vosotros os es dado conocer los misterios del reino de Dios,
pero a los otros por parábolas, para que viendo no vean y
oyendo no entiendan.*

*¹¹ Ésta es, pues, la parábola: La semilla es la palabra de
Dios. ¹² Los de junto al camino son los que oyen, pero luego
viene el diablo y quita de su corazón la palabra para que no
crean y se salven. ¹³ Los de sobre la piedra son los que, habiendo
oído, reciben la palabra con gozo, pero no tienen raíces; creen
por algún tiempo, pero en el tiempo de la prueba se
apartan. ¹⁴ La que cayó entre espinos son los que oyen pero
luego se van y son ahogados por las preocupaciones, las
riquezas y los placeres de la vida, y no llevan fruto. ¹⁵ Pero la
que cayó en buena tierra son los que con corazón bueno y recto
retienen la palabra oída, y dan fruto con perseverancia.*

Lucas 8:4-15 RVR 1995

A través de Juan 1:1 y Apocalipsis 19:13, el Espíritu Santo me
recordó que Jesucristo es la Palabra de Dios y que uno de Sus nombres
bíblicos es en realidad la Palabra de Dios. Por lo tanto, me recordó que la
Palabra de Dios es literalmente uno de Sus nombres y que también es
una parte importante de Su identidad, además de lo que Dios le dice a la
humanidad. Luego, en Lucas 8:4-15, que es la Parábola del Sembrador

también registrada en Mateo 13:1-23 y Marcos 4:1-20, Él me recordó de esta parábola y cómo la semilla en esta parábola es Su palabra. El Señor también me recordó que los diferentes tipos de terrenos en los que siembra Su palabra representan las diversas formas en que nuestra humanidad trata Su palabra.

Algunas semillas cayeron al borde del camino, que luego fueron devoradas por los pájaros, representando al diablo robándonos la palabra. Mientras que otras semillas cayeron en lugares pedregosos, que era un terreno poco profundo que representa cuando la palabra no puede echar raíces en nosotros y en cambio se quema con el calor abrasador de este mundo. Aún otras semillas cayeron entre espinas, que fueron ahogadas por esas espinas que representan las cargas de este mundo. Sin embargo, hubo otras semillas que cayeron en buena tierra, lo que representa a aquellos de nosotros que recibimos la palabra de Dios, la creemos y luego damos fruto hasta cien veces más.

De esta Parábola del Sembrador, Dios me mostró que cómo tratamos Su palabra determinará cómo Él, como la Palabra de Dios, nos tratará. Luego me dejó boquiabierto cuando abrió mis ojos espirituales para ver que esta parábola no se trata solo de cómo nosotros, como humanidad, tratamos la palabra de Dios que Él nos habla. Esta parábola también trata sobre cómo nosotros, como humanidad, tratamos a Su Hijo, que es Su Simiente, la Palabra de Dios, sembrada en nosotros. En última instancia, es el deseo de Dios que recibamos a Su Hijo, que es Su Palabra y Su Simiente, para que podamos producirle fruto hasta el cien por cien de las almas cosechadas. Cuando lo hagamos, Él recompensará nuestra fe en Él y Su Palabra y derramará Sus abundantes bendiciones sobre nosotros.

Una vez que procesé por completo esta profunda revelación, me encontré haciendo varias preguntas: "¿Cómo estamos tratando la Palabra de Dios, no solo en lo que Él dice, sino también en quién es Él en nosotros?" "¿Lo estamos tratando como uno de los tres primeros tipos de terreno en la parábola del sembrador?" "¿O estamos tratando la Palabra de Dios, Jesucristo, que es la Palabra de Dios, como el cuarto terreno de la parábola?" "¿Cuánto deseamos la Palabra de Dios, tanto en lo que Él es como en lo que Él dice?" Por último, "¿Deseamos la Palabra de Dios como lo hizo Job, que era más que su alimento necesario, según Job 23:12?"

> *¹²Nunca me separé del mandamiento de sus labios,*
> *sino que guardé las palabras de su boca más que mi comida.*
> *Job 23:12 RVR 1995*

Ahora, con todas las preguntas que acabo de hacer y los pasajes de la Biblia que hemos considerado hasta ahora en este capítulo, creo que es hora de que deseemos la Palabra de Dios, como quién es Él y lo que Él dice, ahora más que nunca. De hecho, en esta era de teléfonos inteligentes de alta tecnología en la que vivimos, ¿qué pasaría si nos enfocamos más en leer y responder al texto de Dios, Su palabra, más que en leer y responder a los textos de los demás? Además, en esta era de las redes sociales de alta tecnología en la que actualmente vivimos, ¿qué pasaría si pasáramos más tiempo con nuestros rostros en el libro de Dios que el tiempo que pasamos en Facebook? Adicionalmente ¿qué pasaría si estuviéramos más comprometidos con los relatos o los evangelios del mensaje de nuestro Salvador, que es Su palabra, que con nuestras cuentas de redes sociales, que están tan envueltas en nuestro mundo? Por último, ¿qué pasaría si invirtiéramos más tiempo con nuestro rostro ante el Señor, que lo que hacemos FaceTiming con nuestra familia y amigos cada vez más y más?

Ahora, por favor, no me malentiendan. Al igual que muchas personas, disfruto mucho del uso de los teléfonos inteligentes, redes sociales, tecnología de mensajería de video y otros modos modernos de comunicación que tenemos en nuestro mundo hoy. Sin embargo, aunque tengo varias cuentas de redes sociales en múltiples plataformas y ciertamente veo cómo pueden ser útiles para mí en comunicar el glorioso mensaje del evangelio de nuestro Señor Jesucristo y Su Reino al mundo, al mismo tiempo, les ruego a todos nosotros que nos aseguremos de enfocarnos más en la palabra de Dios. De hecho, imploro, mucho más, que hagamos de la palabra de Dios la prioridad de nuestra atención, afecto y adhesión. Debemos asegurarnos de que nos gusta, amamos, comentamos y compartimos la palabra de Dios y el mensaje de nuestro Salvador, más de lo que hacemos esas mismas cosas con los mensajes y publicaciones de las redes sociales de todos los demás.

Después de todo, según Mateo 5:18, Mateo 24:35 y 1 Pedro 1:22-25, la palabra de Dios durará mucho más que todo en el mundo en que vivimos, como se comunica claramente en los siguientes pasajes de las Escrituras:

18 porque de cierto os digo que antes que pasen el cielo y la tierra, ni una jota ni una tilde pasará de la Ley, hasta que todo se haya cumplido.

Mateo 5:18 RVR 1995

35 El cielo y la tierra pasarán, pero mis palabras no pasarán.

Mateo 24:35 RVR 1995

22 Al obedecer a la verdad, mediante el Espíritu, habéis purificado vuestras almas para el amor fraternal no fingido. Amaos unos a otros entrañablemente, de corazón puro, 23 pues habéis renacido, no de simiente corruptible, sino de incorruptible, por la palabra de Dios que vive y permanece para siempre, 24 porque:
«Toda carne es como hierba
y toda la gloria del hombre como flor de la hierba;
la hierba se seca y la flor se cae,
25 mas la palabra del Señor permanece para siempre.»
Y ésta es la palabra que por el evangelio os ha sido anunciada

1 Pedro 1:22-25 RVR 1995

Ahora, cuando pienso en el poder avivador y restaurador de la Palabra de Dios, en lo que respecta tanto a quién es Él como a lo Él dice, recuerdo cómo Dios usó Su palabra a lo largo de mi vida para desatar sanidad sobrenatural en las vidas de dos jóvenes en 2011 y 2013. El primer joven fue Christen De Alejandro en Prescott, Arizona en noviembre de 2011. El segundo joven fue Jonathan Maldonado, quien es mi primo segundo, en Rochester, New York en septiembre de 2013. En esos respectivos momentos y lugares, ambos jóvenes estaban asistiendo a un campamento de jóvenes y una reunión de jóvenes, mientras tenían huesos rotos en sus pies debido a las lesiones que habían sufrido en el fútbol americano en la escuela secundaria. Aunque ambos tenían yesos en los pies que se suponía que debían usar durante al menos seis semanas, y aunque sus médicos les dijeron a ambos que podría ser necesaria una cirugía, cuando oré por cada uno de ellos, el Señor me impresiono a simplemente declarar Su palabra sobre sus pies rotos. Así lo hice, y la palabra de Dios se encargó del resto. Para abreviar la historia, ambos fueron sanados milagrosamente por la palabra avivadora y restauradora de Dios. Christen fue sanado en un llamado al altar durante un campamento de jóvenes, y Jonathan fue sanado en su casa después de una reunión de jóvenes.

¿Por qué hago esta distinción? Porque la palabra de Dios no se limita a trabajar solo en los servicios de la iglesia o durante reuniones y eventos especiales para jóvenes o jóvenes adultos. Por el contrario, la palabra de Dios es ilimitada y trabajará con avivamiento y poder restaurador dondequiera que nosotros, como Su pueblo, nos atrevamos a creer que Él lo hará. De hecho, creo que ahora más que nunca, Dios desea que Su pueblo viva según Su palabra, tome decisiones según Su palabra y tenga grandes expectativas de Su palabra, para que puedan unirse a Dios en el uso de Su palabra para desatar el avivamiento y poder restaurador en las vidas de muchos que necesitan ser sanados, liberados, salvados y mucho más.

Por lo tanto, termino este capítulo animándote a que te prepares a ir más profundo en la palabra de Dios, a medida que permitas que la palabra de Dios penetre mucho más en ti. Mientras esto sucede, Jesucristo, quien es y tiene la Palabra de Dios, te avivara a ti y a otros a través de ti porque has decidido intencionalmente vivir según la palabra de Dios. Pronto estarás testificando a tu familia, amigos e incluso extraños acerca de la poderosa y avivada palabra de Dios. Así que anímate. La historia se está haciendo para el próximo gran despertar, y su vida en la palabra de Dios, junto con la palabra de Dios en su vida, desatara avivamiento ahora a usted y a través de usted.

CAPÍTULO 11
EL RUDIMENTO DE LA UNIDAD

El quinto y último rudimento reverente para el avivamiento es la unidad. En medio de las crecientes tensiones raciales que se experimentan y expresan en toda nuestra nación y más allá, este rudimento es especialmente de extraordinaria importancia en el mundo en el que vivimos hoy. Su base bíblica principal, dentro del contexto del avivamiento que ocurrió al comienzo del libro de los Hechos, se encuentra en Hechos 1:12-14 y Hechos 2:1, además de muchos otros pasajes de las Escrituras que compartiré en este capítulo. Considera lo siguiente:

> *12 Entonces volvieron a Jerusalén desde el monte que se llama del Olivar, el cual está cerca de Jerusalén, camino de un sábado. 13 Cuando llegaron, subieron al aposento alto, donde se alojaban Pedro y Jacobo, Juan, Andrés, Felipe, Tomás, Bartolomé, Mateo, Jacobo hijo de Alfeo, Simón el Zelote y Judas hermano de Jacobo. 14 Todos estos perseveraban unánimes en oración y ruego, con las mujeres, y con María la madre de Jesús, y con sus hermanos.*

Hechos 1:12-14 RVR 1995

[1] Cuando llegó el día de Pentecostés estaban todos unánimes juntos.

Hechos 2:1 RVR 1995

En estos pasajes de las Escrituras, lo primero y lo último que estaban haciendo el apóstol Pedro y los 120 discípulos, que fueron al aposento alto según las instrucciones de Jesucristo, antes de que el Espíritu Santo fuera derramado sobre ellos en el día de Pentecostés, fue reunirse en unidad. En adición de lo que podemos observar sobre ellos en Hechos 1 y 2 con respecto a la unidad, hay pasajes adicionales de la palabra de Dios que demuestran cuán extremadamente importante es la unidad para el avivamiento.

Para empezar, consideremos el Salmo 133:1-3 que dice:

[1] ¡Mirad cuán bueno y delicioso es
que habiten los hermanos juntos en armonía!
[2] Es como el buen óleo sobre la cabeza,
el cual desciende sobre la barba,
la barba de Aarón,
y baja hasta el borde de sus vestiduras;
[3] como el rocío del Hermón,
que desciende sobre los montes de Sion,
porque allí envía Jehová bendición
y vida eterna.

Salmo 133:1-3 RVR 1995

En este pasaje, el salmista David nos revela que la unidad provoca la bendición avivadora de Dios de arriba a abajo, de norte a sur, y de líder a pueblo. Además, el apóstol Pablo en Efesios 4:1-6 y 1 Corintios 12:12-27 tiene mucho que decir sobre la suprema importancia de la unidad. Considera lo siguiente:

¹ Yo, pues, preso en el Señor, os ruego que andéis como es digno de la vocación con que fuisteis llamados: ² con toda humildad y mansedumbre, soportándoos con paciencia los unos a los otros en amor, ³ procurando mantener la unidad del Espíritu en el vínculo de la paz: ⁴ un solo cuerpo y un solo Espíritu, como fuisteis también llamados en una misma esperanza de vuestra vocación; ⁵ un solo Señor, una sola fe, un solo bautismo, ⁶ un solo Dios y Padre de todos, el cual es sobre todos y por todos y en todos.

Efesios 4:1-6 RVR 1995

¹² De hecho, aunque el cuerpo es uno solo, tiene muchos miembros, y todos los miembros, no obstante ser muchos, forman un solo cuerpo. Así sucede con Cristo. ¹³ Todos fuimos bautizados por un solo Espíritu para constituir un solo cuerpo —ya seamos judíos o gentiles, esclavos o libres—, y a todos se nos dio a beber de un mismo Espíritu.

¹⁴ Ahora bien, el cuerpo no consta de un solo miembro, sino de muchos. ¹⁵ Si el pie dijera: «Como no soy mano, no soy del cuerpo», no por eso dejaría de ser parte del cuerpo. ¹⁶ Y, si la oreja dijera: «Como no soy ojo, no soy del cuerpo», no por eso dejaría de ser parte del cuerpo. ¹⁷ Si todo el cuerpo fuera ojo, ¿qué sería del oído? Si todo el cuerpo fuera oído, ¿qué sería del olfato? ¹⁸ En realidad, Dios colocó cada miembro del cuerpo como mejor le pareció. ¹⁹ Si todos ellos fueran un solo miembro, ¿qué sería del cuerpo? ²⁰ Lo cierto es que hay muchos miembros, pero el cuerpo es uno solo.

²¹ El ojo no puede decirle a la mano: «No te necesito». Ni puede la cabeza decirles a los pies: «No los necesito». ²² Al contrario, los miembros del cuerpo que parecen más débiles son indispensables, ²³ y a los que nos parecen menos honrosos los tratamos con honra especial. Y se les trata con especial modestia a los miembros que nos parecen menos presentables, ²⁴ mientras que los más presentables no requieren

trato especial. Así Dios ha dispuesto los miembros de nuestro cuerpo, dando mayor honra a los que menos tenían, ²⁵ a fin de que no haya división en el cuerpo, sino que sus miembros se preocupen por igual unos por otros. ²⁶ Si uno de los miembros sufre, los demás comparten su sufrimiento; y, si uno de ellos recibe honor, los demás se alegran con él.
²⁷ Ahora bien, ustedes son el cuerpo de Cristo, y cada uno es miembro de ese cuerpo.

1 Corintios 12:12-27 NVI

En ambos pasajes, el apóstol Pablo nos revela que la unidad es algo por lo que todos los cristianos deben luchar, porque atrae honor a todas las partes del Cuerpo de Cristo. Además, al comienzo del libro de 1 Corintios, Pablo comienza expresando otro aspecto muy importante de la unidad como está registrado en 1 Corintios 1:10-13 que dice:

¹⁰ Os ruego, pues, hermanos, por el nombre de nuestro Señor Jesucristo, que habléis todos una misma cosa, y que no haya entre vosotros divisiones, sino que estéis perfectamente unidos en una misma mente y un mismo parecer, ¹¹ porque he sido informado acerca de vosotros, hermanos míos, por los de Cloé, que hay entre vosotros contiendas. ¹² Quiero decir, que cada uno de vosotros dice: «Yo soy de Pablo», «Yo, de Apolos», «Yo, de Cefas» o «Yo, de Cristo». ¹³ ¿Acaso está dividido Cristo? ¿Fue crucificado Pablo por vosotros? ¿O fuisteis bautizados en el nombre de Pablo?

1 Corintios 1:10-13 RVR 1995

Aquí, el apóstol Pablo nos revela que la unidad puede protegernos de dar unos a otros la gloria que solo pertenece a Jesucristo. Ahora bien, ¿por qué era tan importante para él señalar esto? Creo que, además de la desafortunada realidad revelada en 1 Corintios con respecto a las divisiones que existían entre los creyentes en Corinto, también fue por lo que Pablo aprendió del apóstol Juan quien registró los siguientes versículos favorables dichos por nuestro Señor Jesucristo en Juan 17:20-23 que dice:

> *²⁰ Pero no ruego solamente por estos, sino también por los que han de creer en mí por la palabra de ellos, ²¹ para que todos sean uno; como tú, Padre, en mí y yo en ti, que también ellos sean uno en nosotros, para que el mundo crea que tú me enviaste. ²² Yo les he dado la gloria que me diste, para que sean uno, así como nosotros somos uno. ²³ Yo en ellos y tú en mí, para que sean perfectos en unidad, para que el mundo conozca que tú me enviaste, y que los has amado a ellos como también a mí me has amado.*
>
> *Juan 17:20-23 RVR 1995*

En este pasaje de las Escrituras, Cristo nos revela que una de sus más grandes oraciones durante la semana de su pasión, solo dos días antes de ser crucificado, se enfocó en la unidad. Incluso después de la resurrección de Cristo, en Juan 21:1-7, 15-17, Él enfatiza cuán primordial fue la unidad en conexión con la restauración del Apóstol Pedro y la futura posición de Pedro en la Iglesia, que incluyó los días antes a Pentecostés, el día de Pentecostés y los días posteriores a Pentecostés. Considera lo siguiente:

> *¹ Después de esto, Jesús se manifestó otra vez a sus discípulos junto al Mar de Tiberias; y se manifestó de esta manera: ² Estaban juntos Simón Pedro, Tomás, llamado el Dídimo, Natanael, el de Caná de Galilea, los hijos de Zebedeo y otros dos de sus discípulos. ³ Simón Pedro les dijo:*
> *—Voy a pescar.*
> *Ellos le dijeron:*
> *—Vamos nosotros también contigo.*
> *Salieron, pues, y entraron en una barca; pero aquella noche no pescaron nada.*

⁴ Cuando ya iba amaneciendo, se presentó Jesús en la playa, pero los discípulos no sabían que era Jesús. ⁵ Y les dijo:

—Hijitos, ¿tenéis algo de comer?

Le respondieron:

—¡No!

⁶ Él les dijo:

—Echad la red a la derecha de la barca y hallaréis.

Entonces la echaron, y ya no la podían sacar, por la gran cantidad de peces. ⁷ Entonces aquel discípulo a quien Jesús amaba dijo a Pedro:

—¡Es el Señor!

Simón Pedro, cuando oyó que era el Señor, se ciñó la ropa (porque se había despojado de ella) y se tiró al mar.

¹⁵ Después de comer, Jesús dijo a Simón Pedro:

—Simón, hijo de Jonás, ¿me amas más que estos?

Le respondió:

—Sí, Señor; tú sabés que te quiero.

Él le dijo:

—Apacienta mis corderos.

¹⁶ Volvió a decirle la segunda vez:

—Simón, hijo de Jonás, ¿me amas?

Pedro le respondió:

—Sí, Señor; tú sabés que te quiero.

Le dijo:

—Pastorea mis ovejas.

¹⁷ Le dijo la tercera vez:

—Simón, hijo de Jonás, ¿me quieres?

Pedro se entristeció de que le dijera por tercera vez: «¿Me quieres?», y le respondió:

—Señor, tú lo sabés todo; tú sabés que te quiero.

Jesús le dijo:

—Apacienta mis ovejas.

Juan 21:1-7; 15-17 RVR 1995

A través de este pasaje de las Escrituras, Jesucristo nos revela que la restauración del apóstol Pedro ocurrió dentro del contexto de unidad también conocido como comunidad. Con la comunidad en mente, debemos considerar cómo la unidad era extremadamente esencial para la iglesia primitiva como se registra en Hechos 2:41-47 que dice:

> [41] *Así que, los que recibieron su palabra fueron bautizados, y se añadieron aquel día como tres mil personas.* [42] *Y perseveraban en la doctrina de los apóstoles, en la comunión unos con otros, en el partimiento del pan y en las oraciones.*
> [43] *Sobrevino temor a toda persona, y muchas maravillas y señales eran hechas por los apóstoles.* [44] *Todos los que habían creído estaban juntos y tenían en común todas las cosas:* [45] *vendían sus propiedades y sus bienes y lo repartían a todos según la necesidad de cada uno.* [46] *Perseveraban unánimes cada día en el Templo, y partiendo el pan en las casas comían juntos con alegría y sencillez de corazón,* [47] *alabando a Dios y teniendo favor con todo el pueblo. Y el Señor añadía cada día a la iglesia los que habían de ser salvos.*
>
> *Hechos 2:41-47 RVR 1995*

De este pasaje, podemos concluir concretamente que la unidad, como el rudimento de la oración, no solo provoca avivamiento, sino que también sostiene y difunde avivamiento más allá de nuestras vidas hacia las vidas de quienes nos rodean. Además, hay muchos otros pasajes de la Biblia que revelan y reiteran las mismas verdades poderosas sobre la unidad que desata el avivamiento. Sin embargo, con todo esto dicho, tengo que admitir que todo esto no fue tan obvio para mí, aunque había nacido en una familia cristiana pentecostal, fui criado por mis padres que se convirtieron en pastores cuando yo tenía 2 años, y había estado en el ministerio pastoral de la iglesia desde 1997.

Necesitaba llegar a un entendimiento completo de la reverente relevancia de la unidad, con respecto al avivamiento. Dicho esto, permítanme compartir más de mi testimonio personal de los primeros meses de 2010. En ese momento, como mencioné en la introducción de este libro, estaba saliendo de una temporada de depresión de 18 meses. Poco después, hice un ayuno de 40 días desde la tarde del 28 de febrero hasta el 9 de abril. Durante ese tiempo, el Pastor Matthew Hagee me ungió y oró por mí junto con el liderazgo pastoral joven de Cornerstone Church el martes 9 de marzo durante una de nuestras reuniones mensuales de oración de la Generación de Josué. El Pastor Matthew me ungió con aceite y oró específicamente para que yo recibiera una unción para la unidad, no para el avivamiento, aunque sabía que había comenzado un ayuno de 40 días para el avivamiento nueve días antes. Confieso que mi reacción inicial humana a su oración no fue muy favorable, ya que quería que me ungiera para el avivamiento y orara por eso.

Sin embargo, Dios rápidamente me reveló la razón por la que lidero que el Pastor Matthew me ungiera y orara por mí con respecto a la unidad, fue porque la unidad era uno de los cinco rudimentos reverentes para el avivamiento que yo era extremadamente débil en tener en mi vida y ministerio. Poco después, Dios me ayudó a entender de que la unidad era y sigue siendo uno de los rudimentos de avivamiento que más faltan en el Cuerpo de Jesucristo. Por lo tanto, necesitaba prestar atención a lo que Dios me estaba revelando como una de las mayores necesidades en mi vida y en el cuerpo de Cristo. Una vez que acepté esta revelación, el Señor me dio una revelación más profunda sobre por qué la unidad es tan importante para Dios y tan imperativa para Su pueblo, especialmente para Sus ministros.

En una época en la que la salud mental es de enorme importancia para toda la humanidad, especialmente para los ministros, y en una época en la que muchos ministros están experimentando temporadas de depresión durante los tiempos oscuros actuales asociados con el impacto negativo de la pandemia mundial COVID-19 y el aumento de las tensiones raciales, muchos de nosotros somos como el profeta Elías, de una manera negativa. Digo esto porque, aunque Dios utiliza por su gracia nuestras vidas en gran medida, como lo hizo con Elías, para hacer grandes hazañas en el reino de Dios, después de que experimentamos altas espirituales, comenzamos a experimentar bajas espirituales. Como resultado, vamos de pensar humanamente que estamos solos a rápidamente sentir que estamos solos. Además, si no tenemos cuidado, podemos comenzar a creer que somos los únicos que Dios está utilizando en gran medida. Por consiguiente, podemos encontrarnos rápidamente enfrentando todo tipo de agotamiento espiritual, psicológico, emocional y físico en nuestra vida personal y ministerio a la vida de los demás. Al final, como Elías, incluso podríamos encontrarnos buscando terminar prematuramente nuestro tiempo en el ministerio del reino e incluso en la vida humana. Todo esto se puede observar en 1 Reyes 18:36-46 y 1 Reyes 19:1-18 que dicen:

> [36] *A la hora del sacrificio vespertino, el profeta Elías dio un paso adelante y oró así: «SEÑOR, Dios de Abraham, de Isaac y de Israel, que todos sepan hoy que tú eres Dios en Israel, y que yo soy tu siervo y he hecho todo esto en obediencia a tu palabra.* [37] *¡Respondeme, SEÑOR, respondeme, para que esta gente reconozca que tú, SEÑOR, eres Dios, y que estás convirtiéndoles el corazón a ti!»* [38] *En ese momento cayó el fuego del SEÑOR y quemó el holocausto, la leña, las piedras y el suelo, y hasta lamió el agua de la zanja.* [39] *Cuando vieron esto, todos se postraron y exclamaron: «¡El SEÑOR es Dios! ¡El SEÑOR es Dios!»* [40] *Luego Elías les ordenó:*
> *—¡Agarren a los profetas de Baal! ¡Que no escape ninguno!*
> *Tan pronto como los agarraron, Elías hizo que los bajaran al arroyo Quisón, y allí los ejecutó.* [41] *Entonces Elías le dijo a Acab:*
> *—Anda a tu casa, y come y bebe, porque ya se oye el ruido de un torrentoso aguacero.* [42] *Acab se fue a comer y beber, pero Elías subió a la cumbre del Carmelo, se inclinó hasta el suelo y puso el rostro entre las rodillas.*

⁴³ —Ve y mira hacia el mar —le ordenó a su criado.

El criado fue y miró, y dijo:

—No se ve nada.

Siete veces le ordenó Elías que fuera a ver, ⁴⁴ y la séptima vez el criado le informó:

—Desde el mar viene subiendo una nube. Es tan pequeña como una mano.

Entonces Elías le ordenó:

—Ve y dile a Acab: "Engancha el carro y vete antes de que la lluvia te detenga".

⁴⁵ Las nubes fueron oscureciendo el cielo; luego se levantó el viento y se desató una fuerte lluvia. Y Acab se fue en su carro hacia Jezrel. ⁴⁶ Entonces el poder del SEÑOR vino sobre Elías, quien se ajustó el manto con el cinturón, se echó a correr y llegó a Jezrel antes que Acab.

1 Reyes 18:36-46 NVI

¹ Acab le contó a Jezabel todo lo que Elías había hecho, y cómo había matado a todos los profetas a filo de espada. ² Entonces Jezabel envió un mensajero a Elías para decirle: «¡Que los dioses me castiguen sin piedad si mañana a esta hora no te he quitado la vida como tú se la quitaste a ellos!»

³ Elías se asustó y huyó para ponerse a salvo. Cuando llegó a Berseba de Judá, dejó allí a su criado ⁴ y caminó todo un día por el desierto. Llegó adonde había un arbusto, y se sentó a su sombra con ganas de morirse. «¡Estoy harto, SEÑOR! —protestó—. Quítame la vida, pues no soy mejor que mis antepasados». ⁵ Luego se acostó debajo del arbusto y se quedó dormido.

De repente, un ángel lo tocó y le dijo: «Levántate y come». ⁶ Elías miró a su alrededor y vio a su cabecera un panecillo cocido sobre carbones calientes y un jarro de agua. Comió y bebió, y volvió a acostarse.

⁷ El ángel del SEÑOR regresó y, tocándolo, le dijo: «Levántate y come, porque te espera un largo viaje». ⁸ Elías se levantó, y comió y bebió. Una vez fortalecido por aquella comida, viajó cuarenta días y cuarenta noches hasta que llegó a Horeb, el monte de Dios. ⁹ Allí pasó la noche en una cueva.

Más tarde, la palabra del SEÑOR vino a él.

—¿Qué haces aquí, Elías? —le preguntó.

¹⁰ —Me consume mi amor por ti, SEÑOR Dios Todopoderoso — respondió él—. Los israelitas han rechazado tu pacto, han derribado tus altares, y a tus profetas los han matado a filo de espada. Yo soy el único que ha quedado con vida, ¡y ahora quieren matarme a mí también!

¹¹ El SEÑOR le ordenó:

—Sal y preséntate ante mí en la montaña, porque estoy a punto de pasar por allí.

Como heraldo del SEÑOR vino un viento recio, tan violento que partió las montañas e hizo añicos las rocas; pero el SEÑOR no estaba en el viento. Después del viento hubo un terremoto, pero el SEÑOR tampoco estaba en el terremoto. ¹² Tras el terremoto vino un fuego, pero el SEÑOR tampoco estaba en el fuego. Y después del fuego vino un suave murmullo. ¹³ Cuando Elías lo oyó, se cubrió el rostro con el manto y, saliendo, se puso a la entrada de la cueva.

Entonces oyó una voz que le dijo:

—¿Qué haces aquí, Elías?

¹⁴ Él respondió:

—Me consume mi amor por ti, SEÑOR Dios Todopoderoso. Los israelitas han rechazado tu pacto, han derribado tus altares, y a tus profetas los han matado a filo de espada. Yo soy el único que ha quedado con vida, ¡y ahora quieren matarme a mí también!

¹⁵ El SEÑOR le dijo:

—Regresa por el mismo camino y ve al desierto de Damasco. Cuando llegues allá, unge a Jazael como rey de Siria, ¹⁶ y a Jehú hijo de Nimsi como rey de Israel; unge también a Eliseo hijo de

Safat, de Abel Mejolá, para que te suceda como profeta. [17] Jehú dará muerte a cualquiera que escape de la espada de Jazael, y Eliseo dará muerte a cualquiera que escape de la espada de Jehú. [18] Sin embargo, yo preservaré a siete mil israelitas que no se han arrodillado ante Baal ni lo han besado.

1 Reyes 19:1-18 NVI

Es importante y vale la pena señalar que el profeta Elías estaba convencido de que estaba completamente solo en vez de creer que había otros 7,000 como él, tal como Dios le había dicho a Elías. Este aislamiento resultó en la terminación prematura de su ministerio en la tierra. Por lo tanto, ni Dios ni nosotros podemos permitir que eso vuelva a suceder en nuestra vida. Debemos unirnos con los figurativos "otros 7,000" para ser avivados personalmente, de modo que nuestro avivamiento personal pueda resultar en el avivamiento corporativo de nuestras familias, congregaciones, comunidades, ciudades, estados, nación y más allá. De hecho, creo de todo corazón que esto es lo que le sucedió al apóstol Pedro durante su vida, como se indica en Hechos 1:12-14 y Hechos 2:1-4 que dicen:

[12] Entonces volvieron a Jerusalén desde el monte que se llama del Olivar, el cual está cerca de Jerusalén, camino de un sábado. [13] Cuando llegaron, subieron al aposento alto, donde se alojaban Pedro y Jacobo, Juan, Andrés, Felipe, Tomás, Bartolomé, Mateo, Jacobo hijo de Alfeo, Simón el Zelote y Judas hermano de Jacobo. [14] Todos estos perseveraban unánimes en oración y ruego, con las mujeres, y con María la madre de Jesús, y con sus hermanos.

Hechos 1:12-14 RVR 1995

[1] Cuando llegó el día de Pentecostés estaban todos unánimes juntos. [2] De repente vino del cielo un estruendo como de un viento recio que soplaba, el cual llenó toda la casa donde estaban; [3] y se les aparecieron lenguas repartidas, como de

fuego, asentándose sobre cada uno de ellos. [4] Todos fueron
llenos del Espíritu Santo y comenzaron a hablar en otras
lenguas, según el Espíritu les daba que hablaran.

Hechos 2:1-4 RVR 1995

Por lo tanto, debemos llegar a ser como el apóstol Pedro, quien, aunque le había fallado miserablemente a Jesús, fue milagrosamente restaurado por Jesús a través de la importancia de la unidad en la comunidad. Cuando considero esto, recuerdo otra parte de mi testimonio personal y experiencia de avivamiento que mencioné en la introducción de este libro. Diez días después de mi primer ayuno de 40 días desde el 28 de febrero hasta el 9 de abril, Dios me llevó a un segundo ayuno de 40 días, que curiosamente no tenía nada que ver con ayunar comida, pero sí tenía todo que ver con ayunar el sueño. Después de negociar sin éxito con Dios para hacerle saber que aceptaría Su invitación siempre que pudiera continuar orando específicamente por un avivamiento, recibí su convicción con mucha compasión pero concisamente. Dejó en claro que solo debía orar por la unidad, a partir de las 11:00 p.m. a 1:00 a.m. del 19 de abril al 28 de mayo.

Cuando le pregunté por qué me estaba pidiendo que orara durante ese período de tiempo específico, me ayudo a entender que esas dos horas representaban las horas omega y alfa de un período de 24 horas. De manera correspondiente y bíblicamente hablando, ya que Dios es el Alfa y el Omega, el Principio y el Fin, el Primero y el Último, Él quería que le diera esas dos horas en oración como un tipo de ayuno, con respecto a no dormir. Por lo tanto, acepté de mala gana, pero Él me trató con gracia y misericordia. Luego experimenté un encuentro de unidad y una epifanía alrededor del día 25 de este segundo ayuno de 40 días. Aunque había perdido mi tiempo de oración esa noche, debido a que me quedé dormido durante mi siesta antes de despertarme normalmente a las 10:30-45 p.m. para comenzar a orar a las 11:00 p.m., en cambio me desperté a la 1:30 a.m. En consecuencia, sentí que me embargaba un gran peso de condenación.

El Señor rápidamente me recordó que no hay condenación en Cristo Jesús según Romanos 8:1, y me dijo que me sacudiera y que fuera a pasar tiempo con Él. Así que hice precisamente eso. Sin embargo, poco sabía que lo que sucedería momentos después sería que el Señor me condujera a Su presencia durante las siguientes cinco horas de oración y lectura de las Escrituras enfocadas específicamente en el tema, el énfasis y la importancia de la unidad. De hecho, el pasaje bíblico culminante al que me llevo fue Juan 17:1-23. Antes de darme cuenta, todo lo que podía orar era que el Señor uniera a Su iglesia, Su pueblo, Sus ministros y líderes, especialmente aquellos que ministraban a los jóvenes y jóvenes adultos como lo estaba haciendo en ese momento.

La noche siguiente, por la gracia de Dios volví a encarrilarme con la oración cada noche desde las 11:00 p.m. hasta la 1:00 a.m., y por Su gracia y con Su fuerza, lo hice durante los siguientes quince días hasta el final de los 40 días de ayuno de oración que terminó el 28 de mayo. Durante ese tiempo, Dios me honró con la revelación continua sobre ser menos como el Elías del Antiguo Testamento y ser más como el Pedro del Nuevo Testamento, independientemente de los grandes errores de Pedro como se señala en Mateo 16, Lucas 22 y Juan 21. Para comprender mejor lo que el Señor me mostró, consideremos los siguientes pasajes de las Escrituras:

13 Al llegar Jesús a la región de Cesarea de Filipo, preguntó a sus discípulos, diciendo:
—¿Quién dicen los hombres que es el Hijo del hombre?
14 Ellos dijeron:
—Unos, Juan el Bautista; otros, Elías; y otros, Jeremías o alguno de los profetas.
15 Él les preguntó:
—Y vosotros, ¿quién decís que soy yo?
16 Respondiendo Simón Pedro, dijo:
—Tú eres el Cristo, el Hijo del Dios viviente.
17 Entonces le respondió Jesús:

—Bienaventurado eres, Simón, hijo de Jonás, porque no te lo revéló carne ni sangre, sino mi Padre que está en los cielos. [18] Y yo también te digo que tú eres Pedro, y sobre esta roca edificaré mi iglesia, y las puertas del Hades no la dominarán. [19] Y a ti te daré las llaves del reino de los cielos: todo lo que ates en la tierra será atado en los cielos, y todo lo que desates en la tierra será desatado en los cielos. [20] Entonces mandó a sus discípulos que a nadie dijeran que él era Jesús, el Cristo.

[21] Desde entonces comenzó Jesús a declarar a sus discípulos que le era necesario ir a Jerusalén y padecer mucho a manos de los ancianos, de los principales sacerdotes y de los escribas, y ser muerto, y resucitar al tercer día. [22] Entonces Pedro, tomándolo aparte, comenzó a reconvenirlo, diciendo:

—Señor, ten compasión de ti mismo. ¡En ninguna manera esto te acontezca!

[23] Pero él, volviéndose, dijo a Pedro:

—¡Quitate de delante de mí, Satanás! Me eres tropiezo, porque no pones la mira en las cosas de Dios, sino en las de los hombres.

Mateo 16:13-23 RVR 1995

[28] Y vosotros sois los que habéis permanecido conmigo en mis pruebas. [29] Yo, pues, os asigno un Reino, como mi Padre me lo asignó a mí, [30] para que comáis y bebáis a mi mesa en mi Reino y os sentéis en tronos para juzgar a las doce tribus de Israel.

[31] Dijo también el Señor:

—Simón, Simón, Satanás os ha pedido para zarandearos como a trigo; [32] pero yo he rogado por ti, para que tu fe no falte; y tú, una vez vuelto, confirma a tus hermanos.

[33] Él le dijo:

—Señor, estoy dispuesto a ir contigo no sólo a la cárcel, sino también a la muerte.

[34] Y él le dijo:

—Pedro, te digo que el gallo no cantará hoy antes que tú niegues tres veces que me conocés.

⁵⁴ Lo prendieron, lo llevaron y lo condujeron a casa del Sumo sacerdote. Y Pedro lo seguía de lejos. ⁵⁵ Encendieron fuego en medio del patio y se sentaron alrededor; también Pedro se sentó entre ellos. ⁵⁶ Pero una criada, al verlo sentado al fuego, se fijó en él y dijo:

—También éste estaba con él.

⁵⁷ Pero él lo negó, diciendo:

—Mujer, no lo conozco.

⁵⁸ Un poco después, viéndolo otro, dijo:

—Tú también eres de ellos.

Y Pedro dijo:

—Hombre, no lo soy.

⁵⁹ Como una hora después, otro afirmó, diciendo:

—Verdaderamente también éste estaba con él, porque es galileo.

⁶⁰ Y Pedro dijo:

—Hombre, no sé lo que dices.

Y en seguida, mientras él todavía hablaba, el gallo cantó. ⁶¹ Entonces, vuelto el Señor, miró a Pedro; y Pedro se acordó de la palabra del Señor, que le había dicho: «Antes que el gallo cante, me negarás tres veces.» ⁶² Y Pedro, saliendo fuera, lloró amargamente.

Lucas 22:28-34; 54-62 RVR 1995

De estos pasajes de las Escrituras, de manera intrigante e interesante, vemos que en Mateo 16, Pedro recibió su llamado y, sin embargo, fracasó, mientras que en Lucas 22, Pedro recibió un ascenso y, sin embargo, volvió a fracasar. Además, cuando consideramos Juan 21, que ya vimos anteriormente en este capítulo, podemos observar que Pedro, quien había fallado miserablemente en múltiples ocasiones, luego es restaurado milagrosamente en el contexto de la unidad en comunidad con otros seis discípulos.

Sin embargo, antes de que Pedro fuera restaurado milagrosamente, creo que podría haber tenido un plan premeditado para fallar aún más miserablemente que cuando negó a Jesucristo. Permítame explicarte. En Juan 21, cuando Pedro les dijo a los otros seis discípulos con los que estaba en ese momento, que iba a ir a pescar, y no los invitó, ¿podría ser que estaba considerando quitarse la vida de una manera similar a como lo hizo Judas? Digo esto basado en lo que Jesús dijo en Mateo 18:6, Marcos 9:42 y Lucas 17:1-2 que dicen:

> *⁶ A cualquiera que haga tropezar a alguno de estos pequeños que creen en mí, mejor le fuera que se le colgara al cuello una piedra de molino de asno y que se le hundiera en lo profundo del mar.*
> *Mateo 18:6 RVR 1995*

> *⁴² A cualquiera que haga tropezar a uno de estos pequeñitos que creen en mí, mejor le sería que se le atara una piedra de molino al cuello y se le arrojara al mar.*
> *Marcos 9:42 RVR 1995*

> *¹ Dijo Jesús a sus discípulos: «Imposible es que no vengan tropiezos; pero ¡ay de aquel por quien vienen! ² Mejor le fuera que le ataran al cuello una piedra de molino y lo arrojaran al mar, que hacer tropezar a uno de estos pequeñitos.*
> *Lucas 17:1-2 RVR 1995*

Intrigantemente, estos tres pasajes nos revelan la gravedad de hacer que otros tropiecen, pequen y ofendan a los pequeños en la vida y en la fe. Si bien esto ciertamente se refiere a hacerlo contra niños reales, creo que también puede referirse a hacerlo contra aquellos que son jóvenes en la fe, como los compañeros discípulos de Pedro. Además de lo que Judas había hecho al traicionar a Jesucristo mientras no vivía en unidad con los otros discípulos y posteriormente se quitó la vida, ¿podría ser que Pedro tal vez planeara hacer algo similar? ¿Podría ser que cuando Pedro dijo en Juan 21:3 a los otros seis discípulos que iba a pescar, que en realidad también estaba planeando quitarse la vida atándose una piedra de molino al cuello y arrojándose al mar? Teniendo en cuenta que Pedro había negado a Jesucristo tres veces mientras era de influencia a los otros diez discípulos para que abandonaran a Jesús, parece muy probable que Pedro haya estado considerando un acto tan grave.

Sin embargo, ¿podría ser que también lo que impidió que Pedro siguiera adelante con el acto de quitarse la vida fuera el hecho de que tenía verdaderos amigos que estaban allí para él? ¿Podría ser que fueron las amistades auténticas que Pedro tenía con los otros discípulos lo que le impidió quitarse la vida? ¿Podría ser que fue la unidad en el contexto de la comunidad lo que contribuyó en gran medida al avivamiento de Pedro que a su vez llevó al avivamiento a otros discípulos y creyentes como Pedro? Creo de todo corazón que este podría haber sido el caso, porque, en mi propia experiencia personal, cuando luché contra la depresión, aunque no luché con pensamientos suicidas, oré varias veces para que en la noche el Señor me dejara ir a dormir y despertar en su presencia sólo por su gracia y por su misericordia.

Sin embargo, alguna de las cosas que me ayudó a combatir esos pensamientos, sentimientos y deseos lamentables de dejar la vida y el ministerio por completo, fue la unidad en la comunidad que experimenté personalmente dentro del contexto de mi familia, el personal pastoral de Cornerstone Iglesia y compañeros ministros en la familia y el reino de Dios. De hecho, realmente creo que esto sucedió porque hay un poder de avivamiento en la unidad, como se indica en Mateo 18:18-20 que dice:

18 De cierto os digo que todo lo que atéis en la tierra será atado en el cielo; y todo lo que desatéis en la tierra será desatado en el cielo. 19 Otra vez os digo que si dos de vosotros se ponen de acuerdo en la tierra acerca de cualquier cosa que pidan, les será hecho por mi Padre que está en los cielos, 20 porque donde están dos o tres congregados en mi nombre, allí estoy yo en medio de ellos.

Mateo 18:18-20 RVR 1995

Ahora, en contraste, consideremos a Judas que no experimentó el contexto de unidad en comunidad, como se señala en Mateo 27:1-5 y Hechos 1:15-20 que dicen:

¹ Cuando llegó la mañana, todos los principales sacerdotes y los ancianos del pueblo dispusieron contra Jesús un plan para entregarlo a muerte. ² Lo llevaron atado y lo entregaron a Poncio Pilato, el gobernador.

³ Entonces Judas, el que lo había entregado, viendo que era condenado, devolvió arrepentido las treinta piezas de plata a los principales sacerdotes y a los ancianos, ⁴ diciendo:

—Yo he pecado entregando sangre inocente.

Pero ellos dijeron:

—¿Qué nos importa a nosotros? ¡Allá tú!

⁵ Entonces, arrojando las piezas de plata en el Templo, salió, y fue y se ahorcó.

Mateo 27:1-5 RVR 1995

¹⁵ En aquellos días Pedro se levantó en medio de los hermanos (los reunidos eran cómo ciento veinte en número), y dijo:

¹⁶ —Hermanos, era necesario que se cumpliera la Escritura que el Espíritu Santo, por boca de David, había anunciado acerca de Judas, que fue guía de los que prendieron a Jesús, ¹⁷ y era contado con nosotros y tenía parte en este ministerio. ¹⁸ Éste, pues, que había adquirido un campo con el salario de su iniquidad, cayó de cabeza y se reventó por la mitad, y todas sus entrañas se derramaron. ¹⁹ Y fue notorio a todos los habitantes de Jerusalén, de tal manera que aquel campo se llama en su propia lengua, Acéldama (que significa "Campo de sangre"), ²⁰ porque está escrito en el libro de los Salmos:

"Sea hecha desierta su habitación
y no haya quien more en ella", y:

"Tome otro su oficio."

Hechos 1:15-20 RVR 1995

En estos pasajes de las Escrituras, vemos que Judas no vivió en el contexto de unidad en comunidad con los otros discípulos. De hecho, se aisló de los discípulos y traicionó a Jesucristo ante los principales sacerdotes y los ancianos del pueblo judío en ese momento. Por consiguiente, cuando Judas se dio cuenta de la gravedad del mal que había hecho contra Jesucristo, volvió a los principales sacerdotes y a los ancianos para hacerles saber su mal, y ellos lo rechazaron. En ese momento de aislamiento y rechazo, que es todo lo contrario a la unidad en comunidad, Judas recurrió a ahorcarse, en lugar de ser restaurado y avivado como poco después le experimentaría Pedro.

Por otro lado, Pedro, quien le había fallado miserablemente a Jesucristo, y poco después fue restaurado milagrosamente por Cristo dentro del contexto de la unidad, a partir de entonces, llevó a los otros discípulos a ser restaurados mediante el mismo tipo de unidad, como se señala especialmente en Hechos 2:14-16 que dice:

> *14 Entonces Pedro, poniéndose en pie con los once, alzó la voz y les habló diciendo: «Judíos y todos los que habitáis en Jerusalén, esto os sea notorio, y oíd mis palabras, 15 pues estos no están borrachos, como vosotros suponéis, puesto que es la hora tercera del día. 16 Pero esto es lo dicho por el profeta Joel:*
> *Hechos 2:14-16 RVR 1995*

A través de este pasaje y los que hemos considerado anteriormente en este capítulo, junto con el testimonio de la vida y el ministerio de Pedro, vemos cómo la unidad fue un rudimento reverente esencial para el avivamiento que ocurrió en su vida y en la vida de sus amigos, los 120 discípulos, los 3,000 conversos en el Día de Pentecostés y más allá.

Cuando considero esto, me recuerda una parte adicional de mi testimonio personal al que hice referencia en la introducción de este libro. Después del segundo ayuno de 40 días, durante el cual Dios me llamo a orar por la unidad, la Conferencia Avivamiento Ahora, dirigida por Eileen Vincent y Natalie Hardy de City Reachers de San Antonio, Texas, ocurrió el fin de semana del 11 al 13 de junio. Además de tener grandes ministros del Señor como Chuck Pierce, Héctor Torres y Johnny Ortiz como ministros en esta conferencia, Eileen y Natalie sintieron del Señor honrarme con la oportunidad de también ministrar. El sábado 12 de junio por la noche, más de 600 jóvenes y jóvenes adultos hispanos, negros y blancos se reunieron de al menos veinte ministerios de jóvenes y jóvenes adultos de denominaciones y sin denominación de todo San Antonio y más allá. Fue en ese servicio donde compartí una versión muy condensada de este mensaje de "Avivamiento Ahora". Para cuando llegamos al momento del llamado al altar, cientos de jóvenes de múltiples etnicidades, ministerios y denominaciones habían entregado y dedicado sus vidas a Jesucristo y comenzaron a clamar a Dios por avivamiento ahora. Fue un momento poderoso surrealista y sobrenatural en el tiempo de Dios para todas nuestras vidas.

El siguiente mes y los meses posteriores, City Reachers y un grupo de nosotros, pastores de jóvenes y jóvenes adultos multiétnicos, en todo San Antonio, comenzamos a tener noches mensuales de adoración e intercesión con ministerios de varias denominaciones y no denominaciones de toda la región. Poco después de iniciar esta iniciativa unificada de adoración e intercesión para un mayor avivamiento, Dios puso en mi corazón establecer una confraternidad relacional interdenominacional multiétnica para pastores y líderes de jóvenes y jóvenes adultos en San Antonio. Después de compartir esto con el Pastor Matthew Hagee, él me dio su bendición para lanzarlo junto con doce pastores de jóvenes y adultos estadounidenses hispanos, negros y blancos muy influyentes de la ciudad: 1. Johnny Ortiz, 2. Michael Fernández, 3. Michael Hernández, 4. Jarrell Flowers, 5. David Robinson, 6. Matthew Bell, 7. Gavin Rogers, 8. Oscar Guajardo, 9. Sammy López, 10. David Mayorga, 11. David Martin y 12. Tina Hidy-Marlín. Vale la pena mencionar que estos grandes ministros procedían de grandes iglesias denominacionales y no denominacionales como las Asambleas de Dios, la Iglesia de Dios, la Asociación Bautista de San Antonio, la Iglesia

Metodista Unida, la Iglesia Adventista del Séptimo Día y la Iglesia Católica.

En cuanto a la confraternidad relacional interdenominacional multiétnica en sí, la llamamos "UNITE" ("UNIR"). Su nombre se basó principalmente en la unción y oración del Pastor Matthew sobre mi vida por la unidad y el enfoque de oración de unidad que el Señor me dio durante el segundo ayuno de 40 días en el que me guio, resaltado por su oración por la unidad en Juan 17. Con el tiempo, lanzamos "UNIR" en enero de 2011 en TriPoint - Un Centro Para Vida, con la primera reunión mensual durante la hora de almuerzo a la que asistieron aproximadamente 90 pastores y líderes multiétnicos de jóvenes, jóvenes adultos y adultos de más de 50 iglesias denominacionales y no denominacionales en San Antonio. Dios, por su gracia y misericordia, usó "UNIR" para marcar el comienzo de un avivamiento entre los jóvenes en toda la ciudad de San Antonio. En dos años, de 2011 a 2013, más de 50 ministerios en toda la ciudad se unieron con "UNIR", y aproximadamente 300 líderes de nuestra ciudad asistieron al menos a uno o más de nuestros eventos de unidad y avivamiento para pastores de jóvenes y jóvenes adultos, líderes estudiantiles y jóvenes de nuestra ciudad. Fue durante estas reuniones donde un total combinado de miles de jóvenes y jóvenes adultos multiétnicos fueron avivados poderosamente por nuestro Señor, mientras continuamos uniéndonos en oración, adoración, ayunos periódicos y el recibir de la palabra de Dios.

Incluidos en esos eventos, nos unimos con ministerios y movimientos regionales y nacionales como Trinity Broadcast Network (TBN) local en San Antonio, Fellowship of Christian Athletes (Convivio de Atletas Cristianos) y God Belongs In My City (Dios Pertenece en Mi Ciudad) dirigido por mi querido amigo, el pastor Daniel Sanabria, de Brooklyn, New York. Vale la pena mencionar que "UNIR" continúa hasta el día de hoy en 2020, y ahora está dirigido por mi amigo, el Pastor Joel Garza, a quien tuve el honor de agregar a nuestro equipo central de "UNIR" en 2013 antes de hacer la transición de mi puesto como su facilitador principal. Ahora, el pastor Joel y su equipo central de "UNIR" continúan reuniendo a pastores jóvenes, jóvenes adultos y adultos y líderes multiétnicos de ministerios no denominacionales y denominacionales con el mismo propósito de marcar el comienzo del próximo gran despertar en San Antonio y sus áreas alrededor.

Volviendo al 2011, en abril de ese año, el Pastor Matthew me concedió la oportunidad de servir como pastor de jóvenes adultos de la Cornerstone Church, además de continuar sirviendo como pastor de jóvenes. Junto con mi excelente personal, organizamos reuniones mensuales de jóvenes y jóvenes adultos para toda la ciudad para jóvenes multiétnicos en toda nuestra ciudad y más allá. En estas reuniones, tuvimos la bendición de contar con ministros invitados como Lou Engle, Eddie James, Jeremy Johnson, Tim Ross, Robert Madu, Mathew Bismark, Josh Radford, Joe Oden, Frank Hechavarria, Gabby Mejia, Mark Vega, Kari Jobe, Rick Pino, Jake Hamilton y otros que vinieron a ministrar y nos ayudaron a mantener creciendo las llamas del avivamiento. Luego, en enero de 2013, Mildred y yo, junto con nuestros queridos amigos los pastores Michael y Lucy Fernández, los pastores Johnny y Ruth Ortiz, y los pastores Josué y Benita Holguín, establecimos legalmente y lanzamos oficialmente nuestro ministerio evangelístico, De Jesús Ministries (Ministerios De Jesús). Desde 2013, hemos ministrado a más de 150,000 personas de todas las edades en los EE. UU., Puerto Rico, México y Costa Rica, además de muchos miles más de personas a través de las redes sociales, YouTube y en los canales locales de TBN (Trinity Broadcast Network) en San Antonio y Houston y el programa nacional de TBN Salsa en Dallas, Texas.

Comparto todo esto, primero, para darle a Dios la gloria por todo lo que hizo por nosotros y a través de nosotros por la unidad que por su gracia nos dio, la cual es un gran testimonio del rudimento de la unidad en Cristo para el avivamiento. En segundo lugar, comparto esto, solo por Su gracia, para expresar enfáticamente cuán extremadamente importante es la unidad para el avivamiento, especialmente dentro del contexto de la gran y grave necesidad actual que tiene nuestra nación de reconciliación racial. Con eso en mente, creo que sería útil compartir con ustedes algunos de los más grandes principios de unidad y proclamaciones que el

Señor me enseñó durante esa temporada de avivamiento que fueron las siguientes declaraciones quíntuple de unidad en el reino de Cristo:

1. Estamos en el reino de Cristo para completar, no para competir.
2. Estamos en el reino de Cristo para complementar, no para contradecir.
3. Estamos en el reino de Cristo para cumplir, no para debatir.
4. Estamos en el reino de Cristo para ser inclusivos, no exclusivos.
5. Estamos en el reino de Cristo para estar unidos por Su Espíritu Santo en nuestras vidas, no para ser divididos por el color de nuestra piel.

De hecho, el Señor me reveló que nuestro liderazgo y ministerios individuales son como piezas de rompecabezas individuales que, cuando se dejan solas, pueden resultar un poco desconcertantes. Sin embargo, cuando nosotros, como piezas de Su rompecabezas, nos unimos en Cristo, formamos Su obra maestra. Sin embargo, no es una obra maestra cualquiera, porque es la obra del Maestro, y esa pieza está completa en Cristo. ¿Por qué? Nuestro Señor Jesucristo y Su reino se trata de unidad.

Incluso más recientemente, Mildred y yo nos unimos a Lou Engle Ministries para ayunar este año 2020 del 1 de marzo al 9 de abril. Como resultado, Mildred y yo sentimos del Señor que debiéramos tomar la Sagrada Comunión casi todos los días desde el 1 de marzo hasta el 9 de abril e incluso más allá. En consecuencia, Dios nos ha revelado a través de Su palabra y las enseñanzas del Espíritu Santo que una parte importante de la Cena del Señor, también conocida como Sagrada Comunión, es la unidad. Además, la palabra "comunión" tiene la palabra unión en ella.

En adición, cuando recientemente consideramos 1 Corintios 11 de manera más completa desde el punto de vista de la unidad, descubrimos que tomar la Sagrada Comunión de una manera indigna no se trata solo de tener pecados no confesados en nuestras vidas. Además de esa realidad bíblica, también se trata específicamente de la desunión real que se ha permitido dentro del Cuerpo de Cristo del que se supone que todos somos una parte unificada. En otras palabras, si no estamos unidos con nuestros hermanos y hermanas multiétnicos en Cristo, y tomamos la Cena del Señor, entonces en realidad la estamos tomando de una manera indigna. Este es un pecado grave, ya que el Señor Jesucristo entregó Su vida para que todos pudiéramos ser uno con Él y entre nosotros a través de Él. Para ayudarnos a entender esto, consideremos 1 Corintios 11:17-34 que dice:

> [17] *Al darles las siguientes instrucciones, no puedo elogiarlos, ya que sus reuniones traen más perjuicio que beneficio.* [18] *En primer lugar, oigo decir que cuando se reúnen como iglesia hay divisiones entre ustedes, y hasta cierto punto lo creo.* [19] *Sin duda, tiene que haber grupos sectarios entre ustedes, para que se demuestre quiénes cuentan con la aprobación de Dios.* [20] *De hecho, cuando se reúnen, ya no es para comer la Cena del Señor,* [21] *porque cada uno se adelanta a comer su propia cena, de manera que unos se quedan con hambre mientras otros se emborrachan.* [22] *¿Acaso no tienen casas donde comer y beber? ¿O es que menosprecian a la iglesia de Dios y quieren avergonzar a los que no tienen nada? ¿Qué les diré? ¿Voy a elogiarlos por esto? ¡Claro que no!*
> [23] *Yo recibí del Señor lo mismo que les transmití a ustedes: Que el Señor Jesús, la noche en que fue traicionado, tomó pan,* [24] *y, después de dar gracias, lo partió y dijo: «Este pan es mi cuerpo, que por ustedes entrego; hagan esto en memoria de mí».* [25] *De la misma manera, después de cenar, tomó la copa y dijo: «Esta copa es el nuevo pacto en mi sangre; hagan esto, cada vez que beban de ella, en memoria de mí».* [26] *Porque cada vez que comen este pan y beben de esta copa, proclaman la muerte del Señor hasta que él venga.*
> [27] *Por lo tanto, cualquiera que coma el pan o beba de la copa del Señor de manera indigna será culpable de pecar contra el*

cuerpo y la sangre del Señor. [28] Así que cada uno debe examinarse a sí mismo antes de comer el pan y beber de la copa. [29] Porque el que come y bebe sin discernir el cuerpo come y bebe su propia condena. [30] Por eso hay entre ustedes muchos débiles y enfermos, e incluso varios han muerto. [31] Si nos examináramos a nosotros mismos, no se nos juzgaría; [32] pero, si nos juzga el Señor, nos disciplina para que no seamos condenados con el mundo.

[33] Así que, hermanos míos, cuando se reúnan para comer, espérense unos a otros. [34] Si alguno tiene hambre, que coma en su casa, para que las reuniones de ustedes no resulten dignas de condenación.

Los demás asuntos los arreglaré cuando los visite.

1 Corintios 11:17-34 NVI

De este pasaje, podemos recordar que cuando recibimos la Sagrada Comunión, estamos recordando la muerte de nuestro Señor Jesucristo, que ocurrió principalmente para reconciliar o unir a la humanidad perdida con Su Padre Celestial y para reconciliar o unir a la humanidad fragmentada entre sí a través de Jesucristo. Esto es más evidente en 2 Corintios 5:18-21 que dice:

[18] Y todo esto proviene de Dios, quien nos reconcilió consigo mismo por Cristo, y nos dio el ministerio de la reconciliación: [19] Dios estaba en Cristo reconciliando consigo al mundo, no tomándoles en cuenta a los hombres sus pecados, y nos encargó a nosotros la palabra de la reconciliación. [20] Así que, somos embajadores en nombre de Cristo, como si Dios rogara por medio de nosotros; os rogamos en nombre de Cristo: Reconciliaos con Dios. [21] Al que no conoció pecado, por nosotros lo hizo pecado, para que nosotros seamos justicia de Dios en él.

2 Corintios 5:18-21 RVR 1995

Durante los tiempos cruciales actuales en los que las tensiones raciales en toda nuestra nación continúan aumentando a máximos históricos y las personas, grupos y organizaciones individuales buscan ser el centro de atención, creo que Dios desea recordarnos que lo que está haciendo en estos últimos días no se trata de exaltar a ningún hombre, mujer, ministro, ministerio o movimiento de Dios en particular. Además, nos recuerda que lo que está haciendo en estos últimos tiempos no se trata de ningún grupo étnico específico en nuestra nación y más allá. En cambio, lo que Dios está haciendo tiene que ver con, y siempre se tratará, de exaltar al único Mesías enviado por Dios a toda la humanidad que lo necesita desesperadamente, porque en su tiempo, Dios arrebatará a su iglesia multiétnica de todo el mundo para estar unidos con Cristo en los cielos, como se indica en Apocalipsis 5:6-10 y Apocalipsis 7:9-10 que dicen:

[6] Entonces vi, en medio de los cuatro seres vivientes y del trono y los ancianos, a un Cordero que estaba de pie y parecía haber sido sacrificado. Tenía siete cuernos y siete ojos, que son los siete espíritus de Dios enviados por toda la tierra. [7] Se acercó y recibió el rollo de la mano derecha del que estaba sentado en el trono. [8] Cuando lo tomó, los cuatro seres vivientes y los veinticuatro ancianos se postraron delante del Cordero. Cada uno tenía un arpa y copas de oro llenas de incienso, que son las oraciones del pueblo de Dios. [9] Y entonaban este nuevo cántico:

«Digno eres de recibir el rollo escrito
y de romper sus sellos,
porque fuiste sacrificado,
y con tu sangre compraste para Dios
gente de toda raza, lengua, pueblo y nación.
[10] De ellos hiciste un reino;
los hiciste sacerdotes al servicio de nuestro Dios,
y reinarán sobre la tierra."

Apocalipsis 5:6-10 NVI

⁹ Después de esto miré, y apareció una multitud tomada de todas las naciones, tribus, pueblos y lenguas; era tan grande que nadie podía contarla. Estaban de pie delante del trono y del Cordero, vestidos de túnicas blancas y con ramas de palma en la mano. ¹⁰ Gritaban a gran voz:
¡La salvación viene de nuestro Dios,
que está sentado en el trono,
y del Cordero!

Apocalipsis 7:9-10 NVI

Por lo tanto, ahora más que nunca, creo que el Cuerpo multicolor, multilingüe y multicultural de Jesucristo debe unirse con Cristo y entre sí en Cristo, independientemente de su edad, género, etnicidad, nacionalidad, profesión, clase social y cualquier otra clasificación humana. Somos uno en Cristo, a través de Su sangre preciosa y por Su Espíritu Santo, y es tiempo de que veamos venir el reino de Dios y que se haga Su voluntad en la tierra como en el Cielo. Ahora, si creen esto conmigo, los invito a leer el próximo y último capítulo de este libro que ha sido escrito con el objetivo final de reclutarlos y lanzarlos a que se unan a mí y a muchos otros para convertirse en avivadores. La historia se está haciendo para el próximo gran despertar, y nuestra unidad en y con Jesucristo nos preparará y nos posicionará para recibir avivamiento ahora.

CAPÍTULO 12
¡ES TIEMPO DE RECLUTAR
AVIVADORES AHORA!

Felicidades por llegar finalmente al capítulo final de este libro. Los felicito a cada uno de ustedes por su determinación de leer este trabajo escrito en su totalidad. Por favor, quiero que sepa que en este año 2020 y durante esta nueva década, creo que usted es una parte vital de un remanente de avivamiento que Dios ahora está levantando en cada sector de nuestra sociedad, incluidos los del gobierno, el ejército, la educación, los negocios, la medicina, atletismo, entretenimiento, música y más. Si por casualidad no ha leído todo este libro todavía, le recomiendo que lo haga antes de continuar con la última parte de este libro. Digo esto porque creo de todo corazón que hay una secuencia bíblica y espiritual en este trabajo escrito que, en su orden intencional, lo prepara mejor para lo que leerá en este capítulo final y, tal vez, lo hará en respuesta a su llamado. De hecho, la razón por la que digo esto es porque el objetivo de este libro es llevarnos más allá de leerlo a ser reclutados por él.

En otras palabras, creo que es hora de unirnos con nuestro Señor Jesucristo para reclutar avivadores ahora, porque ha llegado el momento de pasar del avivamiento personal al avivamiento corporativo, y del avivamiento local al avivamiento global. Estoy profundamente convencido de que Dios desea lanzar el tipo de avivamiento que puede comenzar con su casa y la mía y continuar en cada escuela, juzgado, cárcel e incluso la Casa Blanca de nuestra nación. Creo que el avivamiento en Estados Unidos podría extenderse por todas las Américas y continuar en el resto del mundo. ¿Por qué? Porque el mundo entero necesita desesperadamente un avivamiento ahora de nuestro Señor Jesucristo, y por lo tanto nos necesita a ti y a mí como Sus avivadores ahora.

Por lo tanto, al prepararnos para que todo eso suceda, nos beneficiaría recordar Efesios 5:14, que es dirigido primero a una persona individual, antes de que se dirija a un grupo de personas. Consideremos este versículo muy poderoso que dice:

14 Por lo cual dice:
Despiértate, tú que duermes,
y levántate de los muertos,
y te alumbrará Cristo.

Efesios 5:14 RVR 1995

Cuando considero este versículo, recuerdo una lección vital que he aprendido de la palabra de Dios y a través de mi propia experiencia personal. La lección es que la mayoría de las veces, si no todo el tiempo, el avivamiento tiene que sucederle primero a usted, antes de que pueda suceder a través de usted. Lo que es tan poderoso acerca de esto, es que cuando cada uno de nosotros personalmente busca al Señor por avivamiento, entonces el avivamiento que recibimos individualmente tendrá el potencial de resultar en un avivamiento corporativo que muchas más personas también recibirán. De hecho, creo que será mucho más de lo que podríamos imaginar. Esta verdad del avivamiento bíblico se registra específicamente en Juan 4:39-42 y Juan 12:9-11 que dicen:

³⁹ Muchos de los samaritanos de aquella ciudad creyeron en él por la palabra de la mujer, que daba testimonio diciendo: «Me dijo todo lo que he hecho.» ⁴⁰ Entonces vinieron los samaritanos a él y le rogaron que se quedara con ellos, y se quedó allí dos días. ⁴¹ Muchos más creyeron por la palabra de él, ⁴² y decían a la mujer:

"Ya no creemos solamente por lo que has dicho, pues nosotros mismos hemos oído y sabemos que verdaderamente éste es el Salvador del mundo, el Cristo."

Juan 4:39-42 RVR 1995

⁹ Gran multitud de los judíos supieron entonces que él estaba allí, y fueron, no solamente por causa de Jesús, sino también para ver a Lázaro, a quien había resucitado de los muertos. ¹⁰ Pero los principales sacerdotes acordaron dar muerte también a Lázaro, ¹¹ porque a causa de él muchos de los judíos se apartaban y creían en Jesús.

Juan 12:9-11 RVR 1995

En estos dos pasajes de las Escrituras, vemos que un avivamiento personal le sucedió primero a un individuo en particular antes de que le sucediera a un grupo de personas. Específicamente hablando, el avivamiento ocurrió por primera vez en la vida de la mujer samaritana en el pozo, antes de que ocurriera el avivamiento a través de su testimonio a todos en su ciudad. Además, vemos que el avivamiento personal tuvo lugar por primera vez en la vida de Lázaro en su tumba, antes de que sucediera en su vida a todos en su sala y en toda su región. Esta es una verdad tan poderosa, y estoy seguro de que pronto se aplicará a usted, si aún no lo ha hecho.

Para mí, el avivamiento comenzó en mi vida personal, pero luego se trasladó a mi esposa, nuestros hijos, nuestras familias, los ministerios de jóvenes y jóvenes adultos, nuestra ciudad y más allá. De hecho, por la gracia de Dios y para Su gloria, Su obra de avivamiento se ha movido hacia y a través de mi vida a más de 150,000 vidas en todo

Estados Unidos, Puerto Rico y partes de Centroamérica. Ahora, a través de este libro, solo Dios sabe lo que continuará haciendo a través de Su obra de avivamiento en y a través de mi vida para muchos cientos de miles más en mi nación y en todo el mundo.

Sin embargo, ¿y tú? ¿Qué hará Dios pronto contigo y, a través de ti, con tantos a tu alrededor? Simplemente comience a imaginar el mayor avivamiento que Dios traerá a través de usted a las multitudes. Aunque Su obra de avivamiento en usted comenzará en su vida, hogar, vecindario y comunidad, Dios también puede traer avivamiento a través de su vida a su ciudad, estado, nación y más allá. Sí, Él puede, y creo contigo que lo que el Señor va a hacer contigo y a través de ti será enorme. De hecho, creo que su avivamiento personal contribuirá en gran medida a un avivamiento corporativo colectivo para una gran multitud de creyentes.

Ahora bien, ¿hasta qué punto podemos esperar un avivamiento corporativo, cuando permitimos que el avivamiento comience personalmente con nosotros? La respuesta se puede descubrir cuando consideramos al profeta Ezequiel, el pueblo de Israel y su tierra prometida como se menciona en Ezequiel 37:1-10 que dice:

> *[1] La mano del SEÑOR vino sobre mí, y su Espíritu me llevó y me colocó en medio de un valle que estaba lleno de huesos. [2] Me hizo pasearme entre ellos, y pude observar que había muchísimos huesos en el valle, huesos que estaban completamente secos. [3] Y me dijo: Hijo de hombre, ¿podrán revivir estos huesos?» Y yo le contesté: «SEÑOR omnipotente, tú lo sabés.*
>
> *[4] Entonces me dijo: Profetiza sobre estos huesos, y diles: "¡Huesos secos, escuchen la palabra del SEÑOR! [5] Así dice el SEÑOR omnipotente a estos huesos: 'Yo les daré aliento de vida, y ustedes volverán a vivir. [6] Les pondré tendones, haré que les salga carne, y los cubriré de piel; les daré aliento de vida, y así revivirán. Entonces sabrán que yo soy el SEÑOR'".*
>
> *[7] Tal y como el SEÑOR me lo había mandado, profeticé. Y mientras profetizaba, se escuchó un ruido que sacudió la tierra,*

y los huesos comenzaron a unirse entre sí. [8] Yo me fijé, y vi que en ellos aparecían tendones, y les salía carne y se recubrían de piel, ¡pero no tenían vida!

[9] Entonces el SEÑOR me dijo: Profetiza, hijo de hombre; conjura al aliento de vida y dile: "Esto ordena el SEÑOR omnipotente: 'Ven de los cuatro vientos, y dales vida a estos huesos muertos para que revivan'". [10] Yo profeticé, tal como el SEÑOR me lo había ordenado, y el aliento de vida entró en ellos; entonces los huesos revivieron y se pusieron de pie. ¡Era un ejército numeroso!

Ezequiel 37:1-10 NVI

En este pasaje de las Escrituras, vemos que Dios primero le da al profeta Ezequiel un encuentro personal o un avivamiento, por así decirlo. Entonces, el mover de Dios en la vida de Ezequiel conduce a un avivamiento corporativo para el pueblo de Israel. Por consiguiente, Ezequiel y el pueblo de Israel, que son avivados y levantados como un vasto ejército, luego son informados proféticamente por Dios a través de Ezequiel de que podrían regresar a su tierra y una vez más poseer la tierra que Dios les había prometido a ellos y sus descendientes. Lo que es tan poderoso de esto es que esto ha sucedido literalmente en el pasado para el pueblo de Israel y continúa sucediendo en nuestros tiempos actuales con la nación y la tierra de Israel.

Por lo tanto, ya que comprendo esto completamente, también comprendo que, en el principio bíblico y del reino, también se puede aplicar a nosotros los cristianos que somos avivados y resucitados en Jesucristo a través del poder de Su Espíritu Santo para que podamos regresar o poseer una vez más lo que Dios ha prometido a Su iglesia en nuestra nación y en todas las naciones del mundo. En otras palabras, nuestro avivamiento personal en Cristo, a través de la obra de Su Espíritu, de acuerdo con la voluntad de nuestro Padre, tiene el potencial de resultar en un avivamiento corporativo de Su iglesia para que podamos poseer lo que Él nos ha prometido. Esto podría incluir nuestros hogares, vecindarios, comunidades, ciudades, estados, nación y mucho más. De hecho, creo que esto habla profética y apostólicamente de un avivamiento local venidero que se convertirá en un avivamiento global.

Otro ejemplo de esto se puede observar cuando consideramos al apóstol Pedro, la iglesia primitiva y su esfera de influencia, según Hechos 2:38-41, Hechos 4:4 y Hechos 17:5-6 que dicen:

38 Pedro les dijo:

—Arrepentíos y bautícese cada uno de vosotros en el nombre de Jesucristo para perdón de los pecados, y recibiréis el don del Espíritu Santo, 39 porque para vosotros es la promesa, y para vuestros hijos, y para todos los que están lejos; para cuantos el Señor nuestro Dios llame.

40 Y con otras muchas palabras testificaba y los exhortaba, diciendo:

—Sed salvos de esta perversa generación.

41 Así que, los que recibieron su palabra fueron bautizados, y se añadieron aquel día como tres mil personas.

Hechos 2:38-41 RVR 1995

4 Pero muchos de los que habían oído la palabra, creyeron; y el número de los hombres era como cinco mil.

Hechos 4:4 RVR 1995

5 Celosos, entonces, los judíos que no creían, tomaron consigo algunos ociosos, hombres malos, con los que juntaron una turba y alborotaron la ciudad. Asaltaron la casa de Jasón, e intentaban sacarlos al pueblo, 6 pero como no los hallaron, trajeron a Jasón y a algunos hermanos ante las autoridades de la ciudad, gritando: «Estos que trastornan el mundo entero también han venido acá,

Hechos 17:5-6 RVR 1995

De manera similar en principio a lo que sucedió en Ezequiel 37, en Hechos 2, 4 y 17, Dios utilizó el avivamiento personal de Pedro para resultar en el avivamiento corporativo de la gente que comenzó en una ciudad y finalmente continuó en todo el mundo. Pedro y los creyentes en el libro de Hechos fueron avivados y resucitados en Cristo a través del poder del Espíritu Santo para que pudieran poseer o influir en su tierra de acuerdo con la promesa de Dios. El avivamiento desato a un Dios tipo de revolución del reino. El resultado final, tanto en los casos del profeta Ezequiel como del apóstol Pedro, fue un momento divino en el tiempo que llegó para que la historia se hiciera a través de un gran despertar dentro del pueblo de Dios.

Ahora, mientras avanzo rápidamente de Ezequiel y Pedro a usted y a mí en 2020 y la nueva década en la que nos encontramos actualmente, creo de todo corazón que hemos llegado a otro de los momentos divinos de Dios en la historia de la humanidad. Por lo tanto, en nuestro tiempo actual, es extraordinariamente imperativo que aprovechemos el tiempo, como se indica en Efesios 5:15-17 que dice:

15 Mirad, pues, con diligencia cómo andéis, no como necios sino como sabios, 16 aprovechando bien el tiempo, porque los días son malos. 17 Por tanto, no seáis insensatos, sino entendidos de cuál sea la voluntad del Señor.

Efesios 5:15-17 RVR 1995

Al aprovechar el tiempo en nuestro tiempo presente, creo que Dios nos está llamando a: 1) estar atentos, 2) ser espiritualmente sabios, 3) darnos cuenta de los malos tiempos presentes, 4) entender la voluntad de Dios para nosotros y 5) responder de acuerdo con Su llamado a nosotros para un avivamiento, porque la historia se está haciendo para el próximo gran despertar, y es tiempo para un avivamiento ahora. Sin embargo, la pregunta es: "¿Serás parte de él o estarás aparte de él?" "¿Responderás al llamado al avivamiento ahora, o pospondrás el llamado al avivamiento para más tarde?" Creo, oro, espero y tengo la expectativa que tu dirás un "sí" al llamado de Dios en su vida para avivamiento ahora.

Por lo tanto, basado en todo lo que he compartido con ustedes en las escrituras, espiritualmente, ministerial y personalmente en todo este libro, los invito a aceptar el "Desafío de 40 Días Para Avivamiento Ahora" que yo acepté por primera vez diez años atrás en 2010 y lo acepté nuevamente en este año 2020. ¿Qué es exactamente ese desafío? Aquí está. En 2020 y en el transcurso de esta nueva década, cuando Dios te llame a hacerlo, dale 40 días con una visión 20/20 enfocada en:

1. ORACIÓN
2. AYUNO
3. ADORACIÓN
4. VIVIR SEGÚN LA PALABRA DE DIOS
5. UNIDAD

Adicionalmente, durante su "Desafío de 40 Días Para Avivamiento Ahora", también lo animo a tomar la Sagrada Comunión y ungirse con aceite, tan a menudo como sienta que el Señor lo guíe a hacerlo. Humildemente les hago esta recomendación, por mi experiencia personal, junto con Mildred, durante este año y experimentando una mayor medida de avivamiento conectado a él. Después de todo, la Sagrada Comunión tiene mucho que ver con recordar lo que Jesucristo hizo por nosotros en la cruz, y el aceite tiene todo que ver con recibir lo que el Espíritu Santo hizo por Su iglesia en el aposento alto.

Ahora, al terminar este libro, lo invito a comenzar su jornada de avivamiento ahora primeramente pidiéndole a nuestro Señor Jesucristo que lo bautice o lo vuelva a bautizar con Su Espíritu Santo y fuego como lo hizo con el apóstol Pedro y los 120 discípulos en el Día de Pentecostés según Hechos 2. Este empoderado bautismo del Espíritu se basa en Lucas 3 y 12, y Hechos 1, 9, 10 y 19, de los cuales debemos recordar los siguientes correspondientes pasajes de las Escrituras:

[1] Cuando llegó el día de Pentecostés estaban todos unánimes juntos. [2] De repente vino del cielo un estruendo como de un viento recio que soplaba, el cual llenó toda la casa donde

estaban; ³ y se les aparecieron lenguas repartidas, como de fuego, asentándose sobre cada uno de ellos. ⁴ Todos fueron llenos del Espíritu Santo y comenzaron a hablar en otras lenguas, según el Espíritu les daba que hablaran.

Hechos 2:1-4 RVR 1995

¹⁶ respondió Juan, diciendo a todos:
—Yo a la verdad os bautizo en agua, pero viene uno más poderoso que yo, de quien no soy digno de desatar la correa de su calzado; él os bautizará en Espíritu Santo y fuego."

Lucas 3:16 RVR 1995

⁴⁹ Fuego vine a echar en la tierra. ¿Y qué quiero, si ya se ha encendido?

Lucas 12:49 RVR 1995

⁴ Y estando juntos, les ordenó:
—No salgáis de Jerusalén, sino esperad la promesa del Padre, la cual oísteis de mí, ⁵ porque Juan ciertamente bautizó con agua, pero vosotros seréis bautizados con el Espíritu Santo dentro de no muchos días.

Hechos 1:4-5 RVR 1995

¹⁷ Fue entonces Ananías y entró en la casa, y poniendo sobre él las manos, dijo:
—Hermano Saulo, el Señor Jesús, que se te apareció en el camino por donde venías, me ha enviado para que recibas la vista y seas lleno del Espíritu Santo.
¹⁸ Al instante cayeron de sus ojos como escamas y recobró la vista. Se levantó y fue bautizado.

Hechos 9:17-18 RVR 1995

⁴⁴ Mientras aún hablaba Pedro estas palabras, el Espíritu Santo cayó sobre todos los que oían el discurso. ⁴⁵ Y los fieles de la

circuncisión que habían venido con Pedro se quedaron atónitos
de que también sobre los gentiles se derramara el don del
Espíritu Santo,

Hechos 10:44-45 RVR 1995

[1] Aconteció que entre tanto que Apolos estaba en Corinto, Pablo,
después de recorrer las regiones superiores, vino a Éfeso, y
hallando a ciertos discípulos, [2] les preguntó:
—¿Recibisteis el Espíritu Santo cuando creísteis?
Ellos le dijeron:
—Ni siquiera habíamos oído que hubiera Espíritu Santo.
[3] Entonces dijo:
—¿En qué, pues, fuisteis bautizados?
Ellos dijeron:
—En el bautismo de Juan.
[4] Dijo Pablo:
—Juan bautizó con bautismo de arrepentimiento, diciendo al
pueblo que creyeran en aquel que vendría después de él, esto es,
en Jesús el Cristo.
[5] Cuando oyeron esto, fueron bautizados en el nombre del Señor
Jesús. [6] Y habiéndoles impuesto Pablo las manos, vino sobre
ellos el Espíritu Santo; y hablaban en lenguas y profetizaban.

Hechos 19:1-6 RVR 1995

Ahora, al recibir el regalo gratuito del bautismo y fuego del
Espíritu Santo de Dios, Él le dará la gracia divina, la sabiduría celestial y
la unción providencial que necesitará para comenzar y terminar su
"Desafío de 40 Días Para Avivamiento Ahora" con éxito. Al mismo
tiempo, si falla en su ayuno en cualquier momento por cualquier motivo,
levántese, sacúdase y continúe con su ayuno mientras avanza con nuestro
Señor Jesucristo y Su Espíritu Santo.

Además, a través del bautismo del Espíritu, sepa que Él lo
ayudará en su vida diaria mientras continúa buscando a Cristo, de
acuerdo con Juan 14:15-18, 25-26 y Juan 16:5-14 que dicen:

¹⁵Si me amáis, guardad mis mandamientos. ¹⁶ Y yo rogaré al Padre y os dará otro Consolador, para que esté con vosotros para siempre: ¹⁷ el Espíritu de verdad, al cual el mundo no puede recibir, porque no lo ve ni lo conoce; pero vosotros lo conocéis, porque vive con vosotros y estará en vosotros. ¹⁸ No os dejaré huérfanos; volveré a vosotros.

²⁵ Os he dicho estas cosas estando con vosotros. ²⁶ Pero el Consolador, el Espíritu Santo, a quien el Padre enviará en mi nombre, él os enseñará todas las cosas y os recordará todo lo que yo os he dicho.

Juan 14:15-18, 25-26 RVR 1995

⁵ Ahora vuelvo al que me envió, pero ninguno de ustedes me pregunta: "¿A dónde vas?" ⁶ Al contrario, como les he dicho estas cosas, se han entristecido mucho. ⁷ Pero les digo la verdad: Les conviene que me vaya porque, si no lo hago, el Consolador no vendrá a ustedes; en cambio, si me voy, se lo enviaré a ustedes. ⁸ Y, cuando él venga, convencerá al mundo de su error en cuanto al pecado, a la justicia y al juicio; ⁹ en cuanto al pecado, porque no creen en mí; ¹⁰ en cuanto a la justicia, porque voy al Padre y ustedes ya no podrán verme; ¹¹ y en cuanto al juicio, porque el príncipe de este mundo ya ha sido juzgado. ¹² »Muchas cosas me quedan aún por decirles, que por ahora no podrían soportar. ¹³ Pero, cuando venga el Espíritu de la verdad, él los guiará a toda la verdad, porque no hablará por su propia cuenta, sino que dirá solo lo que oiga y les anunciará las cosas por venir. ¹⁴ Él me glorificará porque tomará de lo mío y se lo dará a conocer a ustedes.

Juan 16:5-14 NVI

Por último, te animo a que te des cuenta de que cuando eres bautizado con el Espíritu Santo y fuego, y correspondientemente eres lleno del Espíritu Santo, entonces serás autorizado y empoderado por Él para predicar el evangelio de Jesucristo con valentía como el apóstol Pedro hizo, de acuerdo con Hechos 4:29-31 que dice:

29 Y ahora, Señor, mira sus amenazas y concede a tus siervos que con toda valentía hablen tu palabra, 30 mientras extiendes tu mano para que se hagan sanidades, señales y prodigios mediante el nombre de tu santo Hijo Jesús.»
31 Cuando terminaron de orar, el lugar en que estaban congregados tembló; y todos fueron llenos del Espíritu Santo y hablaban con valentía la palabra de Dios.

Hechos 4:29-31 RVR 1995

Todo lo que tiene que hacer es pedirle a nuestro Padre Celestial, en el nombre de Jesús, que te dé el don de Su Espíritu Santo, de acuerdo con Lucas 11:9-13 que dice:

9 Por eso os digo: Pedid, y se os dará; buscad, y hallaréis; llamad, y se os abrirá, 10 porque todo aquel que pide, recibe; y el que busca, halla; y al que llama, se le abrirá.
11 ¿Qué padre de vosotros, si su hijo le pide pan, le dará una piedra? ¿O si le pide pescado, en lugar de pescado le dará una serpiente? 12 ¿O si le pide un huevo, le dará un escorpión? 13 Pues si vosotros, siendo malos, sabéis dar buenas dádivas a vuestros hijos, ¿cuánto más vuestro Padre celestial dará el Espíritu Santo a los que se lo pidan?

Lucas 11:9-13 RVR 1995

Ahora los felicito por aceptar el "Desafío de 40 Días Para Avivamiento Ahora" y les doy la bienvenida al verdadero remanente de avivadores para el avivamiento ahora. Para terminar, les extiendo el encargo evangelístico bíblico de 2 Timoteo 4:1-5 que el Pastor Matthew Hagee compartió conmigo en Cornerstone Church, el domingo por la noche, 5 de mayo de 2013, cuando hice la transición con su bendición de

224

ir de ser el pastor de los ministerios de Jóvenes y de Jóvenes Adultos al ministerio evangelístico:

> [1] *Te suplico encarecidamente delante de Dios y del Señor Jesucristo, que juzgará a los vivos y a los muertos en su manifestación y en su Reino,* [2] *que prediques la palabra y que instes a tiempo y fuera de tiempo. Redarguye, reprende, exhorta con toda paciencia y doctrina,* [3] *pues vendrá tiempo cuando no soportarán la sana doctrina, sino que, teniendo comezón de oír, se amontonarán maestros conforme a sus propias pasiones,* [4] *y apartarán de la verdad el oído y se volverán a las fábulas.* [5] *Pero tú sé sobrio en todo, soporta las aflicciones, haz obra de evangelista, cumple tu ministerio.*
>
> *2 Timoteo 4:1-5 RVR 1995*

Recibí ese cargo entonces, y ahora, lo recibo nuevamente. Sin embargo, esta vez, lo recibo junto con ustedes, porque también es su momento. Prepárese para el próximo gran despertar que avivara nuestro compromiso con la Gran Comisión de Cristo para que la mayor cosecha de almas pueda ser llevada al reino de Dios antes del rapto de la Iglesia y la posterior Gran Tribulación. La historia se está haciendo para el próximo gran despertar, y tú y yo seremos una parte vital de ella. Recibamos y desatemos avivamiento ahora, por la gracia de Dios, a través de nuestra fe cristiana, y para Su gloria en el nombre de Cristo Jesús. ¡Amén!

Recomendaciones de ayuno: antes de comenzar su ayuno de 40 días, le recomiendo encarecidamente que haga lo siguiente:

1. Consulte a su médico para obtener orientación sobre salud y nutrición.
2. Consulte a su pastor para obtener orientación pastoral y espiritual.

3. Realice su ayuno con al menos otra persona, ya sea de su familia o de la iglesia, ya que esto les brindará un gran apoyo y un impacto exponencial para ambos.

4. Establezca tolerancias para su ayuno, mientras el Señor lo guía y le da la fe, la paz y el gozo para hacerlo, de acuerdo con Romanos 14:17.

5. Lea libros cristianos sobre el tema del ayuno antes o durante el ayuno, como los escritos por Jentezen Franklin y Lou Engle.

SOBRE EL AUTOR

Peter De Jesús es un ministro ordenado de Cornerstone Church dirigido por el Pastor Principal Fundador Dr. John Hagee y el Pastor Principal Matthew Hagee, además de ser un ministro licenciado del North Texas District Council de las Asambleas de Dios dirigido por el Superintendente Dr. Gaylan Claunch, el Asistente del Superintendente Rev. Kermit Bell, y el Secretario Tesorero Rev. Gregg Headley. Peter, junto con su esposa, Mildred, quien también es una ministra Licenciada de NTD AG, han estado casados desde 1996. Han servido en muchas capacidades ministeriales desde 1997, incluidas las de pastor de campus, pastor de jóvenes y jóvenes adultos, adoración, evangelismo y ministerio de educación cristiana, además de la defensa pro-Israel desde 2016. En 2013, cofundaron el Ministerio De Jesús, que ministra bilingüe en los Estados Unidos, Puerto Rico y América Central. En última instancia, su deseo es ser ministros del Reino de Cristo que Dios pueda utilizar por su gracia y poder para introducir, expandir y hacer avanzar Su reino celestial en la tierra en las vidas de personas de todas las edades en todo el mundo. Peter y Mildred, junto con sus tres hijos, residen en el condado de Dallas de Texas, EE. UU.

Para más información, visite www.dejesusministries.org. También te invitamos a seguir a Peter en las siguientes plataformas de redes sociales.

Facebook: @dejesusministries
Instagram: @revpeterdejesus
Twitter: @pm_dejesus
YouTube: Peter De Jesus

NOTAS Y CITAS DE LAS ESCRITURAS

Introducción: Mi Historia Personal de Avivamiento

1. Lunar Eclipse, Four Blood Moons, of 2020:
   https://www.google.com/amp/s/www.space.com/amp/33786-lunar-eclipse-guide.html
2. 2 Crónicas 7:13-14 RVR 1995
3. Mateo 6:33-34 RVR 1995
4. Mateo 28:18-20 RVR 1995
5. Lucas 21:10-13 RVR 1995
6. Joel 2:30-32a RVR 1995
7. Hechos 2:19-21 RVR 1995
8. 1 Reyes 19:4 RVR 1995
9. Isaías 60:1-2 RVR 1995
10. Génesis 26:18 RVR 1995
11. Deuteronomio 9:18 RVR 1995
12. Romanos 8:1 RVR 1995
13. Juan 17:20-23 RVR 1995
14. Lucas 22:31-32 RVR 1995

Capítulo 1: ¿Qué es Avivamiento Ahora?

1. Hechos 2:1-6, 12-21, 37-41 RVR 1995
2. Hechos 2:16 RVR 1995
3. Joel 2:28-32 RVR 1995
4. Hechos 2:29-33 RVR 1995
1 Pedro 1:16-21 RVR 1995
5. Hechos 1:21-22 RVR 1995
6. 1 Corintios 15:3-8 RVR 1995
7. Hechos 5:12 RVR 1995
8. 2 Corintios 12:12 RVR 1995
9. Romanos 8:19-22 RVR 1995

10. Hechos 1:8 RVR 1995
11. Marcos 16:15 RVR 1995
12. Mateo 28:18-20 RVR 1995
13. Hechos 2:41 RVR 1995
14. Hechos 4:4 RVR 1995
15. Hechos 17:26-27 NVI
16. Romanos 10:8-9 RVR 1995
17. Juan 4:35 RVR 1995
18. Habacuc 2:14 RVR 1995
19. Mateo 24:14 RVR 1995

Capítulo 2: Es Tiempo para una Verificación a la Realidad

1. 1 Pedro 5:8 RVR 1995
2. Juan 10:10 RVR 1995
3. Apocalipsis 5:5 RVR 1995
4. Efesios 3:20 RVR 1995
5. Apocalipsis 3:1-3 NVI
6. Apocalipsis 2:1-5 RVR 1995
7. Apocalipsis 19:6-9 NVI
8. Apocalipsis 22:17 RVR 1995
9. Juan 3:27-30 RVR 1995
10. Efesios 5:30-32 RVR 1995
11. Cantares 8:1-7 RVR 1995
12. Mateo 25:1-13 NVI
13. Hechos 2:1-2 RVR 1995
14. Hechos 2:32-33 RVR 1995

Capítulo 3: Hay un Remanente Real

1. Evan Roberts of the 1904 Welsh Revival:
   https://www.christianitytoday.com/history/issues/issue-
   83/eyewitness.html
2. Hechos 2:12-21 RVR 1995

3. Joel 2:32 RVR 1995
4. 1 Corintios 15:3-6 RVR 1995
5. Hechos 1:4, 12-15 RVR 1995
6. Mateo 14:25-31 RVR 1995
7. Mateo 16:13-23 NVI
8. Lucas 22:29-34, 59-62 NVI
9. Juan 21:15-17 RVR 1995
10. Hechos 2:40-41 RVR 1995
11. 1 Pedro 2:1-10 NVI
12. Mateo 17:24-27 RVR 1995
13. Éxodo 30:13-14 RVR 1995
14. Lucas 3:23 RVR 1995
15. Hebreos 12:25-29 RVR 1995
16. Hageo 2:6-9 RVR 1995

Capítulo 4: La Revelación Revolucionaria

1. Hechos 2:16-17 RVR 1995
2. Joel 2:28 RVR 1995
3. Hechos 2:1-6 RVR 1995
4. Génesis 1:1-5, 11 RVR 1995
5. Génesis 15:1-6 RVR 1995
6. Lucas 1:26-38 RVR 1995
7. Proverbios 18:21 RVR 1995
8. Santiago 3:5-6 RVR 1995
9. Hechos 2:1-4 RVR 1995
10. Proverbios 29:18 NVI
11. Habacuc 2:2-3 RVR 1995
12. Números 12:6 RVR 1995
13. Mateo 1:20 RVR 1995
14. Mateo 2:13, 19, 22 RVR 1995

Capítulo 5: Las Razones Relevantes

1. The Barna Group: https://s3.amazonaws.com/christ-community-church/wp-content/uploads/2019/08/Awana_parent_handbook_2019_20.pdf
2. LifeWay Research: https://lifewayresearch.com/2019/01/15/most-teenagers-drop-out-of-church-as-young-adults/
3. Definición de "Resurge": https://www.dictionary.com/browse/resurge?s=t
4. Romanos 13:11 RVR 1995
5. 2 Corintios 6:1-2 RVR 1995
6. Habacuc 3:1-5 RVR 1995
7. Salmos 85:4-7 RVR 1995
8. Marcos 10:46-52 RVR 1995
9. Isaías 64:6 RVR 1995
10. Isaías 57:15 RVR 1995
11. Esdras 9:8-9 RVR 1995
12. Lucas 19:41-44 RVR 1995
13. Apocalipsis 3:20-21 RVR 1995
14. Efesios 5:14 RVR 1995
15. Hechos 17:26-27 NVI
16. Ósea 6:2 RVR 1995
17. 2 Pedro 3:8 RVR 1995
18. Efesios 2:4-6 RVR 1995
19. Hechos 17:26-28 NVI
20. Juan 12:32 RVR 1995
21. Marcos 9:1-8 RVR 1995

Capítulo 6: Los Rudimentos Reverentes

1. Hechos 1:1-8, 12-20 RVR 1995
2. Hechos 2:1 RVR 1995
3. Salmos 11:3 RVR 1995
4. Mateo 7:24-29 RVR 1995
5. Lucas 9:23 RVR 1995

6. 1 Corintios 15:31 RVR 1995
7. Gálatas 2:20 RVR 1995
8. Éxodo 23:16 RVR 1995
9. Éxodo 34:22 RVR 1995
10. Números 28:26 RVR 1995
11. Levítico 23:16 RVR 1995
12. Efesios 2:4-7 RVR 1995
13. Apocalipsis 4:2 RVR 1995
14. Apocalipsis 1:9-10 RVR 1995
15. 2 Corintios 12:1-4 RVR 1995
16. Apocalipsis 3:21 RVR 1995
17. Colosenses 3:1-4 RVR 1995
18. Mateo 16:18-19 RVR 1995

Capítulo 7: El Rudimento de la Oración

1. "The Price and Power of Revival" por Duncan Campbell:
   http://articles.ochristian.com/article1650.shtml
2. Hechos 1:12-14 RVR 1995
3. Mateo 6:5-13 RVR 1995
4. Mateo 26:36-46 NVI
5. Marcos 14:32-42 NVI
6. Hechos 9:36-42 RVR 1995
7. 1 Reyes 17:17-24 RVR 1995
8. 2 Reyes 4:27-37 NVI
9. Santiago 5:17-18 RVR 1995
10. Lucas 9:28-32 RVR 1995
11. 2 Crónicas 7:14 RVR 1995
12. Hechos 2:38 RVR 1995
13. Hechos 3:19-21 RVR 1995
14. 2 Pedro 3:9 RVR 1995
15. Hechos 11:17-18 RVR 1995
16. Hechos 17:30-31 RVR 1995
17. Apocalipsis 3:19 RVR 1995

18. Mateo 4:17 RVR 1995
19. Marcos 1:14-15 RVR 1995
20. Lucas 13:1-5 RVR 1995
21. Romanos 12:2 RVR 1995
22. Génesis 18:16-33 NVI
23. Romanos 8:26, 34 RVR 1995
24. Hebreos 7:25 RVR 1995
25. Efesios 6:16 RVR 1995
26. 1 Corintios 14:14 RVR 1995
27. 1 Juan 5:14-15 RVR 1995
28. Mateo 6:9-13 RVR 1995
29. Hechos 4:23-31 RVR 1995

Capítulo 8: El Rudimento del Ayuno

1. Mateo 6:16-18 RVR 1995
2. Mateo 9:14-15 RVR 1995
3. Lucas 22:14-19 RVR 1995
4. Apocalipsis 19:6-9 RVR 1995
5. Job 23:12 RVR 1995
6. Isaías 55:6 RVR 1995
7. Santiago 4:8 RVR 1995
8. Isaías 58:6-8 RVR 1995
9. Deuteronomio 9:7-29 NVI
10. 1 Reyes 19:1-21 NVI
11. Daniel 1:1-21 NVI
12. Ester 4:1-17; 5:1-5 NVI
13. Joel 1:13-15 NVI
14. Joel 2:12-19, 28 NVI
15. Jonás 3:1-10 NVI
16. Lucas 4:1-2, 14-21 NVI
17. Marcos 9:14-29 RVR 1995
18. Hechos 13:1-3 RVR 1995

Capítulo 9: El Rudimento de la Adoración

1. Levítico 23:15-22 RVR 1995
2. Éxodo 34:22 RVR 1995
3. Deuteronomio 16:9-10 RVR 1995
4. Números 28:26 RVR 1995
5. Génesis 22:1-9 RVR 1995
6. Salmos 145:3 RVR 1995
7. 2 Crónicas 5:13-14 RVR 1995
8. 2 Crónicas 7:1-5 RVR 1995
9. Romanos 12:1 RVR 1995
10. Juan 4:23-24 RVR 1995
11. Juan 11:1-5, 38-45 NVI
12. Juan 11:17-37 NVI
13. Lucas 10:38-42 RVR 1995

Capítulo 10: El Rudimento de Vivir Según la Palabra de Dios

1. Hechos 1:15-20 RVR 1995
2. Hechos 2:16-21 RVR 1995
3. Salmos 119:25, 107 RVR 1995
4. Juan 6:63 RVR 1995
5. Mateo 4:4 RVR 1995
6. Hebreos 4:12 RVR 1995
7. 2 Timoteo 3:16-17 RVR 1995
8. Hechos 20:7-12 RVR 1995
9. 2 Corintios 3:1-3 RVR 1995
10. Juan 1:1 RVR 1995
11. Apocalipsis 19:13 RVR 1995
12. Lucas 8:4-15 NVI
13. Job 23:12 RVR 1995
14. Mateo 5:18 RVR 1995
15. 1 Pedro 1:22-25 RVR 1995

Capítulo 11: El Rudimento de la Unidad

1. Hechos 1:12-14 RVR 1995
2. Hechos 2:1 RVR 1995
3. Salmos 133:1-3 RVR 1995
4. Efesios 4:1-6 RVR 1995
5. 1 Corintios 12:12-27 NVI
6. 1 Corintios 1:10-13 RVR 1995
7. Juan 17:20-23 RVR 1995
8. Juan 21:1-7, 15-17 RVR 1995
9. Hechos 2:41-47 RVR 1995
10. 1 Reyes 18:36-46 NVI
11. 1 Reyes 19:1-18 NVI
12. Hechos 1:12-14 RVR 1995
13. Hechos 2:1-4 RVR 1995
14. Mateo 16:13-23 RVR 1995
15. Lucas 22:28-34, 54-62 RVR 1995
16. Mateo 18:6 RVR 1995
17. Marcos 9:42 RVR 1995
18. Lucas 17:1-2 RVR 1995
19. Mateo 18:18-20 RVR 1995
20. Mateo 27:1-5 RVR 1995
21. Hechos 1:15-20 RVR 1995
22. Hechos 2:14-16 RVR 1995
23. 1 Corintios 11:17-34 NVI
24. 2 Corintios 5:18-21 RVR 1995
25. Apocalipsis 5:6-10 NVI
26. Apocalipsis 7:9-10 NVI

Capítulo 12: ¡Es Tiempo de Reclutar Avivadores Ahora!

1. Efesios 5:14 RVR 1995
2. Juan 4:39-42 RVR 1995
3. Juan 12:9-11 RVR 1995

4. Ezequiel 37:1-10 NVI
5. Hechos 2:38-41 RVR 1995
6. Hechos 4:4 RVR 1995
7. Hechos 17:5-6 RVR 1995
8. Efesios 5:15-17 RVR 1995
9. Hechos 2:1-4 RVR 1995
10. Lucas 3:16 RVR 1995
11. Lucas 12:49 RVR 1995
12. Hechos 1:4-5 RVR 1995
13. Hechos 9:17-18 RVR 1995
14. Hechos 10:44-45 RVR 1995
15. Hechos 19:1-6 RVR 1995
16. Juan 14:15-18, 25-26 RVR 1995
17. Juan 16:5-14 NVI
18. Lucas 11:9-13 RVR 1995
19. Hechos 4:29-31 RVR 1995
20. 2 Timoteo 4:1-5 RVR 1995

www.ingramcontent.com/pod-product-compliance
Lightning Source LLC
Chambersburg PA
CBHW051817090426
42736CB00011B/1527